国家哲学社会科学成果文库
NATIONAL ACHIEVEMENTS LIBRARY
OF PHILOSOPHY AND SOCIAL SCIENCES

马克思主义经典作家
"论中国"

徐芹 著

中国社会科学出版社

图书在版编目（CIP）数据

马克思主义经典作家"论中国" / 徐芹著. -- 北京：
中国社会科学出版社，2025.6. --（国家哲学社会科学
成果文库）. -- ISBN 978-7-5227-5117-7

Ⅰ. A811
中国国家版本馆 CIP 数据核字第 2025LZ2318 号

出 版 人　赵剑英
责任编辑　刘　艳
责任校对　王　龙
封面设计　黄萧霓
责任印制　戴　宽

出　　　版　中国社会科学出版社
社　　　址　北京鼓楼西大街甲 158 号
邮　　　编　100720
网　　　址　http://www.csspw.cn
发 行 部　010-84083685
门 市 部　010-84029450
经　　　销　新华书店及其他书店

印刷装订　北京君升印刷有限公司
版　　　次　2025 年 6 月第 1 版
印　　　次　2025 年 6 月第 1 次印刷

开　　　本　710×1000　1/16
印　　　张　21.5
字　　　数　301 千字
定　　　价　176.00 元

《国家哲学社会科学成果文库》
出版说明

为充分发挥哲学社会科学优秀成果和优秀人才的示范引领作用，促进我国哲学社会科学繁荣发展，自 2010 年始设立《国家哲学社会科学成果文库》。入选成果经同行专家严格评审，反映新时代中国特色社会主义理论和实践创新，代表当前相关学科领域前沿水平。按照"统一标识、统一风格、统一版式、统一标准"的总体要求组织出版。

全国哲学社会科学工作办公室

2025 年 3 月

目　录

CONTENTS

导　言

本书中的"马克思主义经典作家"指马克思、恩格斯和列宁，"论中国"指有关中国问题的重要论述。本书基于马克思、恩格斯和列宁论述中国问题的文本，尝试系统化地梳理和阐释经典作家"论中国"，包括"论中国"的形成、"论中国"的重要思想观点以及对"论中国"的整体把握。

从马克思开始提及中国到列宁在政治遗嘱中最后谈到与中国相关的问题，在这八十余年时间里，中国在西方列强的侵略下，日益深陷于半殖民地半封建社会之泥潭。所以，在马克思、恩格斯和列宁接续关注中国问题的这段时期，中国人民面临的最大问题是反对外来资本—帝国主义的侵略和内部封建主义的压迫。这也是本书将马克思恩格斯"论中国"和列宁"论中国"作为一个整体进行研究的依据。从公开的资料看，1842年2月，马克思在《评普鲁士最近的书报检查令》中首次提及中国。从时间节点上看，这是第一次鸦片战争时期，也就是说中国是作为殖民主义入侵对象引起经典作家关注的。习近平总书记在纪念马克思诞辰200周年大会上指出："帝国主义的野蛮侵略和中国人民的深重苦难引起了马克思高度关注。第二次鸦片战争期间，马克思撰写了十几篇关于中国的通讯，向世界揭露西方列强侵略中国的真相，为中国人民伸张正义。马克思、恩格斯高度肯定中华文明对人类文明进步的贡献，科学预见了'中国社会主义'的出现，甚至为他们心中的新中国取了靓丽的名字——'中华共和国'。"[1] 如果说，早在第

---

[1]　习近平：《在纪念马克思诞辰 200 周年大会上的讲话》，人民出版社，2018，第 12 页。

一次鸦片战争之前马克思或者恩格斯就曾提及中国，只能从他们的阅读习惯和阅读书目中进行推断，从他们留下的文本中找不到依据。当然，除了第二次鸦片战争时期撰写的十几篇关于中国的通讯，马克思和恩格斯还有很多关于中国的话语散见于其他的文章、书信和笔记中。继马克思和恩格斯之后，列宁也对被其称为"伟大的亚洲国家"的中国十分关注，撰写了不少有关中国问题的文章，专门论述中国问题的第一篇文章《对华战争》反映的也是中国遭遇殖民侵略的问题。经典作家"论中国"不仅寄予了他们对中国人民遭遇西方列强蹂躏的深切同情和对西方列强侵华行径的强烈谴责，还蕴含着他们对封建王朝统治下的中国的批评和对中国新生的期盼。

然而，尽管经典作家有关中国问题的文本较为丰富，他们并未系统地研究中国问题。他们只是重点地关注了诸如鸦片贸易、太平天国运动、第二次鸦片战争、八国联军侵华、辛亥革命等问题，且对这些问题的关注和论述是基于某个特定的角度展开的，这就给文本的梳理和阐释带来了一定的难度。因此，为了较为系统化地呈现经典作家在某个问题上的重要思想和观点，本书舍弃了面面俱到的论述法，而是基于特定的主题梳理出一些重要论述。通过这些重要论述，我们不仅能够把握经典作家有关中国问题的一些重要思想和观点，还能够从中学习经典作家分析和研究中国问题的方法，从而在反思历史中更好地推动当前社会的发展。

总的来说，本书主要做了三个方面的工作：一是整体性考察"论中国"的文本，旨在阐明经典作家为什么要关注和研究中国问题，他们研究中国问题的材料是从哪里来的，以及他们在研究中国问题中采用了什么样的方法；二是系统化阐释"论中国"的重要思想和观点，旨在梳理和阐释经典作家关注了中国哪些方面的问题以及在这些问题上持有什么样的立场、发表了什么样的观点、提出了什么样的思想；三是客观地解读"论中国"的时代价值，旨在理论联系实际，在最新的历史条件下考察经典作家重要思想和观点的时代价值，为解决当今人类社会发展中面临的与之相关的问题提供一些现实启示。

　　围绕上述三个方面，本书以经典作家有关中国问题的重要论述为核心，由七章内容组成。第一章是背景内容，研究经典作家"论中国"的形成，回应了两个主要问题：一是经典作家为什么要关注中国问题；二是经典作家研究中国问题的资料来自哪里。这两个问题是我们深刻认识和把握经典作家基于中国问题提出的重要思想和观点的前提。第二章至第六章是主体内容，基于经典作家论述中国问题的文本，梳理出了五个重要问题，阐述了经典作家在这些问题上提出的重要思想和观点。第七章是评价内容，即跳出具体文本回应经典作家"论中国"中的一些问题，这些问题既有文本自身存在的又有研究者在研读中产生的，并在此基础上进一步总结我们从经典作家"论中国"中到底应该学习什么内容。本书具体内容如下。

　　第一章探讨马克思主义经典作家"论中国"的形成。马克思和恩格斯在创立历史唯物主义时需要批判旧哲学家们有关中国问题的一些唯心主义观点，列宁则在批判俄国民粹派的唯心主义观点时需要以颇具世界影响力的中国文化为例；马克思、恩格斯和列宁不仅是革命家、理论家还是政论家，他们需要关注国内外时政，而中国当时正遭受西方列强的殖民侵略，为经典作家评论时政提供了重要素材；马克思主义世界历史理论形成后，中国作为被卷入世界市场的落后国家，研究中国问题可以丰富世界历史理论；19 世纪 50 年代，马克思开启了一项非常重要的研究工作，即探究资本主义社会的经济发展规律，中国的小商品经济为马克思论证政治经济学问题提供了必要的补充；中国人民的日益觉醒以及由此引发的一系列事件，引起了远在欧洲的马克思、恩格斯和列宁的关注；中国古代文明成果特别是火药、指南针、印刷术的发明为推动人类社会的进步作出了巨大的贡献，要研究欧洲的社会发展问题，也必然会涉及中国。上述各方面，促使马克思、恩格斯和列宁关注和研究与中国相关的问题。但是，囿于当时的历史条件，经典作家没有来过中国也不懂汉语，他们主要基于西方既有的关于中国问题的资料进行研究，这些资料主要包括三类：一是经典作家之前的欧洲著名学者有关中国问题的著述；二是马克思恩格斯列宁时期西方报刊特别是主流报刊有关中国问题的报道；三是马克思恩格斯时期来华传教士有关中国问题的见闻。然而，这些资料中有关中国问题的记载、描述和评论不同程度地存在不全面、不真实、不客观等问题。对这一问题的考察有助于我们科学把握经典作家 "论中国"。

第二章梳理和阐释马克思主义经典作家在考察中国社会发展的世界贡献中提出的重要思想和观点。一是关于中国发明 "预告资产阶级社会到来" 的思想。马克思和恩格斯在考察欧洲社会发展问题时，从源头上分析了欧洲文明中的中国成分，充分肯定了中国古代文明成果特别是 "三大发明" 在欧洲现代文明生成中的奠基性作用：火药炸碎了骑士阶层，摧毁了西欧封建贵族的统治；指南针打开了世界市场，建立了西欧资本主义殖民地；印刷术变成了科学复兴的手段，促进了西欧资本主义文明的发展。二是关于中国革命和欧洲革命 "两极相联" 的思想。马克思从中国太平天国农民革命的爆发中看到了被卷入世界市场的中国对欧洲的影响，把 "两极相联" 的规律运用于中国和欧洲相互作用的分析中，首次揭示了被迫 "从属于西方" 的东方反作用于西方的方式。辛亥革命爆发前后，列宁再次将中国革命与欧洲联系起来，提出中国革命将破坏欧洲资产阶级的统治。三是关于 "中国的新生" 将开启 "亚洲新纪元" 的思想。基于中国是 "亚洲举足轻重的国家"，恩格斯从第二次鸦片战争时期中国南方人反抗外国人的斗争中看到了中国人民的觉醒，提出过不了多少年就会看到 "整个亚洲新纪元的曙光"；列宁不仅把中国政治生活 "沸腾起来" 视为亚洲觉醒的重要标志，还提出中国人民的革命斗争将 "给亚洲带来解放"。

第三章梳理和阐释马克思主义经典作家在揭露和批判西方列强殖民侵略

中国时提出的重要思想和观点。不论是马克思、恩格斯还是列宁，他们最初对中国问题的关注和研究，很大程度上出于批判西方列强对落后国家推行的殖民政策的需要。一是关于鸦片贸易是"触目惊心的贸易"的观点。在马克思看来，鸦片贸易不仅充当了西方列强在经济上掠夺中国的工具，而且由于鸦片贸易本身的特殊性，其对中国造成的伤害是全方位的，包括毁灭中国吸食者的精神和肉体，扰乱中国国库收支和货币流通，腐蚀中国南方各省的国家官吏，损害中国与西方间的合法贸易。二是关于对华战争是"极端不义的战争"的观点。经典作家批判西方列强以"站不住脚的借口"发动对华战争，并将这些战争严重侵犯中国人权的罪行公之于众。他们把英国侵略者发动的对华战争定性为"海盗式战争"，把西方列强的侵略行径斥责为对中国人权的侵犯，把蹂躏中国普通居民的西方列强称为"文明贩子们"。三是关于沙皇俄国是在"乘人之危"进行渔利的观点。马克思和恩格斯揭露和批判沙皇俄国利用中国与列强间的矛盾独享内地陆路贸易，利用列强对华战争蚕食和侵占中国大量领土。四是关于充当列强"辩护者"的西方报刊是在"胡言乱语"的观点。马克思称帕麦斯顿派报刊是对华战争"最忠实的辩护者"，列宁称俄国那些奉承沙皇政府的报纸为"卑鄙的报纸"。经典作家揭露这些报刊通过篡改事实、大肆渲染、掩盖真相、颠倒黑白等手段粉饰西方列强的各种侵华行径。

第四章梳理和阐释马克思主义经典作家在剖析"旧中国"社会发展问题中提出的重要思想和观点。一是关于"过时"的小农经济及其对中国社会发展影响的思想。马克思和恩格斯认为，中国宗法式小农经济在 19 世纪已经成为"一种过时的农业体系"，但它依然充当着中国"整个陈旧的社会制度"的基础，小农经济的长期存在造成了中国"与外界完全隔绝"的状态。二是关于"腐败"的封建统治及其对中国社会发展影响的思想。恩格斯注意到，腐败使得清朝政府在维持国内秩序和防御外来侵略方面一概无能为力；马克思认为腐败将导致皇帝及其墨守成规的大官们日益丧失自己的统治权。三是关于"人为"的闭关自守及其对中国社会发展影响的思想。马克思和恩格斯提出,闭关自守在清朝才成为一种"政治原则",闭关自守人为地维持了"过时的农业体系",闭关自守的国家注定"要在决斗中被打败",被迫脱离闭关自守状态的中国正走向革命。

第五章梳理和阐释马克思主义经典作家在表达对中国人民反侵略反封建斗争的支持中提出的重要思想和观点。经典作家基于中国人民遭受殖民主义和封建主义双重奴役的处境,热情支持中国人民反对西方列强侵略和反抗封建压迫的斗争。一是关于中国人民的反对外国人的斗争是"保卫社稷和家园"的人民战争的思想。恩格斯认为,中国人普遍反抗外国人的斗争是英国的"海盗政策"导致的,英国报刊没有理由从道德层面指责中国人的"暴行"。二是关于中国军队对英国船只进行的毁灭性攻击是"挫败入侵"的观点。马克思认为,中国军队反抗英国舰队强行驶入白河的军事行动,并不是违背条约,而是挫败入侵。三是关于1911年革命建立的中华民国是"全世界劳动群众同情"的共和国的观点。与西方各国政府同中国反动派勾结起来扼杀共和国的行为形成鲜明对比的是,列宁充分表达了世界劳动群众对共和国的关注和支持。

第六章梳理和阐释马克思主义经典作家在展望中国社会发展前景中提出的重要思想和观点。经典作家从近代中国人民日益觉醒的民族民主意识和斗争精神中看到了中国新生的希望,并历史唯物主义地展望了中国社会发展的若干方面。早在鸦片战争时期,马克思就预测中国不会像印度那样在政治上完全沦为西方列强的殖民地;但旧中国的死亡是必然的,马克思和恩格斯指出这个死亡时刻在迅速临近,"自由、平等、博爱"的共和国将取而代之,列宁在俄国十月革命胜利后进一步提出了建立"苏维埃共和国"的思想;新社会制度的产生需要革命,马克思和恩格斯预见到中国革命即将发生,列宁指出中国的旧式造反必然会转变成为自觉的民主运动，并提出中国等落后国家革命将会比俄国革命带有更多的"特殊性"；彻底的民族民主革命需要先进阶级的领导，列宁认为中国无产阶级才是最先进的阶级，中国无产阶级政党一定能够克服"孙中山的党"的弱点。

第七章探讨如何科学把握马克思主义经典作家"论中国"。一是关于马克思主义经典作家"论中国"的立场。马克思、恩格斯和列宁能够超越西方主流中国观，其中一个很重要的原因是他们站在无产阶级立场即人民立场上考察与中国相关的问题。二是关于马克思主义经典作家"论中国"的观点。这里回应了三个问题："论中国"文本中的个别细节问题有没有影响经典作家对中国问题作出科学研判；如何看待国内外读者和研究者基于经典作家"论中国"提出的几个颇具争议的观点；经典作家"论中国"的重要观点有哪些现实启示。三是从方法论的高度总结经典作家"论中国"所包含的科学研究方法，包括批判旧中国社会弊端的历史唯物主义视角、谴责西方列强侵略中国的人道主义情怀、支持中国民族民主革命斗争的正义立场、考察中国社会发展问题的世界历史视域、展望中国未来发展前景的人类解放宗旨。

综上，本书把马克思、恩格斯和列宁有关中国问题的论述作为一个研究整体，在深入考察经典作家"论中国"形成背景的基础上，较为系统地梳理和阐释了经典作家在相关问题上提出的重要思想和观点，提出了一些学界尚未提出的新观点，并深刻呈现了经典作家研究和分析问题的立场和方法，有助于丰富国内学界关于马克思主义经典文本研究的理论成果。研究成果中对经典作家重要思想和观点当代价值的解读，呼应了新时代中国共产党人在治国理政方面提出的一些新理念和新举措；对经典作家批判西方列强侵略中国的文本的阐释，有力地回击了"殖民有功论"这种历史虚无主义观点。

本书在研究推进过程中产生了一些阶段性成果：《马克思主义经典作家研究中国问题的科学视角》《马克思恩格斯殖民主义批判中的"海盗隐

喻"——以〈纽约每日论坛报〉系列文章为例》《从为人类求解放的价值诉求看马克思恩格斯"论中国"》《马克思主义经典作家对中国社会发展的展望及其现实启示》《马克思恩格斯论近代中国的"开放"问题及其现实启示》《马克思恩格斯论中国小农经济及其现实启示》《马克思恩格斯论中国道义与西方利益之争及其意义》《列宁早期对俄国民粹主义的批判及其当代价值》《列宁基于辛亥革命对中国革命的肯定及其意义——纪念辛亥革命110周年》《以高水平对外开放推动经济高质量发展》,这些成果都是公开发表在国内学术期刊论文和报纸理论版上的文章,相关内容不同程度地融入了最终成果中。

　　本书只是对马克思主义经典作家"论中国"的初步探讨,相关问题的研究还在继续进行中,因而已形成的上述思想认识可能是不成熟的,难免有纰漏,恳请学界前辈和同行赐教。笔者会在后续的研究中进一步深化对相关问题的认识,以期产生高质量的研究成果。

第一章
马克思主义经典作家"论中国"的形成

马克思和恩格斯专门论述中国问题的文章有 18 篇,列宁专门论述中国问题的文章有 6 篇,散见于其他文献中关于中国问题的论述则有几百处,仅《资本论》中就有 30 多处提到中国。经典作家关注中国问题时期的中国日益深陷于半殖民地半封建社会的泥潭,与同时代的西方资本主义国家相比,彼时的中国无疑是东方落后国家的代表。那么,经典作家为什么要关注和研究有关中国的问题?远在欧洲不懂中文更没有到过中国的他们是如何了解中国的?换言之,他们研究中国问题的资料来自哪里?

第一节 中国问题引起经典作家关注的原因

中国能够走进经典作家的研究视域并成为他们长期关注的东方国家并非偶然,而是中国之于经典作家理论研究的价值和他们为人类谋解放的事业追求之间双向互动的必然结果。从中国方面看,作为东方大国,中国不论是在古代还是在近代都对欧洲社会发展有着举足轻重的影响,为经典作家研究欧洲社会发展问题及整个理论研究提供了极为重要的素材。

一 中国古代文化为批判唯心主义历史观提供论据

19 世纪 40 年代中期是马克思和恩格斯创立辩证唯物主义和历史唯物主义

的关键时期，也是马克思和恩格斯同青年黑格尔派彻底划清界限的时期，他们因此合著了两部极其重要的哲学著作《神圣家族》和《德意志意识形态》。值得关注的是，这两部哲学著作都提到了中国问题。从具体行文看，有关中国问题的哲学观点为他们批判青年黑格尔派的主观主义观点提供了必要的论据。

马克思和恩格斯之所以在批判唯心主义历史观时提到中国，首先与黑格尔有关。黑格尔是德国古典哲学家中对中国文化最感兴趣并深有研究的一位，尽管他对中国问题的探讨始终囿于思辨哲学框架。据相关资料，黑格尔看过13大本中国皇帝通鉴，读过耶稣会教士搜集的《中国通史》和《中国丛刊》，利用过法国学者关于中国文学的研究和马戛尔尼出访中国的记录，甚至阅读过19世纪前期才在欧洲出现的译本《玉娇梨》等中国小说。[1] 由此，中国古代哲学成了黑格尔阐述其思辨哲学理论体系的重要材料，尽管二者在体系方面有着重大的区别，且黑格尔因此而否认中国有哲学。马克思和恩格斯认为，中国在黑格尔的哲学中被理解为观念的集合。这表明，他们不赞同黑格尔分析中国问题的唯心主义视角。

继承黑格尔思辨哲学衣钵的青年黑格尔派也比较关注中国问题，这是马克思和恩格斯在《神圣家族》和《德意志意识形态》提到中国问题的直接原因。如，在《神圣家族》中，马克思和恩格斯在批判布鲁诺的"目前占主导地位的规定性就是非规定性"的观点时说："如果黑格尔说，中国占主导地位的规定性是'有'，印度占主导地位的规定性是'无'等等，那末，绝对的批判就会'十足地'附和黑格尔，并把现时代的特性归结为'非规定性'这个逻辑范畴，并且会更加十足地把'非规定性'同'有'和'无'一样列入思辨逻辑的第一章，即列入关于'质'的一章。"[2] 在《德意志意识形态》

1 参见忻剑飞《世界的中国观——近二千年来世界对中国的认识史纲》，学林出版社，2013，第218页。
2 《马克思恩格斯全集》第2卷，人民出版社，1957，第114页。

中，由于作为批判对象的施蒂纳、格律恩等人的哲学文本中都有以中国为例证的论述，马克思和恩格斯多次在有关中国问题的哲学观点上阐述了不同的看法。如，针对施蒂纳关于 "中国一切都是预定的" "中国人用不着顺应环境" 等唯心主义历史观，马克思和恩格斯批判施蒂纳将中国看成 "习惯" 的化身。由此可见，马克思和恩格斯为彻底批判青年黑格尔派在社会发展观上的主观唯心主义观点，不得不回应他们在有关中国问题上的错误观点。所以，中国问题在马克思和恩格斯的哲学文本中所起的基本作用是事实论据。

实际上，这是马克思和恩格斯从理论研究的角度初涉中国问题。他们仅仅是在批判旧哲学和创立新哲学的过程中，从唯物主义的角度回应和批判旧哲学家们基于中国问题提出的一些站不住脚的唯心主义观点。对这些问题的回应，只需宏观把握，无须从微观角度详细研究中国社会发展问题。与此同时，我们也可以看出，黑格尔及青年黑格尔派的哲学家们虽然都未到访过中国，但对中国并不陌生，尽管他们所了解到的未必是真实的和确切的。这从侧面证明在 18 世纪的欧洲掀起的 "中国热" 产生了持续性的影响，证明古代中国对世界有相当广泛的影响。

虽然马克思和恩格斯创立了历史唯物主义并深入批判了唯心主义历史观，但这并非意味着此后不再有人奉行唯心主义历史观。在马克思主义向外传播的过程中，历史唯物主义便遭到了在 19 世纪中后期的俄国居于 "种种势力" 之首的民粹派的歪曲和攻击。俄国民粹派不顾资本主义在农奴制改革后的俄国日渐发展起来的事实，仍然从主观愿望出发，幻想俄国能够走村社社会主义道路。因此，当年轻的列宁于 19 世纪 90 年代登上俄国社会政治舞台时，首先面临的问题便是如何从根本上摧毁民粹派的理论特别是村社社会主义理论。1892 年，俄国自由主义民粹派理论家尼·康·米海洛夫斯基开始担任《俄国财富》杂志编辑，他利用这个机会伙同谢·尼·尤沙柯夫、谢·尼·克里文柯等人撰文大肆攻击马克思主义和社会民主党人。米海洛夫斯基不仅将马克思创立的新唯物主义歪曲为经济唯物主义，还硬说在马克思的《资本论》中没有看到唯物主义。问题是，米海洛夫斯基根本没有能够拿出像样的东西反驳马克思主义，为此列宁斥责其仅仅是在“颠倒黑白”和“胡说”。如，针对米海洛夫斯基关于加尔瓦尼电学也同经济唯物主义有联系的“惊人”言论，列宁说：“真是惊人的机智！这样说来，也可以把米海洛夫斯基先生和中国皇帝联系起来了！这除了说明有人以胡说为乐事，还能得出什么结论呢?!”[1] 这是列宁在公开出版的著作中首次提及中国，虽然没有涉及更多的问题，但可以证明的是中国之于欧洲的影响力，因为列宁并没有用印度国王抑或奥斯曼土耳其的苏丹来做类比。众所周知，米海洛夫斯基同中国皇帝之间是没有联系的，列宁以此想要表达的意思是，如果有人把米海洛夫斯基和中国皇帝联系起来，那只能说明他在胡说，在杜撰联系，从而说明米海洛夫斯基对辩证唯物主义的批驳是在毫无根据地胡说。

二　中国遭受殖民侵略为评论时政提供重要素材

尽管马克思和恩格斯有很重要的理论研究工作要做，但评论时政、积极回应国内外重大政治和经济问题，也是马克思和恩格斯开展革命实践工作的需要。1851 年 8 月，美国进步报纸《纽约每日论坛报》（下文简称《论坛报》）编辑部主任邀请马克思以驻伦敦通讯员的身份为该报撰稿。该报虽力求避免煽情主义和恶俗的花边新闻，却摆脱不了追求“当日惊人消息”的窠臼，因为它不是公益报纸，而是受资本逻辑驱使以营利为核心追求的资产阶级报纸。为此，马克思需要尽可能地写一些与时事政治有关的文章。19 世纪

1　《列宁全集》第 1 卷，人民出版社，2013，第 132 页。

50 年代的欧洲革命正处于 1848—1849 年革命失败后的低潮时期,从马克思主义者的角度来说没有太多值得关注的新问题,所以最初由恩格斯代笔所写的 19 篇通讯谈的主要是革命时期德国发生的事情。显然,要写时政类的文章,仅把目光局限在欧洲是不够的。当时,马克思在英国生活和工作,英国的海外政策必然是最为重要的时政内容之一。

自 1840 年鸦片战争开始,中国问题就成为西方国家国际时政的重要组成部分。不过,与今日世界对中国的关注不同,彼时的中国是作为西方列强殖民侵略的重点对象之一而引起世界广泛关注的。马克思恩格斯时期的中国,先后爆发了两次鸦片战争,其间还发生了一场声势浩大的太平天国农民革命运动,之后还有中法战争和中日战争。除中法战争马克思和恩格斯没有论及外,两次鸦片战争、太平天国革命运动和甲午战争都引起了马克思和恩格斯的关注,尤其是太平天国革命运动和第二次鸦片战争。

实际上,早在鸦片战争之前,英国资本家就已经发现了中国这一尚未被开发过的、潜在的大市场。不列颠政府更是于 1793 年派马戛尔尼使团访华,要求与清朝政府建立直接的贸易往来关系。在遭到清朝政府的拒绝后,英国人就伺机用武力迫使中国开放,最终以林则徐禁烟运动为借口发动了第一次侵华战争即鸦片战争。如此,对华政策从 19 世纪 40 年代起就构成了英国政治的重要内容,英国各种报刊尤其是官方报刊争相报道中国问题,马克思和恩格斯在论述中国问题的文本中就提到过《泰晤士报》《经济学家》《每日新闻》《中华之友》《晨星报》《每日电讯》《自由新闻》《观察家》《笨拙》9种报刊。

《泰晤士报》创刊于 1785 年,是英国最大的保守派报纸。该报站在英国资产阶级特别是英国政府的角度密集报道了第二次鸦片战争的前因后果。关于第二次鸦片战争的起因,它报道说:"这里的确有许多引起争论的问题,如划艇是否悬挂着英国国旗，领事采取的措施是否完全正确等。"[1]《泰晤士报》第 22571 号登载了英国驻广州领事巴夏礼给时任两广总督叶名琛的照会《致两广总督叶名琛。1856 年 10 月 21 日》，以及叶名琛给西马縻各厘的信《致海军将军西马縻各厘。1856 年 11 月 3 日》；第 22567 号则登载了西马縻各厘给叶名琛的信《致两广总督叶名琛。1856 年 11 月 2 日》。1857 年，《泰晤士报》还报道了英国议会关于对华军事行动的辩论，系列登载了英国议会上院和下院一些议员在对华政策上的观点，诸如爱·德比《1857 年 2 月 24 日在上院的演说》、亨·乔·格雷《1857 年 2 月 24 日在上院的演说》、理·科布顿《1857 年 2 月 26 日在下院的演说》等。另外，时任首相亨·帕麦斯顿关于对华政策的主张也见诸《泰晤士报》。

《经济学家》创刊于 1843 年，是英国的一家周刊，大工业资产阶级的喉舌。该报在两次鸦片战争时期主要报道了三个方面的内容：一是关于太平天国农民革命对英国经济造成的冲击，如："上海的恐慌据报道达到了极点。黄金因人们抢购贮藏而价格上涨 25% 以上。白银现已不见，以致英国轮船向中国交纳关税所需用的白银都根本弄不到。""每年在这个时候都已开始签订新茶收购合同，可是现在人们不讲别的问题，只讲如何保护生命财产，一切交易都陷于停顿……"[2] 二是关于第一次鸦片战争之后十年间英国对华贸易的情况，并从消费需求、外国竞争和中国革命等方面分析对华贸易相对减少的原因。三是关于第二次鸦片战争时期英国对华贸易如果发生波动将对英国造成的影响，指出 "英国对华贸易的任何严重停顿，将是一场很大的灾难，它比仅凭乍一看进出口数字所能想象的灾难还要大"[3]。

《每日新闻》创刊于 1846 年，是英国工业资产阶级喉舌，但它对英国发

---

1 《马克思恩格斯全集》第 16 卷，人民出版社，2007，第 17 页。
2 《马克思恩格斯全集》第 12 卷，人民出版社，1998，第 117 页。
3 《马克思恩格斯选集》第 1 卷，人民出版社，2012，第 838 页。

动第二次鸦片战争却表达了一种不满:"真是骇人听闻,为了替一位英国官员的被激怒了的骄横气焰复仇,为了惩罚一个亚洲总督的愚蠢,我们竟滥用自己的武力去干罪恶的勾当,到安分守己的和平住户去杀人放火,使他们家破人亡,而我们自己本来就是闯入他们海岸的不速之客。"[1] 能够以近乎谴责的语气来评论第二次鸦片战争,这在当时英国主流媒体中还是非常难得的。

《中华之友》创刊于1842年,是在香港出版的英国官方报纸。它在"亚罗号事件"问题上较为客观地指出:"现在广州尽人皆知,该艇被捕获前,已有六天没有挂英国国旗。"[2] 在鸦片贸易问题上,则表达了鸦片贸易会影响其他商品贸易的看法:"鸦片贸易在不断地增长。英国和美国对于茶叶和丝的需求增大,只会使鸦片贸易继续增长;制造商的情况是毫无希望的。"[3]

《每日电讯》创刊于1855年,起初为资产阶级自由派报纸,从19世纪80年代起成为保守派报纸。该报在第二次鸦片战争时期完全充当帕麦斯顿政府的走卒,为帕麦斯顿政府的对华政策做辩护,为英国发动对华战争做舆论宣传。如,在1858年6月白河冲突事件发生后,《每日电讯》说:"大不列颠应该对中国海岸线全面进攻,打进京城,将皇帝逐出皇宫,取得物质上的保证,以免将来再受侵犯……应该教训中国人尊重英国人,英国人高中国人一等,应该做他们的主人……"[4] 为此,马克思称其为帕麦斯顿"最卑鄙的走卒""痞棍报刊"。

除了英国报刊,马克思还提到了美国的《商人杂志》和法国的《通报》。《商人杂志》是美国的一家杂志,由弗·汉特创办,也曾在两次鸦片战争时期报道对华贸易问题。如,该杂志上刊登的文章认为对华贸易的全部问题仅仅在于停止哪一种贸易,是英美产品的出口贸易呢还是鸦片贸易?至于其他

---

1 《马克思恩格斯全集》第16卷,人民出版社,2007,第23页。
2 《马克思恩格斯全集》第16卷,人民出版社,2007,第63页。
3 《马克思恩格斯选集》第1卷,人民出版社,2012,第802页。
4 《马克思恩格斯选集》第1卷,人民出版社,2012,第827页。

的问题则一概不关心。《通报》是法国日报，创刊于 1789 年，在巴黎出版，曾一度是法国政府的官方报纸。该报在第二次鸦片战争问题上，报道了关于波拿巴决定和帕麦斯顿联手发动对华战争的消息。

马克思和恩格斯论述中国问题的文本中没有提到的一些欧美报刊也争相报道中国问题。如，创刊于 1842 年的《英国伦敦画报》以图画的形式再现了 19 世纪中期中国社会生活的各种场景，包括中国人的生活习俗、中国人制造的军事武器、太平军的首领和士兵、炮击中国战船的英国"复仇女神号"运输船，等等。为更多地了解和更生动地介绍中国发生的各种事情，画报在成立初期就向中国派驻大量画家兼记者，这些记者完成了几十万字的关于中国的文字报告和上千张关于中国的速写。再如，创刊于 1851 年的美国《纽约时报》，从 1854 年开始密切关注中国社会发展与革命问题，追踪报道了晚清时期的内政外交，诸如评价鸦片贸易的文章（《述评：英国鸦片贩子力阻清国禁烟》《述评：罪恶的鸦片贸易》）、报道侵华战争的文章（《英国海军进攻广州，攻陷两广总督府》《英法联军占领北京西郊，圆明园惨遭洗劫》《日军攻入清国本土，威海卫军港危在旦夕》《法国占领海南岛》）、晚清政府与西方列强打交道的文章、关于中国资产阶级民主革命派革命的文章，等等。

上述诸多报刊特别是西方主流报刊对中国问题的争相报道，说明这一时期的中国问题已经构成西方列强国际政治的重要部分，是西方媒体不得不关注的重要时政内容。可以说，马克思和恩格斯在 19 世纪 50 年代密切关注中国问题的直接动因是为报纸即《论坛报》写时政文章。1853 年 5 月，马克思撰写了第一篇专门论述中国问题的文章《中国革命和欧洲革命》，并作为社论发表于 6 月 14 日的《论坛报》第 3794 号第 4 页第 4—6 栏。1856 年，英国对中国发动第二次鸦片战争，马克思和恩格斯全程追踪报道，在《论坛报》上先后发表《英中冲突》（1857 年 1 月）、《议会关于对华军事行动的辩论》（1857 年 2 月）、《帕麦斯顿内阁的失败》（1857 年 3 月）、《英国即将来临的选举》（1857 年 3 月）、《俄国的对华贸易》（1857 年 3 月）、《英人在华的残暴行动》（1857 年 3 月）、《英人对华的新远征》（1857 年 4 月）、《鸦片贸易史》（1858 年 8 月）等有关中国问题的文章。在 1853—1862 年这十年中，马克思和恩格斯将中国问题与欧洲的经济政治问题联系起来，撰写的 18 篇专门论述中国问题的文章，有 17 篇发表在《论坛报》上，且其中有 9 篇作为社论发表。需要指出的是，与西方主流报刊的资产阶级视角完全不同，马克思和恩格斯有关中国问题的文章有批评、有揭露、有批判，为西方民众了解真实的英中冲突提供了宝贵的窗口。正是基于此，习近平总书记充分肯定马克思撰写的专门论述中国问题的通讯，赞扬马克思向世界揭露西方列强侵略中国的真相，称其是在为中国人民伸张正义。

列宁时期的中国先后经历了戊戌变法、义和团运动、八国联军侵华战争、辛亥革命运动和五四运动。其中，义和团运动、八国联军侵华战争和辛亥革命运动都引起了列宁的高度关注，因为这些问题不仅与欧洲列强有关，也与沙皇俄国有关，是列宁用以揭露和批判沙皇专制政府的反动性和腐朽性进而教育俄国工农群众的必要材料。如，列宁基于八国联军侵华和日俄战争事件，通过撰写《对华战争》《告俄国无产阶级书》《旅顺口的陷落》《五一节》等有关沙皇俄国侵略中国问题文章，进一步揭露和批判沙皇专制制度，号召俄国工农群众结束沙皇的专制统治；基于辛亥革命的爆发及其影响，通过撰写《中国的民主主义和民粹主义》《新生的中国》《中华民国的巨大胜利》《中国各党派的斗争》《亚洲的觉醒》《落后的欧洲和先进的亚洲》等有关中国民主革命的文章，揭露和批判欧洲列强对被压迫民族争取自由的运动的扼杀，号召欧洲无产阶级支持中国革命。这些有关中国问题的文章特别是专门论述中国问题的文章大多发表在报纸上。不过，与马克思和恩格斯不同的是，列宁的文章都发表在无产阶级报刊上，包括《火星报》《前进报》《无产者报》《涅瓦明星报》《真理报》《共产国际杂志》等，所以列宁虽然也要考虑到报纸被反动政府查封的问题，但他在揭露和批判西方列强推行的殖民政策以及表达无产阶级的国际主义立场方面，无须采取隐晦的方式。

三　中国小商品经济为论证政治经济学提供必要补充

19世纪50年代，马克思开启了一项非常重要的研究工作即探究资本主义社会经济发展规律，从而论证资本主义灭亡的必然性。他进行这一工作主要以英国为研究对象，正如他自己在《资本论》第一版序言中所指出的："我要在本书研究的，是资本主义生产方式以及和它相适应的生产关系和交换关系。到现在为止，这种生产方式的典型地点是英国。因此，我在理论阐述上主要用英国作为例证。"[1] 说白了，这一时期英国资本主义生产方式最为成熟因而最具有代表性。但是，这种成熟的生产方式也是从不成熟发展而来的，在考察其形成和发展的过程中必然要涉及商品经济还不够发达的问题。如此，仍处于前资本主义发展状态的中国的相关情况正好可以作为例证。而且，亚当·斯密在他的《国富论》中也曾多次提到中国的相关情况。此外，此时的英国不但已经征服了印度，还完全打开了中国的大门，而印度和中国在经济形态上又是极为相似的，所以研究英国的经济问题必然涉及它在印度和中国的扩张。为此，从马克思的《政治经济学批判。第一分册》到《资本论》第一、二、三卷都有关于中国的论述。这些论述都与政治经济学问题有关，总体上可以分为以下几个方面。

一是在考察从商品交换直接产生出来的货币形式时提到了中国。在19世纪中期，虽然西方资本主义已经侵入中国，但中国商品经济还很不发达，甚至部分地区的贸易中还存在物物交换现象。尽管是物物交换，也还是以某种

1　《马克思恩格斯全集》第 42 卷，人民出版社，2016，第 14 页。

特定的等价物为尺度进行交换的。这一现象正契合马克思对货币具有价值尺度这一作用的考察的需要。所以，马克思指出："西伯利亚和中国之间的商品交换，事实上虽然纯粹是物物交换，但是以银为价格尺度。"[1] 在考察充当货币的一般等价物能否同时由两种金属来充当的问题时，马克思又提到了中国。他说："现代，由于印度和中国需要银，同银相比，金的价值暂时略微低落，结果在法国大规模地发生了上述现象：银被输出，被金逐出于流通之外。"[2] 在谈及铸币在流通过程中转化为价值符号的问题时，马克思再次提到中国："古代的著作家虽然只能看到金属流通的现象，但已经把金铸币理解为象征或价值符号。柏拉图和亚里士多德就是这样。在信用完全没有发展的国家，如中国，早就有了强制通用的纸币。早期的纸币拥护者也曾明白地指出，金属铸币是在流通过程本身中转化为价值符号的。"[3] 马克思还在《资本论》第一卷的脚注中特别地提到了中国官员奏请皇帝将官票宝钞改为可兑现的钞票之事。这个官员叫王茂荫，曾任清朝户部右侍郎，是马克思在《资本论》中唯一提到的具体的中国人。

　　二是在考察机器生产对工人的影响特别是造成儿童死亡率上升的问题时提到了中国。在资本主义生产由工场手工业发展到机器大工业阶段时，机器把复杂的操作简单化，从而使得之前那些只有成年男子才能胜任的操作简化成为妇女和儿童也同样能胜任的操作。基于此，马克思提出，资本主义使用机器的第一个口号是妇女劳动和儿童劳动。这种变化带来的后果是，工人家庭全体成员不分男女老少都受资本的直接统治。妇女本在家庭中承担着养育子女的重要角色，而在她们外出就业后，便没有时间、精力和耐心照顾年幼的孩子，于是在喂养孩童中出现了"饮食不适、缺乏营养、喂鸦片剂"等现

1　《马克思恩格斯全集》第31卷，人民出版社，1998，第468页。
2　《马克思恩格斯全集》第31卷，人民出版社，1998，第469—470页。
3　《马克思恩格斯全集》第31卷，人民出版社，1998，第511—512页。

象，从而造成儿童死亡率上升的情况。1864 年英国伦敦出版的《公共卫生第 6 号报告》指出，扩大鸦片剂的销路已成为某些有胆量的批发商的主要目的，药商认为鸦片剂是最畅销的商品；那些服用鸦片剂的婴儿萎缩成小老头或瘦得像小猴子。鸦片本是英国资本家在印度生产的用来掠夺中国人财富的毒品，现在却在毒害本国的儿童。为此，马克思指出："人们看到，印度和中国是怎样报复英国的。"[1] 归根到底，这是由资本主义发展造成的。

三是在阐述资本主义商品生产对于前资本主义生产具有破坏性作用时提到了中国。资本主义商品生产一经形成，便对旧的生产方式产生破坏和解体作用。这种解体作用在世界市场的作用下，由国内延伸至国外，由资本主义国家延伸至前资本主义国家。当然，这种解体作用在最初并不明显。为此，马克思在《资本论》第二卷中以资本主义商品生产对中国等落后国家所发生的作用为例进行了说明。马克思指出，在资本主义世界贸易扩展到中国、印度和阿拉伯等国的最初阶段，资本主义商品生产并没有显著地侵袭这些国家的旧的生产方式。但是，一旦资本主义商品生产在某个地方扎根，它就会把一切以生产者本人劳动为基础或只把多余产品当作商品出售的商品生产形式即宗法式的小生产破坏殆尽。[2] 与此同时，马克思还注意到，稳固的小农经济结构本身也会对资本主义商业的解体作用形成障碍。为了论证这一点，他举了英国在印度和中国造成不同影响的例子。未被西方列强入侵前的印度和中国都处在前资本主义发展阶段，农业和家庭手工业相结合的小农经济占统治地位。在印度被英国征服和占领后，英国殖民者掌握了印度的政治统治权，成为地租所得者。于是，在政治权力和经济权力的双重作用下，英国殖民者迅速摧毁了印度的小农经济结构。但是，在中国，却有着不同的情况。马克思说，"在中国，那就更缓慢了，因为在这里没有直接政治权力的帮助。因农

1　《马克思恩格斯文集》第 5 卷，人民出版社，2009，第 459 页。
2　参见《马克思恩格斯文集》第 6 卷，人民出版社，2009，第 43 页。

业和手工制造业的直接结合而造成的巨大的节约和时间的节省，在这里对大工业产品进行了最顽强的抵抗"[1]。

四是在考察英国资本主义经济发展的现状时提到中国问题。对 19 世纪三四十年代的英国来说，全球只剩最后一个大市场即中国的市场尚未被打开。在以鸦片战争迫使中国开放门户后，英国俨然成为 19 世纪的第一商业强国，尽管这种地位建立在不正义的殖民扩张之上。在中国被卷入资本主义世界市场后，英国资本主义经济的发展便与中国市场之间产生了密切的联系。他国对中国市场的争夺，以及中国内部经济政治状况的变动，都会影响到英国经济的发展。为此，马克思和恩格斯密切关注中国市场方面发生的变化。恩格斯在 1845 年 2 月 15 日的演说中提及了这一问题，他指出："自从中国的港口开放以后，夺取新市场的可能性已经没有了，而只能加紧压榨现有的市场，加之将来工业的扩展要比现在缓慢得多，所以英国现在比以前更不能容忍竞争者了。"[2] 这一时期的中国市场一方面受鸦片贸易的影响，另一方面受太平天国农民革命运动的影响。虽然太平天国农民运动的矛头并不直接指向外来侵略者，但它对中国南方省份造成的破坏作用，间接影响了西方列强在中国的经济活动。因为，两次鸦片战争期间，西方列强特别是英国，对华贸易的主要港口都在南方。如此，要较为全面地研究英国经济发展状况，必须关注中国问题。太平天国革命运动爆发后，为考察这一革命运动对英国乃至整个欧洲经济的影响，马克思撰写了《中国革命和欧洲革命》（1853 年 5 月）、《欧洲的金融危机。——货币流通史片段》（1856 年 10 月）、《鸦片贸易史》（1858 年 8 月）等文章。

通过上述梳理我们可以发现，虽然马克思恩格斯时期的中国在生产力发展水平上落后于西方国家，但对于考察一般的商品经济问题以及从世界市场

1　《马克思恩格斯全集》第 46 卷，人民出版社，2003，第 372 页。

2　《马克思恩格斯全集》第 2 卷，人民出版社，1957，第 623 页。

的角度考察欧洲经济,仍具有不可替代的价值。马克思在他的政治经济学著作中能够不时地、恰到好处地引用中国的相关情况来论证资本主义生产理论,与他在 19 世纪 50 年代对中国问题的高度关注和深入研究是分不开的。

列宁则在其政治经济学名著《帝国主义是资本主义的最高阶段》(以下简称《帝国主义论》)中提到了中国。《帝国主义论》通过对帝国主义基本特征的分析,揭示了帝国主义战争的经济根源,并得出关于帝国主义是过渡的资本主义这一结论。由于中国在签订《辛丑条约》之后完全沦为西方列强的半殖民地,成为影响欧美资本主义发展的重要因素,所以分析帝国主义问题必然涉及中国。列宁在《帝国主义论》中有 10 处提及中国,其中有引证资料涉及中国问题,也有列宁自己利用与中国相关的问题分析帝国主义的话语。如,列宁在分析资本输出问题时引用的柏林《银行》杂志中的一段话中提到了中国:"国外的很多国家,从西班牙到巴尔干,从俄国到阿根廷、巴西和中国,都在公开或秘密地向巨大的货币市场要求贷款,有时还要求得十分急迫。"[1] 再如,列宁在分析大国瓜分世界的问题时将中国列入半殖民地:"我们把波斯、中国和土耳其列入半殖民地,其中第一个国家差不多已经完全变成了殖民地,第二个和第三个国家正在变成殖民地。"[2] 可见,虽然中国问题在《帝国主义论》中不是主要的,却是分析帝国主义政治经济问题的一个十分必要的甚至不可或缺的补充。

四　中国被卷入世界市场为阐明世界历史理论提供重要例证

鸦片战争后的中国被卷入世界市场,中国历史开始成为世界历史的一部分。这一时期,也正是马克思和恩格斯创立世界历史理论的时期。由此,中

1　《列宁全集》第 27 卷,人民出版社,2017,第 379 页。
2　《列宁全集》第 27 卷,人民出版社,2017,第 393 页。

国被卷入世界市场引起的中国和西方国家在社会发展特别是经济和政治方面的变化，为马克思、恩格斯系统阐发世界历史理论提供了一个鲜活的例证。

其一，马克思和恩格斯以中国为例论证世界历史的形成是一个客观的物质过程。马克思和恩格斯于 1845—1846 年间合作完成的《德意志意识形态》是马克思主义世界历史理论形成的一个标志性文献。在该文献中，马克思和恩格斯指出："各个相互影响的活动范围在这个发展进程中越是扩大，各民族的原始封闭状态由于日益完善的生产方式、交往以及因交往而自然形成的不同民族之间的分工消灭得越是彻底，历史也就越是成为世界历史。"[1] 马克思和恩格斯还进一步指出，世界历史的形成不是抽象的精神行动而是具体的物质行动。为了论证这一点，马克思和恩格斯以中国和印度无数劳动者的饭碗被英国发明的机器夺走为例进行了说明。鸦片战争结束后，中国被迫开放门户，在对外贸易方面从之前的 "一口通商" 变为 "五口通商"，西方工业品开始大量涌入中国市场。尽管在被卷入世界市场的最初阶段，中国仍然是以手工劳动为主的、以自给自足为主要特征的小农经济国家，对外来工业品需求甚微，但终究还是抵不过外来资本主义的侵蚀，诚如马克思和恩格斯在《共产党宣言》中所指出的，资产阶级的商品的低廉价格，是摧毁一切万里长城、征服野蛮人最顽强的仇外心理的重炮。因此，随之而来的是，中国传统手工业者的破产和小农经济结构的瓦解，封建经济逐渐转化为半封建经济。由此可见，在中国被卷入世界市场从而成为世界历史的一部分后，中国整个生存形式发生了改变。这就表明："历史向世界历史的转变，不是'自我意识'、世界精神或者某个形而上学幽灵的某种纯粹的抽象行动，而是完全物质的、可以通过经验证明的行动，每一个过着实际生活的、需要吃、喝、穿的个人都可以证明这种行动。"[2]

1　《马克思恩格斯选集》第 1 卷，人民出版社，2012，第 168 页。
2　《马克思恩格斯选集》第 1 卷，人民出版社，2012，第 169 页。

其二，马克思和恩格斯以中国为例论证世界历史的形成能够加速人类社会的发展。世界历史的形成是一种进步还是一种倒退，对人类社会的发展具有促进作用还是阻碍作用？对这个问题的回答，构成了世界历史理论的重要组成部分。恩格斯在《共产主义原理》中用中国走向革命的例子生动地证明世界历史的形成具有进步作用。他说："那些几千年来没有进步的国家，例如印度，都已经进行了完全的革命，甚至中国现在也正走向革命。事情已经发展到这样的地步：今天英国发明的新机器，一年之内就会夺去中国千百万工人的饭碗。这样，大工业便把世界各国人民互相联系起来，把所有地方性的小市场联合成为一个世界市场，到处为文明和进步做好了准备，使各文明国家里发生的一切必然影响到其余各国。"[1] 在中国尚未成为世界历史的一部分之前，中国的社会发展游离于世界市场之外，以致落后于西方而不自知，直到鸦片战争的爆发。鸦片战争之后，中国与外界隔绝的状态被打破。马克思说："与外界完全隔绝曾是保存旧中国的首要条件，而当这种隔绝状态通过英国而为暴力所打破的时候，接踵而来的必然是解体的过程，正如小心保存在密闭棺材里的木乃伊一接触新鲜空气便必然要解体一样。"[2] 可见，世界历史的形成能够加速人类社会的发展。恩格斯在《1847年11月30日在伦敦德意志工人教育协会的演说》中进一步指出："稍后，我们看到，在中国这个一千多年来一直抗拒任何发展和历史运动的国家中，随着英国人及其机器的出现，一切都变了样，并被卷入文明之中。"[3] 马克思和恩格斯在《共产党宣言》中则指出："东印度和中国的市场、美洲的殖民化、对殖民地的贸易、交换手段和一般商品的增加，使商业、航海业和工业空前高涨，因而使正在崩溃的封建社会内部的革命因素迅速发展。"[4]

1 《马克思恩格斯选集》第1卷，人民出版社，2012，第299页。
2 《马克思恩格斯选集》第1卷，人民出版社，2012，第780—781页。
3 《马克思恩格斯全集》第42卷，人民出版社，1979，第472页。
4 《马克思恩格斯选集》第1卷，人民出版社，2012，第401页。

19 世纪末 20 世纪初，在帝国主义的作用下，世界历史进一步深化。如此，总结世界历史的新变化，为无产阶级革命提供新的理论指导，成为列宁理论研究的一个新任务。列宁分析指出："帝国主义的特点，正如我们所看到的那样，就是现在全世界已经划分为两部分，一部分是为数众多的被压迫民族，另一部分是少数几个拥有巨量财富和强大军事实力的压迫民族。"[1] 这就意味着，在帝国主义时代，无产阶级革命已经由反对本国资产阶级的斗争，发展成为一切被压迫民族反对帝国主义的斗争。中国作为被帝国主义奴役的东方人口大国，是世界反帝国主义的重要力量。如此，要深刻阐释帝国主义时代无产阶级革命策略，就必须密切关注中国民族民主革命运动的开展情况，并将其与其他反帝国主义力量联系起来。所以，列宁不仅将中国辛亥革命纳入亚洲觉醒的组成部分，还将中国人民争取自身解放的斗争与社会主义的最终胜利紧密结合起来。列宁在《亚洲的觉醒》中提出："亚洲的觉醒和欧洲先进无产阶级夺取政权斗争的开始，标志着 20 世纪初所开创的全世界历史的一个新阶段。"[2]

五　中国人民的觉醒为推动世界革命进程提供重要动力

虽然西方人在中国辛亥革命爆发后才惊呼"中国醒了"，但这一醒来的过程早在鸦片战争时就启动了。马克思说："历史好像是首先要麻醉这个国家的人民，然后才能把他们从世代相传的愚昧状态中唤醒似的。"[3] 正是中国人民的日渐觉醒以及由此引发的一系列事件，才引起了远在欧洲的马克思、恩格斯和列宁的高度关注，才有了《中国革命和欧洲革命》（1853 年 5 月）、《中国和英国的条约》（1858 年 9 月）、《对华战争》（1900 年 10 月）、《新生的

1　《列宁全集》第 39 卷，人民出版社，2017，第 232 页。
2　《列宁全集》第 23 卷，人民出版社，2017，第 161 页。
3　《马克思恩格斯全集》第 12 卷，人民出版社，1998，第 114 页。

中国》（1912 年 11 月）等一系列专门论述中国问题的著作。

中国农民阶级的觉醒体现为在不堪重负中发起太平天国运动和义和团运动。在太平天国运动爆发前，马克思和恩格斯没有撰写过专门论述中国问题的文章，只是在《评普鲁士最近的书报检查令》（1842 年）、《神圣家族》（1844 年）、《德意志意识形态》（1846 年）、《共产主义原理》（1847 年）、《共产党宣言》（1848 年）和几篇时评中提到中国。太平天国运动爆发后，马克思撰写了第一篇专门论述中国问题的文章即《中国革命和欧洲革命》，并且把这一运动称为"中国革命"。由此可见，正是体现农民觉醒的太平天国运动引起了马克思对中国问题的重点关注和研究兴趣。马克思认为，太平天国运动的爆发与英国罪恶的鸦片贸易和鸦片战争有直接关联。他说："中国的连绵不断的起义已经延续了约十年之久，现在汇合成了一场惊心动魄的革命；不管引起这些起义的社会原因是什么，也不管这些原因是通过宗教的、王朝的还是民族的形式表现出来，推动了这次大爆发的毫无疑问是英国的大炮，英国用大炮强迫中国输入名叫鸦片的麻醉剂。"[1] 但是，这场运动的矛头直指清朝统治，是一场反对清朝专制统治的农民革命。尽管这场运动依然没有超出中国历史上农民运动改朝换代的局限性，但其作为在中国步入近代之后且民族资产阶级尚未成长起来的第一次声势浩大的革命运动，具有重要的意义。半个世纪后，中国农民在已经半殖民地半封建社会化的中国再度掀起了一场浩大的农民运动——义和团运动。与太平天国运动不同的是，此次运动的斗争矛头直指外国侵略者。鸦片战争之后，西方宗教人士争相来到中国传教。19 世纪末时，中国的外来传教士有 3300 多人。这些传教士中不乏单纯为信仰而传教之人，也有部分传教士在中国从事文教慈善等事业。然而，很大一部分传教士在中国借传教之名行文化侵略之实，为本国政府进一步侵略和控

1　《马克思恩格斯全集》第 12 卷，人民出版社，1998，第 113—114 页。

制中国搜集情报和出谋划策。这些在华传教士倚仗不平等条约和背后的帝国主义势力，欺压当地百姓。这引发了中国人民的不满。所以，早在 1861 年贵州农民就发起了驱逐外国传教士的斗争。随着帝国主义侵略的加深和在华传教士的日趋猖狂，主要由贫苦农民自发形成的组织——义和团在甲午战争后的山东兴起，并迅速汇聚起一股强大的反帝国主义力量，进而在"助清灭洋"的旗帜下开展反教运动。为镇压这一运动，西方列强联合起来发动了臭名昭著的八国联军侵华战争。这引起了远在俄国西伯利亚流放地的列宁的关注，并写下《对华战争》一文。

中国地主阶级的觉醒体现为在惊觉"数千年未有之变局"中力求"师夷长技以制夷"。正如马克思指出的，鸦片战争前的清朝沉浸于"天朝帝国万世长存的迷信"中。古代中国曾是世界上最为富庶的东方大国，欧洲人甚至把中国想象成为黄金遍地的国度，足以说明古代中国的世界地位。然而，这一切却因欧洲资产阶级革命的爆发而悄然改变。当资产阶级革命在 1640 年的英国即将开启一个新的时代时，中国却处于两个封建王朝即明朝和清朝的交替之际。小农经济结构在当时的中国还十分稳固，丝毫没有动摇的迹象。之后，由于各种原因，清朝在对外交往方面越发保守，直至仅留广州一口通商。如此，中国人了解外国的窗口基本上被关闭，以致落后而不自知。在鸦片贸易和鸦片战争迫使中国人"开眼看世界"后，清朝统治者特别是直接与西方人交涉的官员们意识到了中国与西方之间的差距，并逐渐产生一种危机感。李鸿章明确提出"深以中国军器远逊外洋为耻"，并十分忧虑地指出，"外国利器强兵，百倍中国，内则狎处辇毂之下，外则布满江湖之间"，"外国猖獗至此，不亟亟焉求富强，中国将何以自立耶？"[1] 鸦片战争后的局面，对于中国来说确实是"数千年未有之变局"。该如何应对这种变局？魏源首先提出

---

[1]　转自李侃、李时岳、李德征、杨策、龚书铎《中国近代史（1840—1919）》（第四版），中华书局，1994，第 122 页。

了"师夷长技以制夷"的主张，后来在曾国藩、李鸿章、张之洞等人的主导下开展了洋务运动。尽管洋务运动在"中体西用"的理念下开展，没有触及封建专制制度及其体系，甚至目的就是维护封建专制统治，但还是足以说明地主阶级已经从"天朝帝国万世长存的迷信"中觉醒，进而在愈加强烈的民族危机感中积极探寻自强和抵御外侮之道。洋务运动引起了西方人的关注。美国《纽约时报》1879年4月23日刊登的《首家机器棉纺织厂在上海建立》一文就报道了洋务运动创建棉纺织厂的事情。该文指出："在大清帝国的政治生活中，我们所知道的关于洋务派的事情是，他们已经获得皇帝陛下的许可在大清国内创建一座纺织厂。洋务派是由这样一些人组成的，他们相信大清国显而易见的命运就是，向世界学习一切和艺术、科学、制造业有关的事情。"[1] 虽然从马克思和恩格斯有关中国问题的论述中找不到能够直接证明他们知道洋务运动的话语，但恩格斯基于当时中国处境作出的研判却与洋务运动不谋而合："闭关自守已经不可能了；即使是为了军事防御的目的，也必须敷设铁路，使用蒸汽机和电力以及创办大工业。"[2]

中国资产阶级的觉醒体现为在批判"中体西用"中从戊戌变法走向辛亥革命。中国民族资本主义产生于两次鸦片战争之后，其发展之路异常艰难，因为它外受西方资本主义的排挤，内受封建主义的压迫，直到19世纪90年代才有了初步发展。这一初步发展为中国资产阶级登上政治舞台奠定了经济基础。代表资产阶级利益的第一代知识分子，"在内忧外患的冲击和中西文化的碰撞过程中，逐步形成了一个共同认识：要救国，只有维新，要维新，只有学外国"[3]。在1895年中日甲午战争的冲击下，以康有为为代表的中国资产阶级维新派于1898年发起了戊戌变法运动。虽然这一运动如昙花一现，很

1　郑曦原编：《帝国的回忆：〈纽约时报〉晚清观察记》，当代中国出版社，2018，第54页。

2　《马克思恩格斯选集》第4卷，人民出版社，2012，第655页。

3　李侃、李时岳、李德征、杨策、龚书铎：《中国近代史（1840—1919）》（第四版），中华书局，1994，第227—228页。

快便归于失败，但它作为中国资产阶级的第一次政治演出，其意义不容忽视。它不仅标志着中国民族资产阶级登上了政治舞台，还标志着中国人民在探索救国救民的道路上有了新的突破，即意识到变革旧有社会制度的迫切性。与此同时，以孙中山为代表的资产阶级革命派也开始成长起来。与维新派不同的是，革命派主张通过暴力革命推翻清朝的专制统治，并用资产阶级的民主共和制取而代之。《辛丑条约》的签订和戊戌变法的失败更是促进了民主革命思想在中国的传播。20 世纪初，各种革命团体和革命书刊如雨后春笋般在中国涌现，为民主革命运动的开展奠定了坚实的思想基础和组织基础。从1903 年的拒俄运动开始，中国资产阶级革命派的力量日渐凸显。在此基础上，孙中山进一步提出了 "三民主义" 革命思想，并积极推动民主革命运动的开展。中国资产阶级革命派的活动引起了列宁的关注。早在 1908 年的《世界政治中的易燃物》一文中，列宁就指出："在中国，反对中世纪制度的革命运动近几个月来也强有力地开展起来了。"[1] 1911 年辛亥革命的爆发，更是引起了列宁对中国革命的关注和对中国各阶级的分析，除了《对华战争》一文，列宁其他几篇专门论述中国问题的文章都是在辛亥革命爆发后撰写的。

从太平天国运动到辛亥革命，之所以能够引起经典作家的关注，最主要的就在于中国人民的日渐觉醒为推动世界革命进程注入十分重要的动力。从马克思对太平天国运动的关注来看，当时欧洲正处于 1848—1849 年革命之后的反动时期，欧洲各国反动政府加强了对无产阶级革命活动的镇压，以至于各国的进步报刊纷纷遭到查禁。正当欧洲革命陷入低潮之际，沦为西方殖民侵略对象的东方国家却爆发了 "革命"，这种 "西方不亮东方亮" 的世界革命形势，给马克思带去了希望。马克思希望中国革命能够从外部使欧洲革命再度爆发："中国革命将把火星抛到现今工业体系这个火药装得足而又足的地

1 《列宁全集》第 17 卷，人民出版社，2017，第 160 页。

雷上,把酝酿已久的普遍危机引爆,这个普遍危机一扩展到国外,紧接而来的将是欧洲大陆的政治革命。"[1] 可以说,这是马克思关注太平天国运动并因此撰写专门论述中国问题的第一篇文章的一个十分重要的原因。

再从列宁对中国革命运动的关注来看,20世纪初的欧洲刚刚从反动时代进入革命时代。1871年巴黎公社运动失败后,欧洲进入了一个较为漫长的政治反动时代。在反动统治下的30年中,欧洲各国无产阶级虽坚持进行斗争,但斗争方式主要是防御性的,未能开展武装起义式的进攻性斗争,因而一直没有爆发新的革命。时至1900年,这一政治反动时代首先被新一轮的资本主义经济危机及其引发的工人运动所打破。1905年俄国资产阶级民主革命的爆发,进一步宣告反动时代已为革命时代所取代。列宁指出:"我们现在无疑地已经进入了一个新的时代,政治动荡和革命的时期已经开始了。"[2] 1905年革命失败后,列宁又从亚洲革命运动的蓬勃发展中坚定了他对"新的时代"的研判。从波斯、土耳其、印度到中国,列宁感受到东方国家人民日渐觉醒的斗争精神给世界革命注入了新的活力。所以,早在1908年,列宁就关注到:"在中国,反对中世纪制度的革命运动近几个月来也强有力地开展起来了。"[3]

六　中国古代文明为研究欧洲社会发展的进程提供重要线索

虽然近代中国不论在社会制度上还是在科技成就上都落后于西方,但古代中国在社会发展的很多方面是领先于西方的,尤其是被称为"四大发明"的造纸术、指南针、火药和印刷术。中国"四大发明"为推动人类社会的进步作出了巨大的贡献,这是西方学者也一致认同的。此外,中国的算盘、丝

1　《马克思恩格斯选集》第1卷,人民出版社,2012,第783页。
2　《列宁全集》第11卷,人民出版社,2017,第14页。
3　《列宁全集》第17卷,人民出版社,2017,第160页。

绸、瓷器等也对欧洲社会的发展有着深远的影响。因此，要研究欧洲社会发展问题特别是欧洲资本主义文明的生成，必然会涉及中国古代文明成果。

恩格斯在研究欧洲军事及其武器装备时提到中国的火药。恩格斯在《反杜林论》中指出："在14世纪初，火药从阿拉伯人那里传入西欧，像每一个小学生都知道的那样，它使整个作战方法发生了变革。"[1] 因此，要研究欧洲的军事发展及其武器装备必然涉及火药。1857年，恩格斯在为《美国新百科全书》写的词条《炮兵》中指出："中国很早就用硝石和其他可燃物混合制成了烟火剂，用于军事和盛大的庆典……不过总的来说，火药和火炮在军事上的应用，看来在中国古代并没有得到充分的发展，因为到公元1232年才证实第一次大量使用它们，当时被蒙古人围困在开封府的中国人，曾经使用抛射石弹的火炮来抵御敌人，并且还使用了爆炸弹、炸药筒和其他利用火药的烟火剂。"[2] 这里明确提出中国很早就使用火药。1875年，恩格斯在《德国农民战争》中关于火药的论述旁加了一个注："现在已经毫无疑义地证实，火药是从中国经过印度传给阿拉伯人，又从阿拉伯人那里同火器一道经过西班牙传入欧洲的。"[3] 这个注确认了火药是中国人发明的事实。

马克思在研究欧洲人的算术问题时提到中国的算盘。中国东汉时期的著作《数术记遗》描述了算盘最初的造型。东汉是公元25—220年，古印度科学家巴格达发明阿拉伯数字是在公元3世纪，可见中国算盘在阿拉伯数字出现之前就已经被创造出来。1864年，马克思在给朋友的信中谈到了计算的问题，并指出在家庭开支和商业中不太大的计算仍然在算盘上进行。由此，他说："这种算盘几乎整个中世纪都曾使用，直到今天中国人还在使用。"[4]

恩格斯在梳理历史上的重要发明时提到中国的蚕和纸。根据诸多中国史

1　《马克思恩格斯选集》第3卷，人民出版社，2012，第547页。
2　《马克思恩格斯全集》第16卷，人民出版社，2007，第438页。
3　《马克思恩格斯全集》第10卷，人民出版社，1998，第468页。
4　《马克思恩格斯全集》第30卷，人民出版社，1975，第650页。

书记载，黄帝元妃嫘祖发明了养蚕技术，并教老百姓养蚕和利用蚕丝来制作衣服。可见，养蚕和丝织技术在中国源远流长。造纸术也是中国古代重大发明之一。早在秦汉之际，纸就被中国人民创造出来，最初是麻纸，后来又进一步发明了皮纸、棉纸。恩格斯说："蚕在550年前后从中国输入希腊"[1]；"棉纸在7世纪从中国传到阿拉伯人那里，在9世纪输入意大利"[2]。

　　马克思在考察资本主义应用机器问题时提到中国的"三大发明"。他说，火药、指南针、印刷术是预告资产阶级社会到来的三大发明，并详细指出每一种发明在促进资产阶级社会诞生方面所起的具体作用。虽然马克思在谈"三大发明"时没有明确说是中国的发明，但从马克思和恩格斯有关中国问题的论述特别是有关中国古代发明的基本常识推断，能够确认此"三大发明"就是指中国的火药、指南针和印刷术。

第二节　经典作家研究中国问题的资料来源

　　从马克思在1842年的《评普鲁士最近的书报检查令》中首次提及中国，到恩格斯在1894年致左尔格的信中最后论及中国，再到列宁在1923年的政治遗嘱中考虑包括中国在内的东方社会发展问题，在长达八十余年的时间里，马克思、恩格斯和列宁留下了丰富的有关中国问题的文本。他们虽然没有系统化地研究中国社会发展问题，但关注的内容非常广泛，从古代中国的发明，到近代中国的政治、经济、文化和对外交往，再到未来中国的发展走向，等等。那么，经典作家研究中国问题的资料来自哪里？[3]——主要来自西方有关

1　《马克思恩格斯全集》第26卷，人民出版社，2014，第494页。
2　《马克思恩格斯全集》第26卷，人民出版社，2014，第494页。
3　韦建桦教授在《马克思和恩格斯怎样看待中国——答青年朋友》（《马克思主义与现实》2015年第1期）中提出，马克思和恩格斯关于中国的知识和信息，一是来源于欧洲各国学者关于中国历史文化的论著，二是来源于议会通报、政府文件、军事要闻、媒体报道，以及来华的商界人士、外交官员、旅行家和传教士发表的记叙文章。

中国问题的著述、报道和书信。

一　经典作家之前的欧洲知名学者有关中国的著述

早在马克思和恩格斯之前，中国就已经在世界上引起了广泛的关注。从最初遐想盛产丝绸的"丝国"（Seres），到马可·波罗等旅行家们游历中国和传教士们深入中国传教，西方世界对中国的认识由猜想到实地考察、由单个物品到整个社会，不断地拓展和深入。到了启蒙运动时期，"对于中国文化，法国启蒙运动的大师们几乎无一不知晓之、关注之、评说之"[1]。之后，以亚当·斯密为代表的英国古典政治经济学家、以黑格尔为代表的德国古典哲学家都把中国纳入他们的研究对象，俄国的托尔斯泰也对中国文化颇有研究。这些欧洲知名学者们在各自的理论视域下研究和评价了中国的经济、政治和文化。在经典作家的著作、书信和笔记中，孟德斯鸠、卢梭、亚当·斯密、黑格尔、托尔斯泰等人的名字和思想观点不时地被提及，这意味着经典作家对中国的最初印象主要来源于欧洲知名学者有关中国的论述。

1. 孟德斯鸠对中国的关注和对中国文化的批评

法国启蒙思想家们从伏尔泰到狄德罗都关注过中国，并在他们的著述中评论过中国，但从相关文本的比对看，对经典作家特别是马克思影响最大的当数孟德斯鸠。孟德斯鸠作为18世纪法国启蒙运动中最早和最重要的思想家之一，他的著述和观点影响极其深远，后来的政治理论家们包括马克思和恩格斯在内，无不阅读过他的著作。如，1842年，马克思在其政论文章《关于新闻出版自由和公布省等级会议辩论情况的辩论》中说："孟德斯鸠早已教

---

[1]　忻剑飞：《世界的中国观——近二千年来世界对中国的认识史纲》，学林出版社，2013，第160页。

导说，专制比法制更便于运用。"[1] 这里的"专制比法制更便于运用"出自孟德斯鸠的《论法的精神》。再如，1843 年，马克思在致阿尔诺德·卢格的信中评价君主政体时说："君主政体的原则总的说来就是轻视人，蔑视人，使人非人化；而孟德斯鸠认为君主政体的原则是荣誉，他完全错了。他求助于君主政体、专制制度和暴政三者之间的区别。但是这都是一个概念的不同名称，至多是在同一原则下习惯有所不同罢了。"[2] 这里关于孟德斯鸠的观点同样来源于《论法的精神》。

《论法的精神》是孟德斯鸠最著名的著作，正是在这部著作中孟德斯鸠多次提及中国问题。1748 年，时年 59 岁的孟德斯鸠据其 40 年研究积淀完成了《论法的精神》这一著作。该著一经出版，便在法国内外引起了轰动，更是被后人誉为 18 世纪最伟大的作品。全书六编共 31 章，不仅阐述了三权分立学说，还论述了政治法律同自然条件的关系。该书的第 5—8、10—20、13—14、26、28—29 章都提到了中国。如，孟德斯鸠认为中国的自然条件延缓了中国专制政体的衰亡，他说："大多基于气候的物质原因抑制了这个国家里的道德原因，进而演绎出了种种奇迹。"[3] 在谈及如何制定法律的问题时提到中国礼仪对社会治理具有积极作用："中国的政体大获成功，原因就在于一丝不苟地遵守礼仪。中国人在年轻时学习礼仪，此后又把一生都用来实践礼仪。文人教授礼仪，官员宣扬礼仪。事无巨细，礼仪无处不在，所以，只要找到了一丝不苟地遵奉礼仪的方法，中国就可以治理得非常好。"[4] "中国的政治原则一旦被抛弃，道德一旦沦丧，国家立即就陷入无政府状态，革命随即爆发。"[5]

---

1 《马克思恩格斯全集》第 1 卷，人民出版社，1995，第 174—175 页。

2 《马克思恩格斯全集》第 47 卷，人民出版社，2004，第 59 页。

3 〔法〕孟德斯鸠：《孟德斯鸠论中国》，许明龙编译，商务印书馆，2016，第 239 页。

4 〔法〕孟德斯鸠：《孟德斯鸠论中国》，许明龙编译，商务印书馆，2016，第 252 页。

5 〔法〕孟德斯鸠：《孟德斯鸠论中国》，许明龙编译，商务印书馆，2016，第 253 页。

最能体现马克思受孟德斯鸠中国观影响的是，马克思认为私贩鸦片引起的贪污行为破坏了清朝的家长制权威。马克思说："正如皇帝通常被尊为全中国的君父一样，皇帝的官吏也都被认为对他们各自的管区维持着这种父权关系。可是，那些靠纵容私贩鸦片发了大财的官吏的贪污行为，却逐渐破坏着这一家长制权威——这个广大的国家机器的各部分间的唯一的精神联系。"[1] 而孟德斯鸠在《论法的精神》的第 19 章中对中国的父权礼仪有过深入分析："中华帝国构建在治家的理念之上。倘若削弱父权，哪怕仅仅削减用以表示尊重父权的礼仪，那就不啻是削弱对被视同父亲的官员的尊重，原本应该视百姓为子女的官吏于是就不再关爱百姓了，君主与臣民之间的互相关爱也就渐渐消失。只要其中一项被削减，国家就会因此而动摇。"[2] 尽管封建家长制不是古代中国特有的，却是在中国延续时间最久的，所以从法国启蒙思想家开始到离马克思最近的德国哲学家黑格尔都批判过中国的家长制。不过，马克思此处对家长制问题的提及，是在新的历史条件下考察中国封建家长制权威所遭到的破坏。

除了《论法的精神》，孟德斯鸠在其他文献中有关中国的论述也为马克思研究中国问题提供了重要的资料。如，孟德斯鸠的读书笔记中有关于中国人性格温和的话语："中国人的性格特别温和。与中国人吵架时，一定不能像法国人那样气急败坏；中国人表示不同意见时和颜悦色，反驳时也心平气和。"[3] "这个民族虽然彬彬有礼，却也免不了有一些野蛮的东西。"[4] 马克思在评论中国两广总督叶名琛在处理外交纠纷中的表现时就使用了"心平气和""彬彬有礼"两个词："海军将军态度蛮横，大肆恫吓，中国总督则心平

1　《马克思恩格斯全集》第 12 卷，人民出版社，2014，第 114 页。
2　〔法〕孟德斯鸠：《孟德斯鸠论中国》，许明龙编译，商务印书馆，2016，第 255 页。
3　〔法〕孟德斯鸠：《孟德斯鸠论中国》，许明龙编译，商务印书馆，2016，第 43—44 页。
4　〔法〕孟德斯鸠：《孟德斯鸠论中国》，许明龙编译，商务印书馆，2016，第 48 页。

气和、冷静沉着、彬彬有礼。”[1] 尽管这两个评价性的词语完全可以从叶名琛回应英国侵略者挑衅的表现中总结出来，但还是不能排除马克思对中国人的印象受孟德斯鸠关于中国论述的影响。此外，不论是马克思还是恩格斯，都在论述中国问题的文本中使用过“野蛮”一词，如：“可是，天朝的野蛮人当时拒绝征收一项随着人民堕落的程度而必定会增大的税收。”[2] 这也和孟德斯鸠等启蒙思想家们对中国文化持有的批评态度是一致的。

2. 亚当·斯密对中国社会发展问题的关注与思考

亚当·斯密作为 18 世纪英国政治经济学领域中一个里程碑式人物，他的《国富论》即《国民财富的性质和原因的研究》在当时的政治经济学界是至高无上的。他“第一次系统地论述了政治经济学的主要内容，建立了英国资产阶级的古典政治经济学体系，远远超过了重商主义和重农学派的经济学理论”[3]。也正因为此，马克思主义政治经济学理论批判和吸收了斯密的政治经济学理论。当然，这种批判不是简单的否定。为构建新的政治经济学理论，马克思熟读过《国富论》。正是在《国富论》中，斯密多次援引中国社会发展问题来论证他的理论观点，形成了近代政治经济学视野下的中国观。可以说，斯密对中国社会发展问题的描述和评论，为马克思论述中国问题提供了重要的资料来源。

在《国富论》中，斯密在肯定中国是一个富裕国家的同时指出其已处于停滞状态。《国富论》出版于 1776 年，是斯密花了近 10 年时间完成的。18世纪 70 年代的中国处于清朝乾隆皇帝统治的中期，也是“康乾盛世”的最高峰。当时的中国人口数量和人民的生活质量与历史上以往任何一个时期相比

1　《马克思恩格斯选集》第 1 卷，人民出版社，2012，第 792 页。
2　《马克思恩格斯选集》第 1 卷，人民出版社，2012，第 806 页。
3　忻剑飞：《世界的中国观——近二千年来世界对中国的认识史纲》，学林出版社，2013，第 197 页。

都是最高的，整个社会呈现出一派繁荣稳定的景象。即便斯密在成书时没有掌握最新的有关中国发展状况的资料，也不妨碍他对中国富裕的肯定，因为古代中国的富庶早已被《马可·波罗游记》确认。为此，《国富论》中有多处肯定古代中国富裕的话语，如："中国一向是世界上最富的国家，就是说，土地最肥沃，耕作最精细，人民最多而且最勤勉的国家"[1]；"中国、印度斯坦、日本等帝国以及东印度的几个帝国，虽然没有比较丰富的金银矿山，在其他各方面却比墨西哥或秘鲁更为富裕"[2]。然而，这种富裕表象的背后却已隐藏着一种危机。斯密通过当时西方旅行家关于中国的报告，发现中国在社会发展上已处于停滞状态。他指出："然而，许久以来，它似乎就停滞于静止状态了。今日旅行家关于中国耕地、勤劳及人口稠密状况的报告，与五百年前视察该国的马可·波罗的记述比较，几乎没有什么区别。"[3]

至于中国在社会发展上陷于停滞状态的原因，斯密主要从国家政策及与之相关的法律制度方面进行了分析。古代中国是个传统的农业社会，农业是整个社会发展的根基，因而早在战国时期就形成了重视农业轻视工商业的政策，即《国富论》中所指出的，"中国的政策，就特别爱护农业"[4]。因为这一政策，"每个人都很想占有若干土地，或是拥有所有权，或是租地"，而"不重视国外贸易"。斯密指出，"除对日本外，中国人很少或完全没有由自己或用自己船只经营国外贸易。允许外国船只出入的海港，亦不过一两个"。由于不重视国外贸易，制造业的发展自然也就受到了抑制，因为制造业的发展"常需要国外贸易来支持"[5]。为此，斯密在字里行间透露出他对中国明明具备发展制造业的优势却未能发展而感到惋惜。他指出："中国幅员是那么广

1　〔英〕亚当·斯密：《国富论》，郭大力、王亚南译，商务印书馆，2019，第65—66页。
2　〔英〕亚当·斯密：《国富论》，郭大力、王亚南译，商务印书馆，2019，第421页。
3　〔英〕亚当·斯密：《国富论》，郭大力、王亚南译，商务印书馆，2019，第66页。
4　〔英〕亚当·斯密：《国富论》，郭大力、王亚南译，商务印书馆，2019，第650页。
5　〔英〕亚当·斯密：《国富论》，郭大力、王亚南译，商务印书馆，2019，第650页。

大，居民是那么多，气候是各种各样，因此各地方有各种各样的产物，各省间的水运交通，大部分又是极其便利，所以单单这个广大国内市场，就够支持很大的制造业，并且容许很可观的分工程度。就面积而言，中国的国内市场，也许并不小于全欧洲各国的市场。假设能在国内市场之外，再加上世界其余各地的国外市场，那么更广大的国外贸易，必能大大增加中国制造品，大大改进其制造业的生产力。如果这种国外贸易，有大部分由中国经营，则尤有这种结果。"[1] 在斯密看来，如果中国能够重视对外贸易，必然能够通过对外贸易学得外国各种机械的使用术与建造术，以及世界其他各国技术上、产业上的各种改良，进而改良中国自己的生产技术，实现制造业的大发展。但是，由于国家推行重农轻商政策，工业和商业只能在历朝历代政府所允许范围内发展，从而抑制了中国财富的进一步增长。所以，斯密认为，中国的财富很有可能在马可·波罗时代以前就已经达到了法律制度所允许的发展程度。他还指出："中国似乎长期处于静止状态，其财富也许在许久以前已完全达到该国法律制度所允许有的限度，但若易以其他法制，那么该国土壤、气候和位置所可允许的限度，可能比上述限度大得多。"[2]

　　熟知斯密政治经济学理论的马克思在对政治经济学问题的研究中也利用了不少中国材料，仅《资本论》及其手稿中就有90多处论及中国问题。尽管我们不能排除这样一种情况，即中国社会发展问题具有一定的典型性以至于欧洲政治经济学家们绕不过中国问题，但还是不能不得出这样的结论：马克思在《资本论》中对中国材料的运用一定程度上受《国富论》的影响。不仅如此，马克思在评论中国社会发展问题时也提到了斯密分析过的"停滞"问题。实际上，从工商业尤其是制造业发展的角度看，斯密时期的中国确实已经陷入停滞状态，且在此之后的大半个世纪一直未能实现突破，以至于到了

1　〔英〕亚当·斯密：《国富论》，郭大力、王亚南译，商务印书馆，2019，第651页。
2　〔英〕亚当·斯密：《国富论》，郭大力、王亚南译，商务印书馆，2019，第89页。

马克思恩格斯时期，特别是鸦片战争前后，中国的社会发展仍处于停滞状态。1862 年，当马克思再论太平天国运动时，针对太平军的奇装异服，他分析指出："这类魔鬼是停滞的社会生活的产物。"[1]

3. 黑格尔在思辨哲学视域下对中国的评论

德国古典哲学是马克思主义的思想来源之一，而黑格尔又可谓德国古典哲学的集大成者。与以往哲学家不同的是，中国文化引起了黑格尔的极大兴趣，并成为黑格尔阐述其思辨哲学理论体系的重要素材之一。前文已经指出，黑格尔阅读过大量的关于中国皇帝、中国历史的书籍，甚至阅读过中国的小说。占有材料的丰富性，使得黑格尔能够完全在站他的思辨哲学的高度分析和评论中国文化，尽管这种分析带有浓厚的"西方中心论"抑或"欧洲中心论"色彩。总的来看，黑格尔对中国文化的分析集中于两本著作，即在《哲学史讲演录》中考察中国哲学，在《历史哲学》中考察中国民族性。

在《哲学史讲演录》中，黑格尔通过对中国哲学的考察，提出中国哲学仅停留在抽象里面。黑格尔哲学是思辨哲学，主张从某种独立存在的精神实体出发推演自然界和人类社会。若以此为评价标准，黑格尔考察的孔子、易经、道家和孟子哲学确实算不上哲学，正如黑格尔对孔子的评价："孔子只是一个实际的世间智者，在他那里思辨的哲学一点也没有的——只有一些善良的、老练的、道德的教训，从里面我们不能获得什么特殊的东西。"[2] 在分析中国《易经》时，黑格尔提到《易经》的创始人是伏羲，指出《易经》的图即八卦包含着一些上下排列的平行直线，并具体分析了这些直线所代表的各种含义。黑格尔说："把那些直线再组合起来，三个一叠，便得到八个形象，

---

1 《马克思恩格斯全集》第 15 卷，人民出版社，1963，第 548 页。

2 〔德〕黑格尔：《哲学史讲演录》第一卷，贺麟、王太庆等译，商务印书馆，2021，第 130 页。

这些叫作八卦……我将举出这些卦的解释以表示它们是如何的肤浅。"[1] 至于道家哲学和孟子哲学，黑格尔认为如孔子哲学一样，也没有超出道德哲学的范畴。所以，他最后总结说："中国是停留在抽象里面的；当他们过渡到具体者时，他们所谓具体者在理论方面乃是感性对象的外在联结；那是没有（逻辑的、必然的）秩序的，也没有根本的直观在内的。再进一步的具体者就是道德。"[2]

在《历史哲学》中，黑格尔则从绝对精神视角考察了中国的历史、行政、法律、宗教、科学等民族性。他首先肯定了中国历史的悠久性，认为中国是最古老的国家，历史必须从中国说起。然而，历史的悠久不代表民族的先进，黑格尔认为中国没有宪法，中国的行政管理和社会约法都建立在道德之上，且这种道德毫无诗意。他说："中国纯粹建筑在这一种道德的结合上，国家的特性便是客观的'家庭孝敬'。中国人把自己看作是属于他们家庭的，而同时又是国家的儿女。在家庭之内，他们不是人格，因为他们在里面生活的那个团结的单位，乃是血统关系和天然义务。在国家之内，他们一样缺少独立的人格；因为国家内大家长的关系最为显著，皇帝犹如严父，为政府的基础，治理国家的一切部门。"[3] 很显然，这里对古代中国社会治理模式的分析与孟德斯鸠对中国封建家长制的分析是一致的。关于中国人的民族性，黑格尔认为它的显著特色是，凡属"精神"的一切都离中国人很远。可见，在黑格尔的理论视角下，中国文化尚处于幼年时期，因为除了皇帝之外，其他人都不是独立存在的个体。

黑格尔对中国哲学和民族性的分析和评价影响着马克思中国印象的初步形成。如，关于《易经》的分析，马克思在《第六届莱茵省议会的辩论（第

---

1 〔德〕黑格尔：《哲学史讲演录》第一卷，贺麟、王太庆等译，商务印书馆，2021，第133页。
2 〔德〕黑格尔：《哲学史讲演录》第一卷，贺麟、王太庆等译，商务印书馆，2021，第144页。
3 〔德〕黑格尔：《历史哲学》，王造时译，上海书店出版社，2001，第122页。

一篇论文）》中提到了中国的八卦："书报检查官涂改时画的叉叉杠杠同书报的关系，与中国人的直线——八卦——同思维的关系完全一样。书报检查官的八卦是出版物的范畴；而范畴，大家知道，是整个内容的典型的灵魂。"[1] 另外，黑格尔对中国哲学的评价，表明中国哲学与黑格尔哲学是两种不同类型的哲学。马克思在评论中国问题时就用中国哲学与黑格尔哲学之间的区别来比拟中国社会主义与欧洲社会主义之间的区别，他说："当然，中国社会主义之于欧洲社会主义，也许就像中国哲学与黑格尔哲学一样。"[2]

4. 托尔斯泰对中国农耕文明及相关思想的推崇

列夫·托尔斯泰是俄国 19 世纪中期至 20 世纪初最有影响力的作家，他的作品深受列宁的喜爱。列宁从中学时代就开始阅读托尔斯泰的作品，即便在领导俄国革命和建设实践的过程中也不忘阅读托尔斯泰等俄国经典作家的作品。列宁夫人娜·康·克鲁普斯卡娅曾说，弗拉基米尔·伊里奇深谙并热爱经典作家的作品，他不是一次，而是多次反复阅读过屠格涅夫、列夫·托尔斯泰和车尔尼雪夫斯基的作品。克鲁普斯卡娅还说，列宁把托尔斯泰的《安娜·卡列尼娜》反复读了上百遍。从中可见列宁对托尔斯泰作品的热爱。也正因为如此，列宁不仅写过专门评价托尔斯泰的文章，还在其他文章中多次提到托尔斯泰。

托尔斯泰虽然是个文学家，却对中国很感兴趣。关于中国，托尔斯泰曾在给晚清学者辜鸿铭的信中写道："中国人民的生活，一向非常引起我的兴趣，我曾尽力想理解中国生活中我所能懂得的一切，这主要是中国的智慧——孔子、孟子、老子的著作和对他们的注疏。"[3] 托尔斯泰的书架上有欧

1　《马克思恩格斯全集》第 1 卷，人民出版社，1995，第 167 页。
2　《马克思恩格斯全集》第 10 卷，人民出版社，1998，第 277 页。
3　于文秀：《列夫·托尔斯泰与中国》，《光明日报》2021 年 1 月 21 日。

洲译本《道德经》《大学》和《中庸》，有欧洲人关于中国的著作《中土之国》《中国古典作家》《关于中国政府和人民的笔记》和《中国人及其起义》，有梁启超的《李鸿章》俄译本，等等。托尔斯泰年过六旬时列出的对他产生重要影响的书单中就包括关于孔子、孟子和老子的著作。当然，托尔斯泰对中国文化的兴趣不仅仅停留于阅读和了解，还致力于在俄国推广和宣传古代中国的文化。他将《道德经》翻译成俄文版，将《论语》《中庸》用英、德两种语言翻译到西方，亲自选编《中国贤人老子语录》，还撰写《老子的学说》《论孔子的著作》《论大学》等文章。[1]

托尔斯泰对中国文化的兴趣点主要集中于两个方面：一是古代中国的农耕文明。托尔斯泰时期正值第二次工业革命，欧洲已经进入了电气化时代。然而，托尔斯泰对以先进的科技为依托的工业文明并不感兴趣，他认为农耕文明才是真正的文明。所以，他提倡中国儒家所主张的那种生活，并在他关于孔子的文章中高度评价处在农耕文明中的中国，称中国人是世界上最爱好和平的民族，认为在勤奋劳作方面任何一个民族都无法与中国人匹敌，并褒扬中国人不作恶，不与任何人争吵，付出得多，索取得少。他还在给俄国农民孩子编写的读本中收录西陵氏之女即黄帝元妃嫘祖养蚕的故事，从而表达他对古代中国农耕社会的向往之情。二是中国古代道家思想和儒家思想。托尔斯泰对老子和孔子的思想深有研究，他读的《道德经》是老子的作品，《大学》和《中庸》则是中国古代儒家经典，他推崇的孔子更是儒家思想和文化的创始人。他还在日记中说："孔子的中庸之道妙极了，同老子一样——履行自然的法则，这就是智慧，就是力量，就是生命。"[2] 实际上，这与托尔斯泰的追求和向往有关，他向往和平的、没有剥削和压迫的田园式生活。

根据列宁对托尔斯泰及其作品的重视程度来推断，列宁关于中国的初步

1　于文秀：《列夫·托尔斯泰与中国》，《光明日报》2021年1月21日。
2　于文秀：《列夫·托尔斯泰与中国》，《光明日报》2021年1月21日。

印象或多或少来自托尔斯泰。关于这一点，可以从列宁论托尔斯泰的话语中看出来。1911 年 1 月，列宁在《列·尼·托尔斯泰和他的时代》一文中指出："托尔斯泰引证'整个的所谓东方'（第 4 卷第 162 页）来反驳那种说进步是'人类一般规律'的'历史学家'的观点。托尔斯泰说道：'人类前进的一般规律是没有的，静止不动的东方各民族向我们证明了这一点。'"[1] 这里的"静止不动的东方各民族"包括中国。

当然，马克思、恩格斯和列宁研究中国问题的资料来源远不止于上述几位欧洲知名学者的著述，他们还参阅了其他一些欧洲学者关于中国问题的论述。如，马克思在《政治经济学批判。第一分册》中谈到中国的货币时，就在脚注中引用了荷兰经济学家贝尔纳德·孟德维尔（Bernard Mandeville）《海航与旅行》（1705 年伦敦版）中的话语："这个皇帝（中国皇帝）可以无限制地尽情挥霍。因为除了烙印的皮或纸以外，他不支出也不制造任何其他货币。当这些货币流通太久，开始破烂时，人们把它们交给御库，以旧币换新币。这些货币通行全国和各省……他们既不用金也不用银来制造货币"，"因此他可以不断地无限制地支出"[2]。又如，1857 年，恩格斯在《炮兵》一文中探讨烟火剂是否最早产生于中国时，不仅提到了法国的帕拉韦先生 1850 年在法国科学院的一份报告，还提到了古代阿拉伯著作家，他说："古代阿拉伯的一些著作家曾提到'中国的红火和白火'。"[3]

二　马克思恩格斯列宁时期西方各国报刊有关中国问题的报道

马克思、恩格斯和列宁专门论述中国的文章基本上是时政类文章，反映

1　《列宁全集》第 20 卷，人民出版社，2017，第 102 页。
2　《马克思恩格斯全集》第 31 卷，人民出版社，1998，第 512 页。
3　《马克思恩格斯全集》第 16 卷，人民出版社，2007，第 439 页。

的是新近发生的各种政治事件，所以借以研究的相关资料大部分是新近的。在马克思恩格斯列宁时期，阅读报刊无疑是获取新资料的最主要途径。由于早在18世纪70年代以英国为主的西方国家就已竞相向中国贩运鸦片，加之鸦片战争后的中国更是成为西方列强在东方侵夺的重点对象，所以西方各国的对华政策以及中国社会发展各方面的情况也就成为这些国家主流媒体特别是政府派报刊密切关注和争相报道的重要内容。马克思、恩格斯和列宁终身和报刊打交道，他们不仅阅读报刊，还创办报刊，并为各种报刊撰稿。据不完全统计，马克思和恩格斯协助创办、参与领导或编辑工作的报刊有10多家，还在60多家报刊上发表过宣言和声明，曾和200多家报刊有过供稿等联系。[1] 列宁亲自创办、主编或者参与编辑的革命报刊有30多家，其中的《火星报》《前进报》《无产者报》《新生活报》和《真理报》等报刊是他亲自创办的。所以，从报刊特别是报纸中获取一些关于中国问题的资料并重新加工，成为经典作家研究中国问题的重要途径。

其中，英国主流报刊有关中国问题的文章和报道是马克思和恩格斯利用最多的资料。这有两个原因：一是马克思和恩格斯当时分别居住在英国的伦敦和曼彻斯特这两个大城市，获得和阅读英国的各种报刊十分便利；二是鸦片贸易和鸦片战争已将英国和中国密切联系起来，对华政策问题成为当时英国政治的重要组成部分，各种报刊尤其是官方报刊争相报道有关中国的问题。如此，马克思和恩格斯在研究与中国相关的问题时，首要使用的是英国报刊资料。他们在论中国的文本中直接提到的英国报刊有9种：《泰晤士报》《经济学家》《每日新闻》《中华之友》《晨星报》《每日电讯》《自由新闻》《观察家》和《笨拙》。其中，马克思和恩格斯引用资料最多的是《泰晤士报》和《经济学家》。不过，这两家报刊都是帕麦斯顿派对华政策的"忠实辩护

1　张锦文：《马克思、恩格斯的报刊活动及其启示》，《重庆社会科学》2013年第10期。

者"。在此以马克思对《泰晤士报》有关中国问题的资料的利用来做一个分析。

《泰晤士报》创刊于 1785 年，从最初刊登花边新闻的小报逐渐发展成为报道国内外政治新闻的第一大报。早在 1836 年，《泰晤士报》的销售量就已经是与它齐名的《邮报》《先驱报》和《纪事报》总和的两倍，到 1850 年时则达到四倍。[1] 正如马克思所指出的，从 19 世纪 30 年代起，《泰晤士报》"在其他国家面前成了所谓英国舆论的代表"[2]。基于《泰晤士报》在英国国内和整个西方报刊界的影响力，晚清中国的报刊人一度将其当作学习与仿效的对象，王韬、康有为、严复等晚清名人都公开赞许过《泰晤士报》。

《泰晤士报》到底是一家什么样的报纸？在政治立场上，它自我标榜"无党派"，但这仅限于对待国内政策。在对外政策上，《泰晤士报》则是十足的资产阶级报纸，并始终充当英国政府对外政策的辩护人。为此，马克思指出："从本世纪初起，伦敦各大报就一贯为英国对外政策的高贵掌权人充当辩护律师。"[3] 如，在报道有关中国的问题特别是英国与中国冲突的问题上，《泰晤士报》不管是非曲直，将英国人说成是受害者，从而在国内制造支持帕麦斯顿对华采取军事行动的舆论。对于《泰晤士报》的这种做法，马克思也曾在《论坛报》上撰文公开地揭露过："如果说，对于在英国下院中头一天刚刚发生的事情，'泰晤士报'还能够用造谣和隐瞒的办法这样来迷惑舆论，那末，对于远在国外所发生的事件，例如美国的战争事件，它运动造谣和隐瞒的艺术就真正是神通无限了。"[4]

《泰晤士报》从创刊起便关注和报道与中国有关的新闻。如，1786 年 7 月 4 日，在标题为 "Parliamentary Intelligence"（议会情报）的文章中报道了

1　胡连利、田红虹：《英法美日报业发展研究》，河北大学出版社，2003，第 53—55 页。
2　《马克思恩格斯全集》第 15 卷，人民出版社，1963，第 336 页。
3　《马克思恩格斯全集》第 15 卷，人民出版社，1963，第 336 页。
4　《马克思恩格斯全集》第 15 卷，人民出版社，1963，第 338 页。

英国上议院中两位议员关于鸦片在中国收益的辩论。截至 1840 年,《泰晤士报》有关中国的报道有近 130 篇。然而,这些报道带有严重的意识形态偏见,塑造出的中国形象是一个落后的、野蛮的并且对外国人极不友好的封建帝国。如,把林则徐合理合法的禁烟运动说成是"使用暴力手段破坏贸易",并且指出这一运动使中国"整个国家的商业活动都在减少",使"许多人变得一贫如洗"。鸦片战争爆发后,《泰晤士报》对中国问题的关注更为密切,除了报道一般的中英贸易问题外,还报道中英两国官方交涉的公函、英国国内对华政策的辩论、对华战争的状况、英中条约的内容,等等。但是,这些报道,不管事实真相、是非曲直,一味地为英国政府特别是帕麦斯顿的对华政策做辩护。诚如马克思所揭露的:"'泰晤士报'在不列颠帝国对外政策方面的活动就完全是为了制造符合于帕麦斯顿勋爵的对外政策的舆论。'泰晤士报'必须为帕麦斯顿勋爵想做的事准备舆论,并且强使舆论赞同他已经做的事。"[1]

尽管如此,《泰晤士报》还是为马克思和恩格斯研究与有关中国的问题提供了较为丰富的资料。马克思专门论述中国问题的 15 篇文章中有 10 篇不同程度地提到了《泰晤士报》及其内容,恩格斯专门论述中国问题的文章仅有 3 篇,也还是有 1 篇提到了《泰晤士报》。具体来说,他们主要利用了《泰晤士报》中的以下资料:

一是第二次鸦片战争期间中英当局之间往来的公函。在马克思和恩格斯为《论坛报》撰稿期间,英国伙同法国发动了第二次鸦片战争。在引发战争的"亚罗号事件"问题上,英国人硬说是中国官员的粗暴执法造成了事情的争端。要弄清楚争端到底是如何产生的,远在欧洲的马克思和恩格斯必须占有一定的研究资料。在当时,作为英国第一大报的《泰晤士报》,对第二次

1　《马克思恩格斯全集》第 15 卷,人民出版社,1963,第 337 页。

鸦片战争相关事宜报道得最为及时也最为详细。其中，能够为马克思和恩格斯弄清冲突真相的是《泰晤士报》刊登的英国当局同中国当局之间往来的公函：第 22571 号登载了英国驻广州领事巴夏礼给时任两广总督叶名琛的照会《致两广总督叶名琛。1856 年 10 月 21 日》，以及叶名琛给西马糜各厘的信《致海军将军西马糜各厘。1856 年 11 月 3 日》；第 22567 号则登载了西马糜各厘给叶名琛的信《致两广总督叶名琛。1856 年 11 月 2 日》。根据这些公函，马克思指出："我们认为，每一个公正无私的人在仔细地研究了香港英国当局同广州中国当局之间往来的公函以后，一定会得出这样的结论：在全部事件过程中，错误是在英国人方面。"[1]

　　二是反映英国国内政治状况的演说。揭露英国政治内幕，批判英国侵华政策，是马克思和恩格斯政论性文章的一个主要内容。第二次鸦片战争时期，在要不要对华采取军事行动的问题上英国议会内部展开了激烈的辩论，最终下院对帕麦斯顿内阁投了不信任案。这表明，即便在英国，也有很多人认为以 "亚罗号事件" 为借口发动对华战争是不义之举。但是，帕麦斯顿却以解散下院回应不信任案。为此，马克思先后写了《议会关于对华军事行动的辩论》《帕麦斯顿内阁的失败》《英国即将来临的选举》《英国的政治》等文章，揭露帕麦斯顿的独裁政治，并明确指出 "屠杀中国人的事情是帕麦斯顿勋爵亲手策划的"[2]。马克思撰写这些文章的资料，主要来源于《泰晤士报》登载的议员们在上院和下院的演说。如：爱·德比《1857 年 2 月 24 日在上院的演说》、理·科布顿《1857 年 2 月 26 日在下院的演说》、约·林德赫斯特《1857 年 2 月 24 日在上院的演说》、本·迪斯累里《1857 年 3 月 3 日在下院的演说》、詹·格雷厄姆《1857 年 2 月 27 日在下院的演说》、亨·格雷《1860 年 1 月 24 日在上院的演说》、亨·帕麦斯顿《1860 年 1 月 25 日在下院

1　《马克思恩格斯全集》第 16 卷，人民出版社，2007，第 17 页。
2　《马克思恩格斯全集》第 16 卷，人民出版社，2007，第 74 页。

的演说》，等等。

三是为发动侵华战争制造舆论的内容。在对华政策问题上，《泰晤士报》的使命是为帕麦斯顿政府的决策制造舆论。第二次鸦片战争爆发后，《泰晤士报》不仅刊载了帕麦斯顿首相企图为施于中国人的残暴行为进行辩护的演说，还发表了替帕麦斯顿政府炮轰广州的残暴行为做辩护的文章，以及在 "白河事件" 发生后怒吼着要求对中国实行大规模报复的文章，等等。这些文章为马克思、恩格斯揭露和批判西方主流报刊充当殖民政策 "辩护者" 提供了重要的材料。当然，这并不是说它对于任何问题都坚信不疑，而是在某些问题上也会持有怀疑态度。如，关于 "亚罗号事件"，《泰晤士报》提出："这里的确有许多引起争论的问题，如划艇是否悬挂着英国国旗，领事采取的措施是否完全正确等。"[1] 在 "白河事件" 上，《泰晤士报》先是怒吼着要报复中国人，后又发出了这样的疑问："企图用这样一支舰队去打开我们通往北京的道路，作为一种军事措施来说是否明智，可能值得怀疑。而哪怕是动一点武力，作为外交手段来说是否可取，就更值得怀疑了。"[2] 马克思通过对《泰晤士报》在对华战争问题上所持有的立场和态度的评析，不仅有助于揭露西方主流报刊的资产阶级属性，还有助于让西方人民了解到事实真相，进而认清以英国为首的西方列强在对落后国家推行殖民政策。

四是反映英国对华贸易状况的内容。对华贸易是英国资产阶级特别是资本家们普遍关心的问题。《泰晤士报》在创刊初期就特别关注英国的对华贸易，并且在相关报道中 "将中国塑造成颇具潜力的海外市场"[3]，同时将对华贸易逆差归咎于清朝政府人为设置的贸易障碍。在通过鸦片战争打开中国国门后，英国资本家们欣喜若狂，可是当他们把各色工业品都抛向中国市场后，

---

1 《马克思恩格斯全集》第 16 卷，人民出版社，2007，第 17 页。
2 《马克思恩格斯选集》第 1 卷，人民出版社，2012，第 836 页。
3 张玥：《鸦片战争前〈泰晤士报〉对华鸦片报道中的中国形象》，《云南师范大学学报》（哲学社会科学版）2021 年第 4 期。

惨淡的销售状况带给他们的是极大的失望。《泰晤士报》驻上海和广州的通讯员温·库克说:"1843年、1844年和1845年,当北方各通商口岸刚刚开放的时候,我们国内的人兴奋若狂……曼彻斯特在各通商口岸开放的时候盲目地做了一番巨大的努力,这种努力归于失败。"[1] 于是,第二次鸦片战争迫使中国进一步开放,可是《泰晤士报》又代表英国资本家发出了这样的担忧,即如果开放的中国发展成为一个工业大国,将会对欧洲造成什么样的影响?这些内容都成为马克思研究有关中国问题的资料,马克思以之分析英国殖民侵略中国的深层次原因以及中国市场对欧洲经济发展的影响。

五是描述中国太平天国运动的内容。太平天国是鸦片战争后的中国爆发的第一场声势浩大的农民革命运动,不能不引起西方各国的关注。《泰晤士报》作为英国"首家大报"第一时间报道了太平天国运动,宣称这场运动是由清朝官员的横征暴敛和压迫引起的,并基于英国人在中国的利益,探讨英国人要不要参与中国这场内战的问题。与此同时,太平天国运动也引起了马克思的注意,并从东西方相互作用的角度撰写了《中国革命和欧洲革命》一文,不仅提出中国革命是由"英国的大炮"引起的,还分析了这场革命对欧洲可能产生的影响。马克思的观点无疑是对《泰晤士报》这一独领英国舆论风骚大报观点的驳斥。需要指出的是,《泰晤士报》在1862年刊登的一封有关太平天国运动的信,一定程度上影响了马克思对太平天国运动的评价。时至1862年,太平天国已经陷入被围剿的困境,英国、法国和俄国的侵略军已经加入到围剿行列中,太平军的失败几乎已成定局。为衬托英国人参与镇压太平军的行动是"正义之举",《泰晤士报》刊登了驻宁波的英国领事夏福礼给驻北京的英国公使的一封信。"信中对太平军的描述和议论,带有明显的殖民主义偏见。"[2] 这封信关于太平

---

1 《马克思恩格斯选集》第1卷,人民出版社,2012,第810页。

2 中共中央马克思恩格斯列宁斯大林著作编译局编译:《马克思恩格斯论中国》,人民出版社,2015,第193页。

军的描述却是马克思写作《中国记事》一文的重要参考资料,以致马克思对太平军细节的评论与事实有出入。

对于马克思和恩格斯来说,要对有关中国的问题发表看法,在当时的历史条件下必须利用英国资产阶级报刊的相关报道。但是,这些报道存在的问题也是显而易见的。所以,最困难的莫过于"丢开帕麦斯顿的笔杆子们的这些胡言乱语来谈谈事实"[1]。

除上述以《泰晤士报》为代表的英国报刊外,马克思还在"论中国"的文章中提到过美国的《商人杂志》和法国的《通报》。在1858年8月底至9月初完成的《鸦片贸易史》中,马克思引用了《商人杂志》中关于对华贸易问题文章中的观点:"停止哪一种贸易——鸦片贸易还是美英产品的出口贸易?"[2] 1859年,马克思在《新的对华战争》中提到了《通报》中关于波拿巴决定和帕麦斯顿联手发动对华战争的新闻,并指出:"法国《通报》和伦敦《泰晤士报》煞费苦心写出的文章,使人确信帕麦斯顿和波拿巴已作出决定。"[3]

列宁评论辛亥革命时期中国问题的材料也是从报刊中获得的。1911年辛亥革命的爆发引起了世界各国的关注,各种报纸争相报道中国革命的情况及其给西方国家造成的影响。如,美国《纽约时报》在1911年10月13日的报纸上专题报道了辛亥革命及其相关事宜,刊载的文章有:《武昌爆发反清革命,共和国体有望建立》《大清政府紧急调兵支援汉口前线》《清国驻美使馆称国内形势非常严峻》和《述评:清国革命旨在推翻满人三百年统治》。[4] 在俄国,代表沙皇政府和资产阶级自由派利益的报纸《言语报》则叫嚣应该乘中国发生革命之机占领与俄国接壤的几个中国地区。因此,虽然此时的列宁

1　《马克思恩格斯选集》第1卷,人民出版社,2012,第828页。
2　《马克思恩格斯选集》第1卷,人民出版社,2012,第803页。
3　《马克思恩格斯选集》第1卷,人民出版社,2012,第830页。
4　郑曦原编:《帝国的回忆:〈纽约时报〉晚清观察记:1854—1911》,当代中国出版社,2018,第334—336页。

远在巴黎，但他也关注到了中国的革命，并且在其草拟的俄国社会民主党第六次代表会议草案中专门提到了对待中国革命的态度。1912年4月1日，孙中山在南京中国同盟会会员饯别会上发表了演说，演说的前半部分内容《中国革命的社会意义》被译成法文刊载在布鲁塞尔的社会主义报纸《人民报》上。《人民报》是比利时工人党的中央机关报，1885年起在布鲁塞尔出版。随后，该文又被译成俄文。正是这篇文章引起了列宁的关注和研究兴趣，从而在时隔12年之后写了第二篇专门论述中国问题的文章《中国的民主主义和民粹主义》。列宁自己也明确指出："中华民国临时大总统孙中山的一篇文章（我们是从布鲁塞尔的社会主义报纸《人民报》上转载来的）使我们俄国人非常感兴趣。"[1] 这里需要特别指出的是，布鲁塞尔的《人民报》不是资产阶级报刊，而是为经典作家提供研究资料的有迹可循的唯一的无产阶级报刊。

当然，除上述报刊外，可能还有其他一些虽起到提供研究资料作用却未在经典作家的文本中呈现出来的报刊。总的来说，不论报道中国问题的这些西方国家的报刊站在哪个阶级的立场上，它们有关中国问题的报道都一定程度上为马克思、恩格斯和列宁研究和评论中国问题提供了重要的资料。

三　马克思恩格斯时期在华传教士有关中国问题的见闻

比起早期的欧洲知名学者，来华传教士对中国的介绍似乎更为全面，尽管在理论深度上不能与前者相比。早在13世纪中期，罗马教廷就出于政治原因向中国蒙古地区派遣基督教传教士。奉命成功来华的传教士们回国后会提交一份或长或短的出使报告，如《柏朗嘉宾行记》《鲁布鲁克东行记》。这些报告成为西方人认识和了解中国最早的较为真实的资料。后来，新航路的发

---

[1] 《列宁全集》第21卷，人民出版社，2017，第426页。

现和海外扩张的欲望促使西方国家派遣更多的传教士到中国来。利玛窦、汤若望、南怀仁等都是 16—17 世纪来华传教士中的突出代表,他们在把西方较为先进的自然科学和技术成就介绍给中国的同时,也著书立说向西方人介绍中国,如《利玛窦中国札记》。虽不能推断马克思和恩格斯是否翻阅过 19 世纪之前的西方传教士关于中国问题的资料,但马克思在论中国的文本中利用过 19 世纪德国传教士郭士立关于太平天国爆发前中国社会状况的材料,还摘录过 19 世纪法国传教士古伯察的《中华帝国纪行》。这表明,19 世纪西方传教士关于中国的见闻,也是马克思和恩格斯研究中国问题的重要资料来源。

19 世纪特别是鸦片战争之后,西方传教士在中国掀起了一股传教热。这种传教热不仅表现在来华传教人数的激增,还表现在来华传教的教会种类繁多。以新教即基督教在华传教士的数量为例,1864 年有 189 名,1874 年有 436 名,1889 年增加了 3 倍,1905 年则上升到 3445 名。[1] 19 世纪中后期的中国充斥着各种各样的教会,诸如耶稣会、遣使会、多明我会、方济各会,等等。这股传教热的形成主要有三个方面的原因:一是不平等条约的签订保证了西方传教士在中国活动和传教的自由;二是西方各国政府需要利用传教士的在华传教活动为他们搜集各种情报;三是中国的风土人情和社会发展状况引发了西方人的研究兴趣。这就决定着 19 世纪的在华传教士除了传教,还可能从事政治活动或者其他文化活动,诸如翻译中国的经典著述,研究中国的历史、政治、经济、文化、地理环境等。毫无疑问,这极大地推动了西方中国学的发展。当然,深入研究中国的背后,也不乏为西方各国政府搜集情报以进一步侵略中国的意图。事实也是如此,有相当一部分传教士成为本国政府驻华机构的公职人员。马克思文本中提到的郭士立和古伯察正是这一时期的在华传教士,并且对中国颇有研究。

---

[1] 参见忻剑飞《世界的中国观——近二千年来世界对中国的认识史纲》,学林出版社,2013,第 240 页。

郭士立可谓 19 世纪上半叶对中国最有研究的新教传教士，尽管他对中国社会和文化持贬抑态度。郭士立又名郭实腊，1803 年出生于现今德国的波美拉尼亚，本名叫 Karl Friedrich August Gützlaff。郭士立这一名字，是他在加入福建籍的郭氏祠堂后给自己起的中文名。早在 1823 年，郭士立就被派遣到东南亚传教，并从当地华侨那里学会了中国福建的方言。1831 年，郭士立到达中国，1832 年起受雇于英国东印度公司和侵华英军，先后被派任定海、宁波、镇江的民政长官。在中英《南京条约》谈判中，郭士立充任英方翻译之一。[1] 在 1831—1851 年的 20 年间，郭士立写了很多关于中国的著作和文章，其中最有名的是《中国沿海三次航行记》《中国简史》《开放的中国》和《道光皇帝传》。这几本著作奠定了他在欧洲中国学界中的地位。1849 年，郭士立返回欧洲。此时的中国处于太平天国农民革命运动前夕，洪秀全等人已经成立了拜上帝会，并且正在为发动起义而积蓄力量。所以，郭士立带回欧洲的消息中就有关于中国即将爆发革命的新闻。不仅如此，他还将中国农民的平等要求与此时欧洲流行的社会主义即科学社会主义学说等同起来，并惊呼“到哪也躲不开这个害人的学说”。郭士立带回欧洲的关于中国的“有代表性的新鲜奇闻”引起了马克思和恩格斯的注意。他们以此为资料，在《时评。1850 年 1—2 月》一文中评论了中国的国内形势，并提出中国已处于“一场必将对文明产生极其重要结果的社会变革的前夕”[2]。

古伯察（Evariste Régis Huc，1813—1860）也叫埃·雷·于克，是法国遣使会在中国的传教士。他来中国的时间稍晚于郭士立，1839 年先到达中国澳门后进入中国内地，1852 年返回欧洲，在中国活动了近 14 年。与郭士立一样，他在中国不止于传教，还对中国历史和社会发展问题有着极大的研究兴

1　参见忻剑飞《世界的中国观——近二千年来世界对中国的认识史纲》，学林出版社，2013，第249 页。

2　《马克思恩格斯全集》第 10 卷，人民出版社，1998，第 277 页。

趣。为深入了解中国，他于 1844—1846 年间横穿中国到达蒙古和西藏地区，后来被驻藏大臣琦善遣送出藏。根据在中国的旅行经历，古伯察先后出版了《鞑靼西藏旅行记》《中华帝国纪行》和《中国、鞑靼与西藏的基督教》三部书。这三部书在当时的欧美各国引起了高度的关注，特别是《中华帝国纪行》一书不仅以多种文字出版还受到了极高的赞誉。当《中华帝国纪行》的英文版于 1855 年在英国出版后，英国的主流期刊称赞古伯察首度发现了一个真正的中国[1]。这本畅销于 19 世纪中期欧美的著作虽然较为系统地考察了当时中国的政治和文化，但是这些考察多是建立在经验性的观察之上，描绘的是一个道德沦丧、日趋颓废的中国。尽管如此，它的畅销引起了马克思和恩格斯的关注，尤其是 19 世纪 50 年代时的马克思和恩格斯正在写关于中国问题的政论文章。晚年时期的马克思在研读民族学的著作时，还阅读并摘录了古伯察的《中华帝国纪行》一书。

---

1   潘玮琳：《19 世纪的表述中国之争：以密迪乐对古伯察〈中华帝国纪行〉的批评为个案》，《史林》2010 年第 4 期。

第二章

马克思主义经典作家对中国社会
发展世界贡献的肯定

马克思恩格斯列宁时期的中国在西方列强的入侵下逐步成为半殖民地半封建社会，但经典作家对中国的评价并不拘泥于当下，而是将其置于人类社会发展特别是人类解放的历史长河中，不仅看到中国古代文明成果的世界贡献，还看到了近代中国人民日渐觉醒的斗争精神之于中国新生和整个世界产生新变化的意义。

第一节 "预告资产阶级社会到来" 的中国发明

中国是一个历史悠久的东方大国，在社会发展诸多方面都曾领先于世界，为推动人类社会发展和进步作出了巨大贡献。马克思和恩格斯在考察欧洲社会发展问题时，从源头上分析了欧洲文明中的中国成分，充分肯定了中国古代文明成果特别是"三大发明"在欧洲现代文明生成中的奠基性作用。马克思说："火药、指南针、印刷术——这是预告资产阶级社会到来的三大发明。火药把骑士阶层炸得粉碎，指南针打开了世界市场并建立了殖民地，而印刷术则变成新教的工具，总的来说变成科学复兴的手段，变成对精神发展创造必要前提的最强大的杠杆。"[1]

---

[1] 《马克思恩格斯全集》第 37 卷，人民出版社，2019，第 50 页。

一　火药炸碎了骑士阶层，摧毁了西欧封建贵族的统治

火药是人类技术史上的划时代发明，也是中国古代最重要的发明之一。早在秦汉时期，中国人就在寻药的过程中发现了火药最重要的组成成分——硝石的药用价值，并掌握了提纯硝石的技术。时至唐代，炼丹家在进行"伏火"实验时，将硝石、硫黄与含炭物在容器中混在一起加热，发生爆炸，烧伤手面、烧毁房舍，从而发现了原始火药。[1] 随着对火药认识的进一步深化，特别是对火药技术的掌握，中国人不仅把火药当作烟火使用，还通过发明火器将火药应用于战争。在 10 世纪后半叶五代至北宋时期，中国北方和南方地区的军事技术家不约而同地研制出一批早期的火器，以适应战争的需要。[2] 到了明代，金属火铳、火炮和火铳箭等火器被广泛地应用于战争，明代人还研制出了地雷、水雷、定时炸弹等火器。火药和火器的发明和应用给人类社会经济、政治和科学技术的发展带来极大的变革。如，蒙古人依靠火药的力量，建立了历史上前所未有的大帝国，不仅极大地拓展了中国的版图，还改变了世界的政治格局。需要指出的是，蒙古人在东征西扩实现前所未有的大统一之后，不仅注重发展纳入中国版图的每一个地区的经济文化，还将包括火药在内的诸多重要发明传给世界上多个国家。

恩格斯确认火药从中国传入欧洲。中国火药的外传最初主要通过两个途径：一是贸易往来，二是战争。从贸易往来看，早在南宋时期，就有不少阿拉伯人通过对华贸易的方式到中国的扬州、泉州、广州等地居住，而这一时期的火药已经较为广泛地应用于烟火，在这些沿海发达城市居住的阿拉伯人

1　潘吉星：《中国古代四大发明——源流、外传及世界影响》，中国科学技术大学出版社，2002，第246页。

2　潘吉星：《中国古代四大发明——源流、外传及世界影响》，中国科学技术大学出版社，2002，第249页。

必然会接触到火药制成品，进而了解和掌握火药技术并带回他们的国家。从战争看，13世纪时西征的蒙古军在战场上使用了火箭、火炮等武器，虽然这些火器与今天的火器相比还极其简陋，但在作战性能上有着冷兵器不可比拟的优势。蒙古人正是借助火器将战争推进到了阿拔斯王朝时的阿拉伯帝国。这在客观上将中国的火药和火器传到了战争所经过的中亚、西亚、东欧等广大地区。因此，对于欧洲人特别是西欧人来说，火药技术来自遥远的东方，这是毫无争议的。恩格斯在研究欧洲军事问题的过程中，也了解到火药是中国人发明的，欧洲火药技术来自中国。为此，他在相关论述中多次予以确认。如，在1857年7月的《军队》一文中，恩格斯指出："法国和欧洲其他各国从西班牙的阿拉伯人那里得知火药的制造和使用，阿拉伯人则是从他们东面的各国学来的，后者又是从最初的发明者中国人那里学到的。"[1] 同年10月，他在《炮兵》一文中指出："根据帕拉韦先生1850年在法国科学院的一份报告所引证的某些中国史料，在公元前618年就有了火炮；在其他一些中国古代的著述中，也有用竹筒发射燃烧实心弹以及类似爆炸弹的记载。"[2] 恩格斯还进一步阐述了阿拉伯人从中国人这里学会火药技术的证明，他说："在阿拉伯，硝石有两种名称，意思是中国的盐和中国的雪。古代阿拉伯的一些著作家曾提到'中国的红火和白火'。"[3] 此外，恩格斯还提到，罗吉尔·培根（Roger Bacon）是欧洲著作家中最先提出相当精确的火药配方的人。培根生活于13世纪的欧洲，与蒙古军西征的时间一致，这也在一定程度上证明火药是从中国传入欧洲的。

　　恩格斯称火药是具有光辉历史意义的发明。火药和火器传到欧洲后，对欧洲社会经济和政治发展的影响可谓是革命性的。在《德国农民战争》中，

1　《马克思恩格斯全集》第16卷，人民出版社，2007，第247—248页。
2　《马克思恩格斯全集》第16卷，人民出版社，2007，第438页。
3　《马克思恩格斯全集》第16卷，人民出版社，2007，第439页。

恩格斯在考察德国 14—15 世纪工业发展状况时指出："一系列或多或少具有重要意义的发明大大促进了手工业的发展，其中具有光辉历史意义的是火药和印刷术的发明。"[1] 在《反杜林论》中恩格斯进一步指出："火药和火器的采用决不是一种暴力行为，而是一种工业的，也就是经济的进步。不管工业是以生产什么东西为目的，还是以破坏什么东西为目的，工业总还是工业。""要获得火药和火器，就要有工业和金钱，而这两者都为市民所占有。"[2] 这是恩格斯对中国火药在促进欧洲工业和整个经济发展方面所产生的积极作用的高度肯定。而火药之于欧洲政治的作用，则是通过革新欧洲传统的作战方法实现的。恩格斯说："火器的采用不仅对作战方法本身，而且对政治上的统治和奴役关系起了变革的作用。"[3] 中国火药和火器传到欧洲后，欧洲人从仿制中国火箭、炸弹、手榴弹、喷火枪等火器，到自主研发新式火器，其作战方法发生了革命性的变革，使得骑兵在战争中的作用退到次要地位。恩格斯指出："到 14 世纪，有了一种比较轻便的骑兵，一部分弓箭手为了便于机动，也乘马行进；但是由于注定使整个作战方法改变的新因素——火药的使用，这些和其他一些改进，不久就成为无用的东西而被废弃或者另作他用了。"[4] 因为大炮、枪等火器不仅能射穿骑士的盔甲，还能攻破贵族城堡的石墙，如此，火器成为"城市和以城市为依靠的新兴君主政体反对封建贵族的武器"。恩格斯说："以前一直攻不破的贵族城堡的石墙抵不住市民的大炮；市民的枪弹射穿了骑士的盔甲。贵族的统治跟身披铠甲的贵族骑兵同归于尽了。"[5] 也正是在这个意义上，马克思说火药把骑士阶层炸得粉碎。

1　《马克思恩格斯全集》第 10 卷，人民出版社，1998，第 468 页。
2　《马克思恩格斯全集》第 26 卷，人民出版社，2014，第 175 页。
3　《马克思恩格斯全集》第 26 卷，人民出版社，2014，第 175 页。
4　《马克思恩格斯全集》第 16 卷，人民出版社，2007，第 247 页。
5　《马克思恩格斯全集》第 26 卷，人民出版社，2014，第 176 页。

二　指南针打开了世界市场，建立了西欧资本主义殖民地

指南针是中国古代又一重大发明。早在战国时期中国劳动人民就用天然磁石制成了具有定向作用的司南，即指南针的最初形态。经过长期的实践，北宋时期创造出了人工磁铁，并借助人工磁化技术发明了罗盘。罗盘最初主要用于堪舆，后随着对外贸易的发展特别是海上丝绸之路的开辟，罗盘开始被应用于航海。罗盘与指南针一样，其最核心的部件都是磁针。因此罗盘技术的发明和发展，也意味着指南针技术的发展。指南针的发明使中国古代的航海事业一度领先于世界。由于宋元时期的中国对外交往频繁，指南针技术逐渐被传播到世界上多个国家和地区。

恩格斯确认磁针从阿拉伯人传到欧洲人手中。阿拉伯文献关于磁石的最早记载出现于 11 世纪，晚于中国 1000 多年，而且只谈到磁石吸铁。有关指南针的记载出现于 13 世纪前半叶，比中国晚 400 多年。[1] 虽然迄今未能发现有记载指南针知识传到阿拉伯具体方式的文献，但从阿拉伯文献关于磁石和磁针的记载时间，以及中国历史上与阿拉伯人之间的贸易往来，完全可以断定阿拉伯人关于指南针的知识最初来源于中国。另外，阿拉伯人在 13 世纪使用的水罗盘同 11 世纪初时北宋人在陆上行军时使用的指南鱼一样。这也表明阿拉伯人的指南针技术来源于中国。由于这一时期的阿拉伯充当着中国与欧洲之间接触的媒介，指南针技术也由阿拉伯人传到欧洲。也正因为如此，欧洲早期的航海罗盘与中国一样是水罗盘，而且形制与制法也与中国罗盘相同。[2] 恩格斯认为来自东方的磁针、印刷、活字、亚麻纸、火药等发明为欧

1　潘吉星：《中国古代四大发明——源流、外传及世界影响》，中国科学技术大学出版社，2002，第487页。

2　潘吉星：《中国古代四大发明——源流、外传及世界影响》，中国科学技术大学出版社，2002，第496页。

洲提供了"大量古代从未见过的、虽然还未系统化的科学事实",并指出"磁针从阿拉伯人传到欧洲人手中"是在 1180 年前后。[1]

马克思高度肯定指南针对欧洲社会发展的促进作用。在指南针尚未传入之前,欧洲各国如同未发明指南针前的中国一样,在海上航行时靠观察太阳、月亮、北极星等自然现象确定方向。但是,这些自然现象受制于气候条件,无法随时随地观察,甚至有时候阴雨连绵数日不见太阳和星星。如此,中世纪欧洲人的海上活动只能局限于大陆周边的海域,不具备远洋航行的基本技能。相比之下,已经发明了指南针并运用于航海的中国成为当时世界上航海技术最发达的国家。在指南针传入欧洲后,欧洲人在经历了半个世纪左右的对中国罗盘的模仿阶段后,便开始研发新的罗盘。法国人皮埃尔在 1269 年对中国的旱罗盘加以改进,将其放入有玻璃罩的圆盒内,成为便携器。[2] 毫无疑问,指南针为欧洲人实现远洋航行进而开辟新航路提供了最为重要的前提条件。

1486 年,葡萄牙人巴尔托洛梅乌·缪·迪亚士(Bartolomeu Dias)从里斯本出发到达非洲的最南端,成为最早远洋航行的欧洲人;1489 年,瓦斯科·达·伽马(Vasco da Gama)在迪亚士的基础上绕过非洲最南端的好望角,成功开辟了通往印度的航线;1492 年,意大利人克里斯托弗·哥伦布(Christopher Columbus)从西班牙的巴罗斯港出发,一直向西横渡大西洋,从而发现了美洲新大陆;1519 年,葡萄牙人费尔南多·德·麦哲伦(Ferdinand Magellan)在西班牙国王的支持下,借助指南针开启了环球航行,并于 1522 年完成了人类的首次环球航行。新航路的开辟和新大陆的发现,对于欧洲甚至整个人类社会的发展来说都具有划时代的意义。马克思和恩格斯在《共产

1 《马克思恩格斯全集》第 26 卷,人民出版社,2014,第 493—494 页。
2 潘吉星:《中国古代四大发明——源流、外传及世界影响》,中国科学技术大学出版社,2002,第 498 页。

党宣言》中指出："美洲的发现、绕过非洲的航行，给新兴的资产阶级开辟了新天地。"[1] 新兴资产者、商人和没落贵族在各国君王的支持下，纷纷涌向非洲、美洲和亚洲进行残暴的殖民扩张和掠夺。[2] 通过殖民地，西欧各国不仅完成了资本的原始积累，率先走上资本主义发展道路，还为资本主义工业品找到了广大的海外市场，进一步促进了欧洲资本主义的发展。正是在这个意义上，马克思说，指南针打开了世界市场并建立了殖民地。

三　印刷术变成了科学复兴的手段，促进了西欧资本主义文明的发展

印刷术是中国古代劳动人民的重要发明，早在唐代就已经有了雕版印刷术。时至宋代，印刷术已经十分发达，且在雕版印刷术的基础上发明了活字印刷术。宋代因此被誉为"中国印刷术的黄金时代"。据李约瑟对中国科学技术史的考察，印刷术由来华的西方旅行家和传教士带回欧洲。具体的传播方式可能有多种，因为欧洲需要印刷技术时，中国元、明两朝正处于木版、铜版和活字印刷全面发展的新阶段，而这时又是中、欧直接接触的空前活跃之际，双方使者、商人、教徒、游客、工匠和学者沿东西方陆上通道频繁互访[3]。

恩格斯在梳理欧洲技术发展史时确认欧洲15世纪才有雕版印刷术。虽然中国印刷术传入欧洲的具体时间无从考证，但是从俄国和意大利相关史料的记载中可以窥见大体时间。在德国，根据一些城市的早期市政记载，1418年的德国有了纸牌，因为这一年的记事中有关于纸牌制造者的话语；在意大利，

1　《马克思恩格斯选集》第1卷，人民出版社，2012，第401页。
2　朱寰主编：《世界中古史》（修订本），吉林文史出版社，1986，第496页。
3　潘吉星：《中国古代四大发明——源流、外传及世界影响》，中国科学技术大学出版社，2002，第429页。

1441 年威尼斯市政当局发布的一项命令中有关于保护威尼斯纸牌制造和图像印制业务的条款。纸牌也是中国人发明的,木版印刷在当时是制作纸牌成本最低的方法。可见,这一时期的德国和意大利已经掌握了木版印刷术。这与恩格斯关于 15 世纪初有木刻和木版印刷的说法是一致的。恩格斯还进一步确认,欧洲在 15 世纪中叶才出现铜版雕刻术。[1] 而在中国,早在 8 世纪上半叶就已经有了铜版雕刻术。另外,欧洲早期木刻本在版面形制、刻版、上墨、印刷及装订等各工序操作上,完全按中国技术方法进行,因而具有元代线装书的面孔,只是文字横行,而非直行。[2] 这表明恩格斯关于中国的印刷术在 15 世纪传入欧洲的说法是科学的。基于中国的发明,欧洲人在掌握雕版印刷术后不久就实现了从雕版向活字版的过渡,从而为欧洲社会发展特别是精神发展注入了强大的活力。

　　恩格斯从促进欧洲工业发展的角度称印刷术的发明是具有光辉历史意义的发明。恩格斯虽然没有进一步阐释这种意义具体体现在哪些方面,但至少可以从以下两个史实把握:一是印刷术的传入促使欧洲产生了一个新的工业部门即印刷业。最早掌握中国印刷术的德国在 15 世纪成为欧洲印刷大国,其印刷的拉丁文《圣经》、宗教画、拉丁文文法和纸牌等向其他附近国家大量倾销,为德国创造了大量财富。16 世纪以后,意大利、荷兰、法国、瑞士、英国等国的印刷业也快速发展起来,成为各国的支柱产业之一。[3] 二是印刷业的发展带动了造纸业等工商业部门的发展。印刷业的发展需要以造纸业的发展为基础,因而欧洲印刷业的形成和快速发展极大地促进了造纸业的发展。此外,印刷业的发展为各种工业产品的包装和宣传提供了新渠道,这种包装

1　《马克思恩格斯全集》第 26 卷,人民出版社,2014,第 495 页。
2　潘吉星:《中国古代四大发明——源流、外传及世界影响》,中国科学技术大学出版社,2002,第 434—435 页。
3　潘吉星:《中国古代四大发明——源流、外传及世界影响》,中国科学技术大学出版社,2002,第 540 页。

和宣传对产品的促销具有十分重要的作用。正是因为印刷术对欧洲工业发展有这些重要的促进作用，恩格斯才在考察德国工业发展状况时指出印刷术的发明是具有光辉历史意义的发明。

马克思从促进欧洲精神发展的角度把印刷术列为预告资产阶级社会到来的三大发明之一。印刷术的发明之于人类社会发展最直接的作用是促进文化的传播和发展。印刷术传到欧洲时正值文艺复兴运动。文艺复兴运动是新兴资产阶级掀起的旨在反封建、反神学的思想解放运动，它的开展和推进主要依赖人文主义作品及其思想的广泛传播。很显然，要实现这种广泛传播仅仅依靠少数人的口头宣传或者手抄本是远远不够的，必须要有大量的印本，印刷术的传入恰好满足了这种需求。随着文艺复兴运动的推进，自然科学领域也掀起了革命。从 1543 年尼古拉·哥白尼（Nikolaus Kopernikus）《天体运行论》的出版开始，经过几代人的努力，自然科学终于从神学的束缚下解放出来，进入到一个全新的发展阶段即近代自然科学阶段。与此同时，德国神学教授马丁·路德（Martin Luther）在宗教领域发起了宗教改革运动，其撰写的抗议教皇兜售赎罪券的《九十五条论纲》以印刷传单形式在德国以及整个欧洲民众中广泛传播，引起了民众的积极响应。该运动打破了天主教的束缚，为新教的产生奠定了基础。此外，印刷术还促进了欧洲教育的大发展。在印刷术传入欧洲后，欧洲各国的大学数量迅速增加，且凡是大学集中所在的地方都是印刷业中心城市。正是基于印刷术对欧洲社会发展产生的巨大影响，马克思说，印刷术变成新教的工具，变成科学复兴的手段，变成对精神发展创造必要前提的最强大的杠杆。

四　算盘等其他发明在世界上的领先地位

由于古代中国走在世界的前列，除了上述"三大发明"外，还有很多发明都领先于世界其他国家，并且对人类社会的发展具有非常重要的促进作用。马克思、恩格斯还关注到了中国古代发明的算盘、纸币、造纸术、养蚕技术等。

马克思在研究欧洲算术发展问题时提到了中国的算盘。英国《独立报》在 2007 年评选了改变世界的 101 项小发明，中国古代的“四大发明”固然在其列，但排在第一位的却是中国的算盘。算盘是中国古代劳动人民发明的一种简单的计算工具。最早对算盘有所记载的文献是东汉时期的著作《数术记遗》，该著描述了算盘最初的造型。这表明，中国在 3 世纪之前就已经有了算盘。在中国人开始普遍使用算盘时，这一便捷的计算工具早已被传到亚洲其他国家，后又被传到欧洲。直到 1642 年，法国一位年轻人才在算盘的原理上发明了机械式计算器，即人类史上的第一部计算器。后经不断改良，计算器在欧洲逐渐取代算盘。1864 年，马克思在研究欧洲算术发展问题时，指出欧洲民族大迁徙时期家庭开支和商业中不太大的计算都在算盘上进行，并进一步指出：“这种算盘几乎整个中世纪都曾使用，直到今天中国人还在使用。”[1]这表明，算盘在欧洲曾发挥过极其重要的作用，它推动了欧洲算术的发展，马克思对此持肯定态度。

恩格斯在梳理欧洲科学技术史时提到了中国的蚕和绵纸。蚕与丝绸相联系，中国的蚕因丝绸而为世界所知。丝绸在中国有几千年的历史，曾是通往西域的古丝绸之路上最有名的商品。丝绸以其轻柔的质地和绚丽的图案广受欧洲人的欢迎，中世纪的欧洲人曾把穿戴丝绸制作的服饰看作一种身份的象征。然而，在最初的很长一段时间内，欧洲人都不知道丝绸是怎么生产出来的，也不知道蚕为何物。恩格斯考证指出：“蚕在 550 年前后从中国输入希腊。”[2]此外，恩格斯提到的纸，是中国古代四大发明之一。早在西汉初年，

---

1 《马克思恩格斯全集》第 30 卷，人民出版社，1975，第 650 页。

2 《马克思恩格斯全集》第 26 卷，人民出版社，2014，第 494 页。

中国就发明了造纸术。实际上，造纸术的发明与丝织技术分不开。丝是从蚕茧中抽来的，好的蚕茧可以直接抽丝，不好的蚕茧则需要利用漂絮法将其中的丝剥离出来。漂絮即在篾席上反复捶打蚕衣以使其破碎，在同一张篾席上多次漂絮就会结成一层薄薄的纤维片，晾干之后将其剥离下来，可以在上面书写文字。受之启发，中国人发明了纸。东汉时期的蔡伦则在已有的基础上改进了造纸术，拓展了造纸的原料，大大降低了造纸的成本，从而使纸的使用在全国范围内得到普及。后来，中国的造纸术经阿拉伯人传到了欧洲，即恩格斯所说的："棉纸在 7 世纪从中国传到阿拉伯人那里，在 9 世纪输入意大利。"[1]

马克思在考察纸币和信用货币时提到了中国的纸币和货币改革问题。纸币的发明和使用可谓货币发展史上的创举。早在 9 世纪初中国就已经发明了能够兑换铸币的"飞钱"，但此时的"飞钱"从性质上来说还仅仅是一种私人信用票据，并未得到官方的承认，因而其使用范围也十分有限。随着中国小商品经济的进一步发展，外出经商的商人愈加感到携带大量的铸币极其不方便。另外，时至 11 世纪初，北宋经济活动非常活跃，传统的铸币已经难以满足需求。基于此，北宋政府在四川商人发行的"交子"的基础上于 1039 年设"交子务"，开始印发官营"交子"，并逐渐形成了一套比较完整的纸币制度，包括币面设计与印制、发行与流通、兑换方法、准备金的贮备等等。[2] 如此，"交子"就成为世界上最早的纸币即"强制流通的国家纸币"。马克思指出："在信用完全没有发展的国家，如中国，早就有了强制通用的纸币。"[3] 此外，马克思在《资本论》中考察货币流通中的纸币和信用货币问题时还提到了清朝官员王茂荫的货币改革主张，他说：

1 《马克思恩格斯全集》第 26 卷，人民出版社，2014，第 494 页。
2 潘吉星：《中国古代四大发明——源流、外传及世界影响》，中国科学技术大学出版社，2002，第 541 页。
3 《马克思恩格斯全集》第 31 卷，人民出版社，1998，第 511—512 页。

"清朝户部右侍郎王茂荫向天子上了一个奏折，主张暗将官票宝钞改为可兑现的钞票。在 1854 年 4 月的大臣审议报告中，他受到严厉申斥。他是否因此受到笞刑，不得而知。"[1] 从这段话中，不难看出马克思赞同王茂荫的货币改革主张。

第二节　与欧洲革命 "两极相联" 的中国革命

对中国革命世界意义的考察也体现了经典作家对中国社会发展世界贡献的肯定。19 世纪 50 年代，与欧洲国家陷入革命低潮的状态相比，中国却呈现出了不一样的景象，太平天国农民革命正如火如荼地开展。这引起了远在欧洲的马克思和恩格斯的关注，他们从这场 "惊心动魄的革命" 中看到了被卷入世界市场的中国对欧洲的影响。马克思提出，中国革命对文明世界很可能发生的影响是 "两极相联" 原则的一个明显例证。进入 20 世纪后，列宁则基于辛亥革命开启的中国完全意义上的近代民族民主革命，进一步考察了 "两极相联" 关系中的中国革命对欧洲的影响。

一　中国和欧洲 "两极相联" 关系的形成

"两极相联" 是黑格尔辩证法中最重要的命题，指的是矛盾着的双方既对立又统一的关系。不过，黑格尔是从唯心主义角度来阐释这一命题的。马克思则从唯物主义视角引用 "两极相联" 的规律来分析鸦片战争后的中国和欧洲之间的关系，提出 "天朝帝国" 是 "欧洲的直接对立面"，但二者之间又有相互影响、相互作用从而统一于人类社会发展的关系。

1　《马克思恩格斯全集》第 42 卷，人民出版社，2016，第 111 页。

那么，中国为什么会成为欧洲的"直接对立面"？换言之，中国和欧洲"两极相联"关系是如何形成的？

历史上的中国和欧洲早在张骞通西域之前就有了间接联系，之后随着陆上丝绸之路和海上丝绸之路的开辟，这种间接联系逐渐演变为直接联系。时至明清时期，意大利、德国、法国等欧洲国家的传教士相继来到中国传教，使得中欧文化之间的交流更为直接。康熙皇帝甚至亲自给法国国王写信，希望他能派遣更多的传教士来中国。然而，这一时期的欧洲已经进入资本主义发展阶段，受资本扩张逻辑的支配，传教士们已经不再单纯地为文化交流和互鉴而来。中国人首先是皇帝本人对欧洲的好感遭到破坏。可以说，这也是乾隆皇帝在得知英国马戛尔尼使团访华的真实目的后直接拒绝的原因。与此同时，从海上来的欧洲商人们为攫取中国财富，不仅不遵守中国政府制定的贸易规则，还试图以各种强制方式在中国南部和东部海口登陆。这在给中国的安全造成极大威胁的同时，也引发了清廷对从海上来的欧洲人的反感。如此，中国和欧洲之间的交往热逐渐消散，直到鸦片贸易将中欧之间平等交往的关系变为侵略与反侵略的关系。

一是鸦片贸易引发对立关系。鸦片贸易是葡萄牙、西班牙、英国等欧洲国家在 18 世纪下半叶至 19 世纪上半叶期间攫取中国人财富的主要方式，这种攫取完全受资本扩张逻辑的驱使。18 世纪时的中国，虽然在社会发展阶段上仍处于封建主义社会阶段，但仍然是世界上最大的出口国，特别是茶叶和丝绸深得欧洲人的青睐，欧洲白银因此而大量地流入中国。马克思指出："在较早的时候，在美洲发现白银以后，甚至在葡萄牙在印度建立殖民地以后，欧洲向亚洲输出白银还不怎么能察觉到。到 17 世纪初，当荷兰人和后来的英国人扩大了自己同东亚的贸易时，对这种金属的需要量才增加，但是，从十八世纪英国茶叶的消费迅速增长的时候起，对白银的需要量就增加得特别快，因为英国人购买中国的茶叶几乎完全要支付白银。到十八世纪末，白银从欧洲向东亚的外流已经达到十分巨大的规模，甚至吸收相当一部分从美洲输入的白银。"[1] 对于已经走上资本主义发展道路并急于向海外扩张的国家来说，对华贸易入超意味着在对中国的贸易往来中无法实现资本的增殖。为了改变贸易逆差状况，他们将目光转向鸦片贸易。鸦片最初作为一种药材由国外少量地进口到中国，政府从中收取一定的税额，即马克思所指出的，"中国法律许可鸦片作为药品输入，每箱鸦片抽税3美元左右"[2]。当吸食鸦片的陋习由南洋传到中国并在中国扩散开来后，鸦片问题引起了清朝政府的重视。雍正七年（1729），清朝颁布了世界上第一道禁烟令："兴贩鸦片烟，照收买违禁货物例，枷号一月，发近边充军。如私开鸦片烟馆引诱良家子弟者，照邪教惑众律，拟绞监候。为从，杖一百，流三千里。船户地保邻佑人等，俱杖一百徒三年。如兵役人等籍端需索，计赃照枉法律治罪。失察之汛口地方文武各官并不行监察之海关监督，均交部严加议处。"[3] 然而，由于当时很多人认为鸦片不同于鸦片烟，禁烟不应该禁鸦片，所以鸦片还是继续作为药材进口。实际上，此时每年输入中国的鸦片数量已经远远超过了作为药材的需求。1773年，英国东印度公司也开始同中国进行鸦片贸易。1796年，嘉庆皇帝正式颁布禁止鸦片贸易的法令。然而，禁令在奉行自私自利原则的资本家那里丝毫不起作用，他们通过各种非法渠道将大量的鸦片输入中国，且呈逐年激增的态势。根据马克思的分析，1800年输入中国的鸦片已经达到2000箱，1820年则增加到5147箱。如此，鸦片贸易将中国和欧洲之间正常的贸易关系变成了贸易冲突关系，且这种冲突关系随着鸦片贸易量的增加而不断加剧。

二是鸦片战争强化对立关系。基于鸦片给中国带来的各种危害日渐加深，道光皇帝下定决心要禁止住鸦片。1838年底，道光皇帝任命林则徐为钦差大

1　《马克思恩格斯全集》第12卷，人民出版社，1962，第72页。
2　《马克思恩格斯选集》第1卷，人民出版社，2012，第803页。
3　《清会典事例》第9册，刑部五十三，"兵律关津"，中华书局，2011，第513页。

臣赴广州专办禁烟事宜。蓄谋以武力打开中国市场的英国政府抓住这一事件，故意激化双方之间的矛盾和冲突，为发动对华战争制造借口。首先是英国驻广州的商务监督义律，故意让英美鸦片贩子将鸦片交给他，然后再以英国商务监督的名义交给中国政府，从而将鸦片纠纷上升为两国政府间的政治纠纷；其次是义律下令英国商船一律不准进入黄埔做买卖，从而制造中国政府的禁烟运动中断中英贸易的假象；最后是义律率军舰炮击九龙山口，试图进一步扩大事端。在义律的一番操作下，英国政府于 1840 年 2 月派出所谓的"东方远征军"开往中国。6 月，"远征军"到达广州珠江口，宣布封锁广州，鸦片战争由此爆发。欧洲和中国之间的关系进一步对立化，完全成为矛盾的"两极"，欧洲这一"极"是侵略方，中国这一"极"是反侵略方。

列宁时期，西方列强不仅发动了八国联军侵华战争，还在辛亥革命爆发后同中国反动势力勾结起来扼杀"共和国"，欧洲和中国之间的"两极相联"关系在殖民主义横行的时代不仅没有转化反而进一步加深。

二　欧洲对中国的影响："引发"中国革命

马克思恩格斯列宁时期的中国革命，从马克思关注的太平天国农民革命到列宁关注的辛亥革命，都是在中国遭遇西方列强殖民入侵这个历史大背景下爆发的。马克思认为，太平天国农民革命的爆发与西方列强的入侵有直接关系。他说："中国的连绵不断的起义已经延续了约十年之久，现在汇合成了一场惊心动魄的革命；不管引起这些起义的社会原因是什么，也不管这些原因是通过宗教的、王朝的还是民族的形式表现出来，推动了这次大爆发的毫无疑问是英国的大炮，英国用大炮强迫中国输入名叫鸦片的麻醉剂。"[1] "英

1　《马克思恩格斯选集》第 1 卷，人民出版社，2012，第 779 页。

国的大炮"指英国的暴力入侵。那么"英国的大炮"为何会引发中国革命？

首先，"英国的大炮"破坏了皇帝的权威。与欧洲中世纪存续时间相比，中国封建王朝可谓"超长待机"，在鸦片战争爆发前已经存续了两千多年。在这两千多年的时间里，王朝不断更迭，皇权却始终如一。为了塑造封建君主高高在上的形象，中国自周代开始就将封建君主称为"天子"。"天子"指天的嫡长子，"天子受命于天"来管理人间，其权力至高无上、不容侵犯，所有人都要听命于天子。神化皇权的目的在于维护皇权。所以，封建主义社会中的农民可能"揭竿而起"反对地主，却不反对皇权，至多换一个"好皇帝"。与这种神化皇权的做法相辅相成的是，封建统治者在组织和管理国家中推行的是家长制。在家长制下，一个国家好比一个大家庭，皇帝是这个大家庭的家长，其他所有人都要服从家长的安排。而且，整个国家就相当于皇帝的私人财产，继承财产的人只能是皇帝的子嗣，皇权世袭也因此而成为理所当然之事。然而，从非法的鸦片贸易到不义的鸦片战争，外力的侵入不仅加剧了中国既有的社会矛盾，还破坏了封建家长制的权威。马克思非常敏锐地观察到了这一点。他分析指出，中国皇帝和臣民之间以及皇帝各级官吏和辖区百姓之间是一种"父权关系"，这种关系是维系中国封建政治体系的"唯一精神联系"，可是"那些靠纵容私贩鸦片发了大财的官吏的贪污行为，却逐渐破坏着这一家长制权威"[1]。在家长制权威下，皇帝的官吏应该执行皇帝的命令，具体到禁烟令，各级官吏应该遵照执行，严格查办私贩鸦片行为。然而，一些负责查禁鸦片的官吏却禁不住鸦片贩子们的贿赂，纵容鸦片走私甚至参与到鸦片贩卖活动中，这无疑是对封建家长制权威的破坏。与此同时，也破除了人民群众对皇权和各级官僚统治权的迷信。既然维系封建政治体系的"唯一精神联系"被破坏，中国封建统治集团也必将因利益纷争而解体。

---

1 《马克思恩格斯选集》第 1 卷，人民出版社，2012，第 779 页。

所以，马克思进一步指出："几乎不言而喻，随着鸦片日益成为中国人的统治者，皇帝及其周围墨守成规的大官们也就日益丧失自己的统治权。"[1] 一旦群众从愚忠皇权的状态中觉醒，意识到要为自己的利益和改变自己的命运而斗争时，封建主义的政治秩序被破坏甚至被颠覆就成为一种必然。可以说，太平天国农民革命的爆发是皇帝的权威被破坏的直接结果。同时，革命的爆发又进一步破坏了皇帝的权威及其控制下的整个封建社会秩序。因而，马克思说："鸦片没有起催眠作用，反而起了惊醒作用。"[2]

其次，"英国的大炮"损害了传统手工业。鸦片战争前的中国是典型的小农经济国家，传统手工业即家庭工业是小农经济的重要组成部分。在封建社会，土地是最基本的生产资料，但大部分土地都集中在少数地主手中，农民虽占有土地但总量很少，且只有部分农民能够依靠土地实现自给自足。这种分配造成的结果是，大多数农民都得依赖地主生存。同时，地主也需要农民耕种土地。如此，在中国两千多年的封建社会里，"佃农和自耕农一起，在零碎切割的土地上耕耘劳作，繁衍不息，组成了小农经济的汪洋大海"[3]。以家庭为单位在小块土地上耕作的小农，世世代代与土地打交道，其眼界超不出宗法制的大家庭，思想落后，耕种土地的方法也是世代相传，鲜有创新。农业生产有个很重要的特点即一年四季因时而耕，因而一年中有农忙也有农闲。如此，小农们便在农闲时自己动手制作一些日常生活生产用品，诸如衣、帽、鞋、袜、刀、叉、铲、剪，等等。农业与家庭手工业结合起来之后，小农基本上可以自给自足，这也是封建社会里商品经济不发达的根本原因。所以，从传统手工业在小农经济中的作用看，只要传统手工业不被破坏，小农经济结构就不会被打破，小生产者们就可以照旧生活下去，封建统治也可以照旧

1　《马克思恩格斯选集》第 1 卷，人民出版社，2012，第 779 页。
2　《马克思恩格斯全集》第 15 卷，人民出版社，1963，第 545 页。
3　陈旭麓：《近代中国社会的新陈代谢》，中国人民大学出版社，2012，第 3 页。

维持下去。

"英国的大炮"却迫使中国输入外国工业品,充当封建社会经济基础的小农经济结构逐渐被打破。早在鸦片战争之前,西方工业品就已少量进入中国市场,只不过一直未能真正打开中国市场,与西方资本家想要达成的目标差距太大。更不能为西方资本家接受的是,中国输入西方的茶叶、蚕丝、瓷器等商品的价值额远远超过他们输入中国商品的价值额。然而,这种局面却被鸦片贸易和鸦片战争打破。马克思也指出:"中国过去几乎不输入英国棉织品,英国毛织品的输入也微不足道,但从 1833 年对华贸易垄断权由东印度公司手中转到私人商业手中之后,这两种商品的输入便迅速地增加了。从 1840 年其他国家特别是我国也开始参加和中国的通商之后,这两项输入增加得更多了。"[1] 英国输华商品总值从 1837 年的 90 多万英镑上升到 1843 年的 145.6 万多英镑,而到了 1845 年时竟高达 239.4 万英镑。其中,棉纺织品占有较大的比重,从 1842 年的 70 多万英镑增加到 1845 年的 173 万英镑。[2] 可见,鸦片战争后的西方工业品开始大量地涌入中国市场。在过去,中国广大小农基本上自产自销棉纺织品之类的日常生活用品,若有少许剩余就会拿到市场上去售卖,以交换其他生产生活用品。然而,与资本家的工业品相比,小生产者的手工制品在市场上毫无竞争力。因为,现代工业劳动生产率高,工业品价格低廉。所以,在鸦片战争后的中国,西方工业品逐渐获得了中国消费者的接纳。结果是,传统的家庭手工业遭到严重的排挤。马克思分析指出:"这种外国工业品的输入,对本国工业也发生了类似过去对小亚细亚、波斯和印度所发生的那种影响。中国的纺织业者在外国的这种竞争之下受到很大的损害,结果社会生活也受到了相应程度的破坏。"[3] 当原有的平衡被打破后,小

---

1 《马克思恩格斯选集》第 1 卷,人民出版社,2012,第 780 页。
2 李侃、李时岳、李德征、杨策、龚书铎:《中国近代史(1840—1919)》,中华书局,2012,第 32 页。
3 《马克思恩格斯选集》第 1 卷,人民出版社,2012,第 780 页。

生产者尤其是那些以小商品生产为生的手工业者不得不面临破产的困境。与此同时，中国又没有相应的工业来吸纳这些破产者。如此，不能照旧生活下去的小生产者特别是农民就起来反抗。太平天国运动正是在这样的背景下发生的，太平军也主要由穷苦农民组成。

再次，"英国的大炮"加重了农民的负担。马克思指出："中国在1840年战争失败以后被迫付给英国的赔款、大量的非生产性的鸦片消费、鸦片贸易所引起的金银外流、外国竞争对本国工业的破坏性影响、国家行政机关的腐化，这一切造成了两个后果：旧税更重更难负担，旧税之外又加新税。"[1] 基于这种情况，咸丰皇帝在1853年1月5日的上谕中责成武昌、汉阳南方各省督抚减缓捐税。从鸦片战争看，清政府除了战争支出外，还面临着战争失败造成的2100万银圆赔偿款。在当时，2100万银圆相当于清政府年财政收入的三分之一。清政府的财政收入主要来自赋税、关税、盐税和杂税，其中赋税是最主要的来源。赋税主要来自农民，包括土地税、人头税、兵役、徭役等。这就意味着，鸦片战争的赔款转移到了农民头上，本就因外来资本主义冲击而生活困顿的农民，在鸦片战争失败后更加穷困。再从鸦片贸易看，作为一种商品，鸦片带给西方资本家的是暴利。马克思揭露道："英国政府在每箱鸦片上所花的费用约250卢比，而在加尔各答拍卖场上的卖价是每箱1210—1600卢比。"[2] 这种暴利的背后则是中国吸食者的散尽家财和中国金银的大量外流。对于鸦片吸食者来说，由于钱财主要用于吸食鸦片，以致无力承担赋税；对于清朝地方政府来说，由于金银的大量外流，必须加大税收力度才能完成朝廷规定上缴的税额，这之于广大农民又是一项新的负担。

最后，"英国的大炮"打破了中国与世隔绝的状态。乾隆二十二年

1　《马克思恩格斯选集》第1卷，人民出版社，2012，第780页。
2　《马克思恩格斯选集》第1卷，人民出版社，2012，第807页。

（1757），清廷再次推行海禁政策，只保留广州一口通商。在此后的85年间，广州十三行成为中外贸易的唯一交易场所，从而造成了中国"与世界隔绝"的状态。马克思认为，与世隔绝是保存旧中国的首要条件。早在清朝建立初期，西方国家就已开启了资产阶级时代。尽管资产阶级时代并不是什么美好的时代，但与中世纪相比，则具有极大的历史进步性。这种进步性不仅体现在它能够创造巨大的生产力，还体现在它将人从专制统治下解放出来，使之获得政治上的自由。如果不是清朝实行闭关自守的政策，中国完全可以在对外交往中吸收和借鉴西方积极的文明成果，从而赶上时代发展的步伐。当然，在殖民主义大行其道的时代想实现和平共处几乎是不可能的事，但不至于会沦为西方列强殖民侵略的对象。然而，闭关自守使中国失去了赶上西方国家的时机。这个已有两千多年封建史的国度，在社会经济的发展上早已陷入停滞状态。当然，清朝也出现过康乾盛世，只是这种盛世更多是指表面上的国泰民安，是封建社会秩序的相对稳定，而非经济大发展。由于不屑于和西方国家交往，清朝统治者不仅不知道中国已经落后于世界发展潮流，还沉浸于"天朝帝国万世长存的迷信"。到了清朝后期，由于腐败之风日益盛行，农民阶级和地主阶级之间的矛盾日趋尖锐。如此，与世隔绝的状态一旦被打破，封建体制的腐朽就会充分暴露，解体的进程也必将在外力带来的破坏性因素作用下加速。

迫切打开中国市场的英国资本家，通过鸦片战争强行打开中国国门。以现代技术为依托的英国舰队，不仅有坚船利炮，还有训练有素的军队。所以，在英国大炮的淫威下，清朝政府很快便放弃了抵制的念头，寄希望于"抚"。这正是英国人所希望的，他们对华战争的目的就是迫使清朝政府开放通商口岸，允许外国人在中国传教、经商和居住，把中国变成英国资本家的廉价原料来源地和工业品倾销地。马克思指出，"满族王朝的声威一遇到英国的枪炮就扫地以尽，天朝帝国万世长存的迷信破了产，野蛮的、闭关自守的、与文明世界隔绝的状态被打破，开始同外界发生联系"[1]。1844 年，美国基督教浸信会传教士罗孝全到广州传教并设立教堂。1847 年，洪秀全和洪秀仁前往广州罗孝全处学习基督教义。之后，洪秀全将基督教义与中国传统宗教中的一些教义结合起来，和冯云山一起创立了拜上帝会，为太平天国运动的开展奠定了思想基础和组织基础。

鸦片战争之后，西方列强对中国的侵略逐步加深，在 19 世纪末掀起了瓜分中国的狂潮，进入 20 世纪又通过八国联军侵华迫使清朝政府与之签订《辛丑条约》，清朝政府也因此成为"洋人的朝廷"。《辛丑条约》的内容极其苛刻，不仅要求清朝政府支付巨额的战争赔偿金，还要求清朝政府割让土地、赋予列强在中国开设领事法院的权利、惩罚附和义和团的官员，甚至明确提出清朝政府负有镇压反帝斗争的责任。因此，《辛丑条约》的签订给中国人民带来了深重的灾难和痛苦。在帝国主义和封建主义的双重压榨下，中国人民的民族民主意识进一步觉醒，不满和反抗情绪日益高涨。正是在民族危机加剧的背景下，以孙中山为代表的革命党人发动了震惊世界的辛亥革命。

三　中国革命对欧洲的影响之一："决定"欧洲人民争取自由的斗争

马克思提出："当英国引起了中国革命的时候，便发生一个问题，即这场革命将来会对英国并且通过英国对欧洲发生什么影响？"[2] 尽管中国这一"极"在社会发展水平上不及西方且处于被西方殖民掠夺的地位，但作为既已产生联系的"两极"中的一"极"，必然会对另一"极"产生作用，只不过是在作用的方式、内容和结果上不一样而已。马克思认为，"欧洲人民下一

次的起义，他们下一阶段争取共和自由、争取廉洁政府的斗争，在更大的程度上恐怕要决定于天朝帝国目前所发生的事件"[1]。"目前所发生的事件"指太平天国农民革命。那么，中国革命何以能够 "决定" 欧洲革命？马克思的分析思路是："中国革命将把火星抛到现今工业体系这个火药装得足而又足的地雷上，把酝酿已久的普遍危机引爆，这个普遍危机一扩展到国外，紧接而来的将是欧洲大陆的政治革命。"[2]

1. 中国革命通过市场引发英国新的经济危机

太平天国运动在广西发起，但主要影响区域是长江中下游地区，这也是当时中国经济最为富庶的地区。鸦片战争后新增的四个通商口岸，有两个（宁波和上海）在太平天国运动活跃区。受革命运动的影响，"上海的恐慌据报道达到了极点。黄金因人们抢购贮藏而价格上涨 25% 以上。白银现已不见，以致英国轮船向中国交纳关税所需用的白银都根本弄不到"[3]。由此，马克思发现，即便中国茶叶不涨价，由于汇率的变动，英国商人购买与之前同样的商品也要支付更多的钱。尽管在华英国商人在面临困难时有英国舰队做后盾，但在这个问题上，舰队丝毫不起作用，甚至还会起相反的作用。马克思说："停泊在中国领海上的英、美、法各国的舰队，肯定不能提供收购茶叶所需的资金，而它们的干涉却能够很容易地造成混乱，使产茶的内地和出口茶叶的海港之间的一切交易中断。"[4] 这就意味着，英国商人要收购茶叶就要按照中国当时的市场状况行事。马克思指出："中国人虽然也同革命震荡时期的一切人一样，愿意将他们手上全部的大批存货卖给外国人，可是，正像东方人在担心发生大变动时所做的那样，他们也会把他们的茶和丝贮存起来，非付给

1　《马克思恩格斯选集》第 1 卷，人民出版社，2012，第 778 页。
2　《马克思恩格斯选集》第 1 卷，人民出版社，2012，第 783 页。
3　《马克思恩格斯选集》第 1 卷，人民出版社，2012，第 782 页。
4　《马克思恩格斯选集》第 1 卷，人民出版社，2012，第 782 页。

现金现银是不大肯卖的。"[1] 既然如此，英国商人是否可以不收购中国茶叶呢？答案是否定的。马克思提到了两个方面的原因。

一是茶叶是欧洲人的生活必需品。早在 18 世纪中国茶叶就已经成为欧洲人特别是英国人的生活必需品，时至 19 世纪欧洲人对茶叶的需求更加旺盛。这可以从马克思《中国革命和欧洲革命》中的一组数据来说明：1793 年英国从中国输入的茶叶数量有 16067331 磅，1845 年达到了 50714657 磅，1846 年进一步增加到 57584561 磅，而在 1853 年则超过了 6000 万磅。[2] 可见，对于英国商人来说，即便茶叶涨价，也不能因此而停止收购。

二是茶叶进口量的增加意味着向中国输出的工业品的增加。中国之于英国是新开辟的一个海外市场，而且"自从中国的港口开放以后，夺取新市场的可能性已经没有了"[3]。马克思分析指出："尽管有加利福尼亚和澳大利亚的发现，尽管人口大量地、史无前例地外流，但是，如果不发生什么意外事情的话，到一定的时候，市场的扩大仍然会赶不上英国工业的增长，而这种不相适应的情况也将像过去一样，必不可免地要引起新的危机。"[4] 因此，能否稳住并逐步扩大英国工业品在中国的市场直接关系到英国是否会陷入新的经济危机问题。那么，如何扩大在中国的市场？英国近 20 年来对华贸易的数据显示，对中国的年输出总值与从中国输入茶叶数量成正比，即前者随着后者的增加而增加。一定程度上说，从中国输入茶叶的数量是反映英国工业品在中国市场状况的晴雨表。为此，英国甚至采取了降低茶叶税的促进政策，即马克思所指出的："英国需要开辟新市场或扩大旧市场，这是英国降低茶叶税的主要原因之一，因为英国预期，随着茶叶进口量的增加，向中国输出的

1　《马克思恩格斯选集》第 1 卷，人民出版社，2012，第 782 页。
2　《马克思恩格斯选集》第 1 卷，人民出版社，2012，第 781 页。
3　《马克思恩格斯全集》第 2 卷，人民出版社，1957，第 623 页。
4　《马克思恩格斯选集》第 1 卷，人民出版社，2012，第 781 页。

工业品也一定会增加。"[1]

　　然而，太平天国运动却引发了茶叶收购危机。1853年春，由于太平天国运动在江浙一带的推进，茶叶采购市场产生了新情况：每年这个时候都已经开始签订新茶收购合同，可是现在人们不讲别的问题，只讲如何保护生命财产，一切交易都陷于停顿。[2] 这意味着英国从中国输入的茶叶数量将减少，随之而来的是英国工业品在中国市场的缩小。如果这种情况发生在欧洲经济生活正常运行的时候可能不会对欧洲产生大的影响，然而，这种情况恰好发生在欧洲国内工业品市场也缩小的时候。这就给欧洲工业品造成国内国外市场同时缩小的困境。马克思强调指出："不要忘记，茶叶这样一种必需品涨价和中国这样一个重要市场缩小的时候，将正好是西欧发生歉收因而肉类、谷物及其他一切农产品涨价的时候。这样，工厂主们的市场就要缩小，因为生活必需品每涨一次价，国内和国外对工业品的需求量都要相应地减少。"[3] 如此，就出现了一个矛盾现象，一方面英国不断增长的工业品生产力需要扩张市场，另一方面国内外市场却因为各种原因而在缩小。在马克思看来，这种矛盾现象必将促发新的经济危机。实际上，早在1850年马克思就基于英国和欧洲大陆的情况提出"已经显露出危机的苗头"[4]。由此，马克思提出："这时，如果有一个大市场突然缩小，那么危机的来临必然加速，而目前中国的起义对英国正是会起这种影响。"[5] 也就是说，受太平天国农民革命的影响，英国在中国的市场缩小，会加速英国爆发新的经济危机。

2. 中国革命通过英国引发欧洲大陆政治革命

　　马克思在提出欧洲人民的下一次革命更大程度上恐怕决定于中国革命这

1　《马克思恩格斯选集》第1卷，人民出版社，2012，第781页。

2　《马克思恩格斯选集》第1卷，人民出版社，2012，第782页。

3　《马克思恩格斯选集》第1卷，人民出版社，2012，第783页。

4　《马克思恩格斯全集》第10卷，人民出版社，1998，第356页。

5　《马克思恩格斯选集》第1卷，人民出版社，2012，第781页。

个观点时，紧接着说："这看来像是一种非常奇怪、非常荒诞的说法，然而，这决不是什么怪论，凡是仔细考察了当前情况的人，都会相信这一点。"[1] 如果说太平天国农民革命会引发英国经济危机尚且能为人们理解，那么又如何进一步引发欧洲革命呢？

首先要提及马克思的一个观点，即资本主义经济危机会引发政治革命。这是马克思在 19 世纪 40 年代末至 50 年代初关于资本主义经济危机的基本观点。1848—1849 年欧洲革命失败后，马克思和恩格斯发现欧洲社会发展中存在这样一种现象："1843—1845 年是工商业繁荣的几年，这个时期的繁荣是 1837—1842 年几乎连年工业萧条的必然结果。像往常一样，繁荣很快就产生了投机。投机一般地是发生在生产过剩已经非常严重的时期。它给生产过剩提供暂时出路，但是，这样它又加速了危机的来临和加强危机的力度。"[2] 1847 年英国产生了双重危机即工业危机和农业危机，确切地说资本主义工业危机碰上了农业危机，之后不久欧洲便爆发了革命。这意味着，英国经济危机和欧洲政治革命之间有着某种联系。马克思和恩格斯指出："英国第一次同时经受工业危机和农业危机。英国的双重危机，由于大陆即将同时发生动荡而变得更迅猛、更广泛和更危险，大陆的革命，则由于英国危机对世界市场的冲击而会具有比以往更鲜明的社会主义性质。"[3] 也就是说，经济危机和政治革命之间相互影响，但是前者对后者影响更大。马克思和恩格斯在评论 1847 年危机与 1848 年革命之间的关系时明确指出："不管怎样，有一点是无疑的，那就是商业危机对 1848 年革命的影响要比革命对商业危机的影响不知大多少倍。"[4] 不仅如此，马克思和恩格斯还进一步突出了英国经济危机在欧洲革命中的先导作用，因为英国是当时最为发达的资本主义国家，欧洲大陆

1　《马克思恩格斯选集》第 1 卷，人民出版社，2012，第 778 页。
2　《马克思恩格斯全集》第 10 卷，人民出版社，1998，第 575 页。
3　《马克思恩格斯全集》第 10 卷，人民出版社，1998，第 357 页。
4　《马克思恩格斯全集》第 10 卷，人民出版社，1998，第 583 页。

不论是危机时期还是繁荣时期都比英国来得晚。

　　基于上述观点，马克思在关于中国革命引发欧洲革命的可能性分析中，正是以英国爆发经济危机为中间环节。简言之，中国革命通过英国经济危机引发欧洲革命。1848—1849 年革命失败后，欧洲进入了一个反动统治的时期，工人阶级的运动因受到极大压制而陷入低潮，短时间内看不到再次进入高潮的可能性。马克思和恩格斯在 1850 年的时评中指出，"新的革命，只有在新的危机之后才可能发生"[1]。既然经济危机能够引发政治革命，要使欧洲再次进入革命状态就必须要有新的经济危机。当然，马克思也十分清楚，这种危机的产生既不是凭空捏造也不是人为制造的，而是资本主义生产力和生产关系矛盾运动的结果。早在 1850 年，马克思和恩格斯就根据欧洲特别是英国经济发展状况推断："如果 1848 年开始的工业发展的新周期像 1843—[18]47 年的周期那样发展下去的话，那么 1852 年就会爆发危机。"[2] 时至1853 年，马克思又指出："我们时常提请读者注意英国的工业自 1850 年以来空前发展的情况。在最惊人的繁荣当中，就已不难看出日益迫近的工业危机的明显征兆。"[3] 在这种情况下，如果英国的一个重要市场突然缩小，就很可能促使其爆发工业危机。太平天国运动的推进，给英国造成的正是这种影响，因为它使英国"主要消费品之一涨价，金银外流，它的棉毛织品的一个重要市场大大缩小"[4]。由于英国在当时是欧洲资本主义生产关系最为成熟和生产力最为发达的国家，一旦英国爆发经济危机就会引发欧洲其他国家的危机，欧洲各国工农群众的斗争热情很有可能因此再度被激发，进而掀起新的政治革命。

1　《马克思恩格斯全集》第 10 卷，人民出版社，1998，第 596 页。
2　《马克思恩格斯全集》第 10 卷，人民出版社，1998，第 587 页。
3　《马克思恩格斯选集》第 1 卷，人民出版社，2012，第 781 页。
4　《马克思恩格斯选集》第 1 卷，人民出版社，2012，第 782 页。

四　中国革命对欧洲的影响之二："破坏"欧洲资产阶级的统治

在马克思的《中国革命和欧洲革命》发表半个世纪之后，列宁再次将中国革命与欧洲联系起来，在新的历史条件下探讨中国人民革命斗争对欧洲的作用。他说："欧洲各国的无产阶级以及亚洲各国年轻的、对自己力量充满信心、对群众充满信任的民主派，正在起来代替这些气息尚存但已日趋腐朽的资产阶级。"[1]

列宁将 1905 年开始的时期称为亚洲革命风暴反过来影响欧洲的时代。列宁认为，自 1848 年《共产党宣言》发表以来，世界历史可以分为三个主要时期：第一个时期是从 1848 年欧洲革命到 1871 年巴黎公社，这是风暴和革命的时期，也是独立的无产阶级政党产生的时期；第二个时期是从 1872 年到 1904 年，这是带有"和平"性质的时期，一方面西方结束了资产阶级革命，另一方面东方资产阶级革命的条件还不成熟，因而这一时期也是西方无产阶级为未来变革做准备的阶段；第三个时期则由亚洲风暴开启，列宁说："继俄国革命之后，发生了土耳其、波斯和中国的革命。我们现在正处在这些风暴以及他们'反过来影响'欧洲的时代。"[2] 那么，亚洲风暴如何影响欧洲？首先，亚洲人民投入了为实现民主和自由的斗争，这种革命精神能够振奋欧洲人民特别是无产阶级及其政党。由于在第二个时期，欧洲一直没有爆发反资本主义的决战，国际无产阶级特别是欧洲无产阶级中的一些人甚至因此而陷入绝望。然而，1905 年俄国革命之后的亚洲觉醒，无疑能够打破这种绝望。所以，列宁指出："八亿人民的亚洲投入了为实现和欧洲相同的理想的斗争，

1　《列宁全集》第 23 卷，人民出版社，2017，第 161 页。
2　《列宁全集》第 23 卷，人民出版社，2017，第 3 页。

从这个事实中应当得到的不是绝望,而是振奋。"[1] 而这八亿人民中有四亿是中国人,可见中国人民的革命斗争对欧洲具有振奋作用。一旦欧洲无产阶级在亚洲民主革命运动的影响下,发起反资本主义的革命运动,必将动摇甚至颠覆资产阶级的政治统治。其次,亚洲各国的革命不仅同样揭示了资产阶级自由派的保守性,还同样证实了民主派群众独立行动的意义。就中国辛亥革命来说,"袁世凯的党"作为资产阶级保守派政党,代表大地主大资产阶级的利益,不仅竭力阻断民主革命继续推进,还窃取了革命果实,使得推翻封建帝制后的中国依然处于半殖民地半封建社会。这也表明,政治具有阶级性,特定历史条件下的不同阶级不同阶层各有特定的政治目标和追求。为此,列宁指出:"亚洲各国的革命同样向我们揭示了自由派的毫无气节和卑鄙无耻,民主派群众独立行动的特殊意义,无产阶级和一切资产阶级之间分明的界限。有了欧亚两洲的经验,谁若还说什么非阶级的政治和非阶级的社会主义,谁就只配关在笼子里,和澳洲袋鼠一起供人观赏。"[2]

列宁揭露,整个欧洲的资产阶级都与中国的一切反动势力勾结在一起。辛亥革命时期,欧洲资产阶级及其政府对中国资产阶级革命派和保守派持完全不同的态度。早在辛亥革命刚刚爆发时,在美国华侨中间宣传革命的孙中山没有立即回国,而是转赴英国搞外交。他力图阻止英国为首的四国银行团贷款给清朝政府,并与之商谈革命政府借款的问题。最终,英国方面虽然表示不再向清朝政府提供贷款,但也没有答应借款给孙中山的革命政府,而是表示等革命政府正式成立后再谈借款事宜。南京临时政府成立后,帝国主义列强却不予承认,尽管临时政府曾两次呼吁西方各国政府承认中华民国。与之形成鲜明对比的是,列强不仅积极促成有利于袁世凯的南北议和,还支持袁世凯在北京就职总统;不仅借款给袁世凯的政府,还先后宣布承认袁世凯

就任总统的中华民国。针对英、法、俄、德、日、美等强国的上述行为，列宁斥之为"黑帮银行团"并揭露道："为了反对中国的民主派，已经签订向中国提供一笔新借款的契约，因为'欧洲'支持准备实行军事独裁的袁世凯。为什么它要支持袁世凯呢？因为这是一笔有利可图的生意。""整个欧洲的当权势力，整个欧洲的资产阶级，都是与中国的一切反动势力和中世纪势力勾结在一起的。"[1] 既然列强与中国的反动势力勾结在一起，那么中国人民争取民主和自由的革命斗争就会威胁到列强在中国的既得利益。从这个意义上说，中国革命对欧洲资产阶级的政治统治也具有破坏作用。

列宁提出，欧洲无产阶级是亚洲革命人民的可靠同盟者。虽然辛亥革命时期的中国工人阶级还没有形成一支独立的政治力量，同时代的亚洲其他殖民地半殖民地国家的无产阶级力量也同样不成熟，但是实现民主和自由是全世界无产阶级实现人类解放的必然要求。"世界各先进国家的工人以关切、兴奋的心情注视着全球各地各种形式的世界解放运动的这种气势磅礴的发展。"[2] 因此，包括中国在内的亚洲诸多国家的民族民主革命不是孤立进行的，而是受到全世界无产阶级特别是欧洲先进国家工人阶级的高度关注。在中国革命问题上，俄国无产阶级政党即社会民主工党采取了与沙皇政府完全不一样的态度，它不仅"祝贺中国的革命共和派"，还"斥责俄国自由派支持沙皇政府掠夺政策的行为"[3]。所以，尽管欧洲资产阶级与中国的一切反动势力勾结在一起，"整个年轻的亚洲，即亚洲数亿劳动者，却有着一切文明国家里的无产阶级做他们的可靠的同盟者。世界上没有任何力量能阻止无产阶级的胜利，而这一胜利一定能把欧洲各国人民和亚洲各国人民都解放出来"[4]。

---

1 《列宁全集》第 23 卷，人民出版社，2017，第 166 页。
2 《列宁全集》第 23 卷，人民出版社，2017，第 161 页。
3 《列宁全集》第 21 卷，人民出版社，2017，第 163 页。
4 《列宁全集》第 23 卷，人民出版社，2017，第 166—167 页。

第三节　开启"亚洲新纪元"的"中国的新生"

马克思恩格斯列宁时期的中国、印度、土耳其[1]、波斯等亚洲国家不仅都未完成资产阶级民主革命，还都遭到了西方列强的殖民侵略，因而都面临着民族独立和人民解放的双重任务。基于中国是"亚洲举足轻重的国家"，经典作家认为中国实现新生能够开启亚洲新纪元。恩格斯从中国南方人反抗外国人的斗争中看到了中国人民的觉醒，提出过不了多少年就会看到"整个亚洲新纪元的曙光"；列宁不仅把中国政治生活"沸腾起来"视为亚洲觉醒的重要标志，还提出中国人民的革命斗争将"给亚洲带来解放"。

一　中国是"亚洲举足轻重的国家"

在经典作家看来，"中国的新生"之所以能够开启"亚洲新纪元"，首先在于中国是"亚洲举足轻重的国家"。1858 年，在谈及沙皇俄国的亚洲野心时，恩格斯说："占领图兰威胁着印度；占领满洲威胁着中国。而中国和印度，两国共有 45000 万人口，现在是亚洲举足轻重的国家。"[2] 1912 年，在谈及辛亥革命的意义时，列宁说："4 亿落后的亚洲人争得了自由，开始积极参加政治生活了。地球上四分之一的人口可以说已经从沉睡中醒来，走向光明，投身运动，奋起斗争了。"[3]

首先，马克思恩格斯列宁时期的中国在人口数量上是亚洲最多的国家。

1　土耳其是一个横跨欧亚两洲的国家，但基于土耳其的现实状况，经典作家通常将其视为亚洲国家，如，马克思在《新的对华战争》中说："他在和亚洲弱国——中国、波斯、中亚细亚、土耳其等国的一切交往关系上……"列宁在《亚洲的觉醒》中说："继 1905 年的运动之后，民主革命席卷了整个亚洲——席卷了土耳其、波斯、中国。"

2　《马克思恩格斯选集》第 1 卷，人民出版社，2012，第 825 页。

3　《列宁全集》第 22 卷，人民出版社，2017，第 208 页。

封建社会是以手工劳动为主的农耕社会，天然的耕作条件、国家的农业政策、社会的稳定状况是影响农业发展的最主要因素，而农业发展的状况又对人口数量有直接的影响。从天然的耕作条件看，中国地域辽阔，虽有部分地区不太适宜农作物生长，但不乏土壤肥沃、水资源丰富、气温适宜之地，因而具备农业生产的天然条件；从国家的农业政策看，中国封建王朝十分重视农业的发展，并推行重农抑商的政策，为农业发展提供了政治条件；从社会的稳定状况看，中国历史上有十多个太平盛世时期，诸如西汉的文景之治、东汉的光武中兴、隋朝的开皇之治、唐朝的贞观之治、明朝的永乐盛世、清朝的康乾盛世等，这些盛世为农业的繁荣和人口的快速增长提供了极为稳定的社会环境。因此，时至19世纪中期，中国已经有4亿人，不仅是亚洲也是世界上人口最多的国家。亚洲的第二大人口大国是印度，约有2亿人，相当于中国人口的一半。关于印度人口的数量，马克思在论述英国殖民统治印度问题时提及过："士兵变成了警察，2亿土著居民被英国人指挥的20万土著军队所控制，而土著军队又控制在仅有4万人的英国军队的手里。"[1] 另外，根据列宁的相关论述，20世纪初的亚洲有8亿人民。这意味着中国人口占到了亚洲总人口的一半。可见，仅从人口数量上来看，中国也是亚洲举足轻重的国家。

其次，马克思恩格斯列宁时期的中国带动亚洲其他国家开展革命运动。在经典作家时期，除了在19世纪60年代通过明治维新走上资本主义发展道路并进而加入西方列强殖民扩张行列的日本，其他亚洲国家都殖民地半殖民地化了，其中印度、印度尼西亚、菲律宾、马来西亚、新加坡、朝鲜、越南、缅甸等国家完全沦为西方殖民地，中国、土耳其、伊朗、泰国等国家则半殖民地化。因此，对于亚洲人民来说，要从殖民主义的奴役下解放出来，必须

---

[1] 《马克思恩格斯全集》第16卷，人民出版社，2007，第164页。

开展民族解放运动，与此同时还要推翻封建腐朽的政治统治。在中国，1840
年鸦片战争之后，中国人民在本国封建主义和外来资本主义的双重奴役下逐
渐觉醒，民族民主革命意识日渐增强，开始开展争取自由的斗争，从马克思、
恩格斯关注的太平天国农民革命，到列宁关注的辛亥革命，中国人民逐渐成
为亚洲解放运动中一支"举足轻重"的力量。1913 年，列宁在评论孙中山及
其创建的革命党时指出："孙中山的这个党只要能吸引愈来愈广泛的中国农民
群众参加运动和参加政治斗争，它就能逐渐成为（与这种吸引程度相适应）
亚洲进步和人类进步的伟大因素。"[1] 可见，列宁对中国革命力量在促进亚洲
进步方面寄予厚望。

二　中国人民的觉醒与"最古老的帝国的垂死挣扎"

马克思和恩格斯在"论中国"中习惯用"帝国"指称清朝统治下的中
国，如"帝国当局""天朝帝国""中华帝国"。这与"帝国"概念在西方文
化中的流行有关。早在古罗马时期西方就有了"帝国"这一概念即"imperi-
um"，用来指称那些政治统治权强大、影响力广泛的国家。当然，在不同的
历史时期，它的具体内涵也不尽相同，如奴隶制时代的罗马帝国、中世纪的
奥斯曼帝国和殖民时代的大英帝国，虽然都被称为"帝国"，但三者不论在
内在的制度模式上还是在外在的影响方式上都有明显的区别。马克思恩格斯
列宁时期是以大英帝国为代表的殖民帝国横行的时代，那些还停留在中世纪
阶段的帝国便被称为"古老的帝国"。正是从这个角度，马克思和恩格斯将
"天朝帝国"称为"最古老的帝国"。这一论断至少包括两个方面的内涵。

一方面，"帝国"指称的使用是对古代中国强大的政治统治权和广泛的

1　《列宁全集》第 23 卷，人民出版社，2017，第 130 页。

影响力的确认。中国虽然在近代沦为西方列强殖民扩张的对象，但历史上的中国却是被西方视为"东方大帝国"的大国、强国。早在 16 世纪初，西方人就开始用他们所理解的"帝国"概念指称中国，并在之后逐渐提出了"中华帝国"这个概念。19 世纪 50 年代，法国遣使会传教士古伯察还以"中华帝国纪行"为名撰写了一部反映中国社会发展状况的著作。马克思和恩格斯在有关中国问题的论述中采用西方人使用的"帝国"概念指称中国，说明他们认同古代中国在社会发展方面有着强大的内在凝聚力和广泛的外在影响力，认同古代中国不仅是一个大国更是一个强国。进入 20 世纪后，列宁在谈到中国时虽然没有再沿用"帝国"这个概念，却称中国是个"伟大的亚洲国家"，这与马克思和恩格斯对中国的判断在精神实质上是一致的。

另一方面，在"帝国"前面加上"最古老"这个定语，说明君主制国家已经过时。早在《黑格尔法哲学批判》中马克思就评价过君主制，他提出，君主制只是国家制度的一种，并且是不好的一种。因为在君主制下，人民从属于政治制度，没有政治自由，且国家法律反映的是君主的意志而非人民的意志。当然，从历史发展的角度看，君主制是人类社会在封建主义发展阶段普遍采用的一种国家制度，相比较于奴隶制又有一定的历史进步性。不过，时至 19 世纪 40 年代即马克思和恩格斯开始关注中国问题时，君主制早已成为一种过时的国家制度，成为阻碍现代生产力发展的社会因素，因而应该被新的国家制度即民主制取代。可是，这一时期的中国却还是封建王朝统治的国家，遭受西方列强殖民入侵本身就表明这个"最古老的帝国"已经腐朽，诚如恩格斯所指出的："摇摇欲坠的亚洲帝国正在一个一个地成为野心勃勃的欧洲人的猎获物。"[1] 西亚的奥斯曼土耳其、波斯和南亚的印度这三个典型的

1　《马克思恩格斯选集》第 1 卷，人民出版社，2012，第 822 页。

封建帝国早在中国之前就成为"欧洲人的猎获物",其中印度在1849年完全沦为英国殖民地。

尽管已经是"最古老的帝国",封建统治者也不会主动退出历史舞台,而是需要人民的斗争。马克思和恩格斯在《共产党宣言》中指出:"至今一切社会的历史都是阶级斗争的历史。"[1] 对于19世纪的中国人民来说,只有通过革命斗争才能推翻封建王朝的统治。然而,这首先需要中国人民的"觉悟",即觉悟到中国"遇到极大的危险",觉悟到推翻封建王朝政治统治的必要性。恩格斯从第二次鸦片战争时期中国人民普遍奋起反抗外国人的斗争中发现中国人民已经开始觉悟,他说:"中国的南方人在反对外国人的斗争中所表现的那种狂热本身,似乎表明他们已觉悟到旧中国遇到极大的危险;过不了多少年,我们就会亲眼看到世界上最古老的帝国的垂死挣扎,看到整个亚洲新纪元的曙光。"[2]

恩格斯提出,第二次鸦片战争时中国人的情绪"显然不同"于第一次鸦片战争时的情绪。关于第一次鸦片战争时中国人的情绪,恩格斯如是评论:"那时人民保持平静,让皇帝的军队去同侵略者作战,失败之后,则抱着东方宿命论的态度屈从于敌人的暴力。"[3] "让皇帝的军队去同侵略者作战"表明人民群众尚未意识到反侵略斗争的重要性。第一次鸦片战争爆发后,英国先是炮轰广州,然后北上进犯福建、浙江和江苏等地,最后进入长江到达南京下关。他们所到之处虽然有部分民众自发地进行反抗,但总的来说民众的参与率比较低,因为在绝大多数人看来这是清朝政府的事情。这一现象的产生不是偶然的,而是与中国人的性情以及封建主义与人民大众的矛盾有关。从中国人的性情看,中国人性情"温顺",马克思和列宁在"论中国"中都提

---

1 《马克思恩格斯选集》第1卷,人民出版社,2012,第400页。
2 《马克思恩格斯选集》第1卷,人民出版社,2012,第800页。
3 《马克思恩格斯选集》第1卷,人民出版社,2012,第797页。

到这一点。"温顺"即温和、顺从，中华文明具有突出的和平性，孕育其中的中国人民向来温和、友善，崇尚和平。孟德斯鸠曾评价说，中国人性格特别温和，表示不同意见时和颜悦色，反驳时也心平气和。这也是中国在对外交往中坚持道义原则的文化根源。马克思在《中国记事》中默认中国老百姓是"温顺的"，恩格斯在回顾第一次鸦片战争中长江岸边的中国居民的表现时，提出他们"度过了将近二百年的长期和平生活"，列宁在《对华战争》中批判沙皇俄国的侵华行径时说"这些人的所作所为引起了以温顺出名的中国人的愤怒"[1]。虽然崇尚和平不等于任人宰割，但是在西方列强入侵中国的最初阶段，老百姓还不清楚这些外国人闯入中国的目的，所以反侵略意识不强。恩格斯也指出："长江岸边安分怕事的居民，度过了将近二百年的长期和平生活，现在才第一次经历战争。"[2] 再从封建主义与人民大众的矛盾看，由于有矛盾且这种矛盾到了清朝后期已经尖锐化，封建统治者意识不到组织民间力量一起抵抗外来侵略的必要性，同时人民大众也不愿意支持和帮助封建统治者。尤其让民众不满的是，部分清朝官员在带兵抗战的过程中还纵兵扰民。结果是，在1840—1842年的战争中，中国人民"保持平静"，让皇帝的军队去同侵略者作战。

此外，"抱着东方宿命论的态度屈从于敌人的暴力"表明这一时期中国人民还受落后思想的钳制。宿命论作为一种世界观，认为人世间的一切都是冥冥之中注定的，是人自身的力量改变不了的。这是一种完全忽视人的主观能动性的唯心主义哲学观点。由于宿命论最先产生于美索不达米亚和埃及等东方地区，所以也被称为东方宿命论。古代中国的思想文化中也有宿命论的内容，如有"吉人天相""听天由命""富贵在天"等说法。宿命论之所以产生，主要是因为在人类社会发展早期，人们认识和改造世界的能力有限，只

1　《列宁全集》第4卷，人民出版社，2013，第321页。
2　《马克思恩格斯全集》第16卷，人民出版社，2007，第105页。

能把一些无法解释的现象或无力改变的事实归结为某种定数。所以，总的来说，它是落后社会的产物。但是，作为一种世界观，一经产生就会在社会中长期存在，只是在不同的历史时期其影响力不同罢了。鸦片战争时期的中国虽然处在封建社会的末期，但民众的思想尚未开化，仍处于落后、愚昧和麻木的状态，必然受宿命论的影响。这种宿命论表现在对西方列强的态度上，认为中国遭到西方列强的入侵并且在反侵略斗争中失败是中国注定要遭受的劫数，是无法改变的命运。既然命中注定，任何抗争都是徒劳的，屈从于敌人的暴力则是唯一的选择。

然而，到第二次鸦片战争时，恩格斯发现"民众积极地而且是狂热地参加反对外国人的斗争"[1]。之所以发生这样的变化，至少有两个方面的原因：一是中国人民意识到西方列强的对华战争是侵略战争而不是单纯的与清朝政府之间的战争；二是中国人民意识到仅仅"让皇帝的军队同侵略者作战"保护不了自己的生命和财产。这是第一次鸦片战争带给中国人民的教训。第一次鸦片战争以及第一次鸦片战争后中国社会生活发生的变化，促使中国人民意识到不仅要积极主动地开展反侵略的斗争，还要推翻封建王朝的专制统治。基于这种变化，恩格斯认为在第二次鸦片战争初期"根本无法预料它将如何发展"，但是"有一点是肯定无疑的，那就是旧中国的死亡时刻正在迅速临近"[2]。"旧中国的死亡"意味着新中国的诞生。

三　中国民主革命运动与"中国的新生"

早在 1908 年列宁就根据中国当时的形势作出"中国的旧式造反会转变成为自觉的民主革命运动"的研判。只有自觉的民主革命运动才能真正结束封

1　《马克思恩格斯选集》第 1 卷，人民出版社，2012，第 797 页。
2　《马克思恩格斯选集》第 1 卷，人民出版社，2012，第 800 页。

建王朝的专制统治，将中国人民从中世纪的旧制度的束缚下解放出来；才能彻底推翻帝国主义在华势力，将中华民族从帝国主义的奴役下解放出来。所以，1911 年辛亥革命的爆发引起了列宁的高度关注。在列宁看来，辛亥革命作为中国第一次比较完整意义上的资产阶级民主革命，不论其最终的结局如何，其意义都是重大的。由此，列宁高度评价辛亥革命之于"中国的新生"的意义。

列宁首先提出，只有革命人民群众的英雄主义才能振兴中国。1900 年 6 月，俄、英、法、美、德、意、奥、日八国以镇压义和团运动为借口联合发动侵华战争。这一极端不义的战争以清朝政府的求和与签订不平等条约为结果。光绪二十七年七月二十五日（1901 年 9 月 7 日），清朝大臣奕劻和李鸿章作为中方代表，在北京与 11 国外交代表签订了中国近代史上最严重的不平等条约，史称《辛丑条约》，列宁讽刺地称为"为了'安定'中国而结成的和平的联盟"[1]。《辛丑条约》对近代中国来说是一种灾难，它标志着中国完全沦为西方列强的半殖民地。西方列强以《辛丑条约》为依托，加剧了对中国的掠夺和瓜分。中国之所以出现这样的局面，固然与清朝的腐败无能有重要的关系，但最为根本的原因是经济上的落后。"以手工劳动为基础的中国工业经不住机器的竞争。"[2] 鸦片战争之后，在外来资本主义的影响下，中国民族资本主义也逐渐发展起来，但由于受国内封建主义和外来资本主义的双重排挤，发展十分缓慢，以致辛亥革命时期中国民族资产阶级的力量还很弱。加之各种战争的耗费和赔款，中国在经济上与同时代西方强国之间的差距不断拉大。所以，孙中山在南京同盟会会员饯别会的演说中提出了经济革命的问题。列宁也强调指出："中国愈落在欧洲和日本的后面，就愈有四分五裂和

1　《列宁全集》第 27 卷，人民出版社，2017，第 432 页。

2　《马克思恩格斯全集》第 10 卷，人民出版社，1998，第 277 页。

民族解体的危险。"[1]

中国怎样才能化解这种分裂和解体的危险？鸦片战争以来，中国农民阶级、地主阶级、资产阶级改良派相继将他们的救国救民方案付诸实践，但最后都以失败而告终。虽然如此，这并不意味着中国已无路可走。几乎在资产阶级改良派开展戊戌维新运动的同时，资产阶级知识分子中也萌生了民主革命思潮。在民主革命思潮的影响下，以孙中山为代表的资产阶级革命派最先提出革命主张并积极付诸实践。孙中山在其创建的中国第一个民主革命团体"兴中会"的章程中提出了"振兴中华"的口号，之后又提出了如何"振兴中华"的方案，并明确提出用革命的方式推翻清王朝的统治。列宁在评价中国革命问题时不仅引用了孙中山的"振兴"一词，还充分肯定了"革命"这一解决中国问题的方式。他指出："只有革命人民群众的英雄主义才能'振兴'中国，才能在政治方面建立中华民国，在土地方面实行国有化以保证资本主义最迅速的发展。"[2] 这里的"革命人民群众的英雄主义"至少有三层内涵：一是表明列宁认为只有革命才能破解中国四分五裂的危险，才能使中国摆脱西方列强的侵略，才能走向振兴；二是表明列宁认为中国的革命要取得成功必须依靠广大人民群众；三是表明列宁认为参加革命的群众必须具备不畏艰险、不怕牺牲以及始终把革命利益放在第一位的精神。辛亥革命虽然未能充分发挥人民群众在革命中的作用，但辛亥革命"打开了中国进步潮流的闸门"并且"以巨大的震撼力和深刻的影响力推动了中国社会变革"[3]。

列宁指出，中国人民通过辛亥革命"推翻了中世纪的旧制度和维护这个制度的政府"。在辛亥革命结束君主专制制度之前的两千多年的时间里，中国在社会形态上始终属于封建社会，其间虽经历若干朝代的更迭，却始

---

1 《列宁全集》第 21 卷，人民出版社，2017，第 431 页。
2 《列宁全集》第 21 卷，人民出版社，2017，第 431 页。
3 习近平：《在纪念辛亥革命 110 周年大会上的讲话》，人民出版社，2021，第 3 页。

终未能跳出这个窠臼。由于西方史学家把封建社会纳入了中世纪的范畴，所以马克思、恩格斯和列宁在文中经常用"中世纪的旧制度"指代前资本主义社会中具有封建性质的社会制度。因此，在评价中国社会发展问题上，列宁也用"中世纪的旧制度"来指称清朝的君主专制制度。众所周知，中世纪的标签是专制、黑暗、落后和愚昧，处于中世纪旧制度束缚下的人民要想获得自由，摆脱愚昧，走向光明，必须推翻这一制度，并推翻维护这个制度的政府。

以孙中山为代表的革命党人在 1911 年发动了震惊世界的辛亥革命。1911 年 10 月 10 日，湖北新军工程八营的革命党人率先打响武昌起义第一枪，并成功占领武昌。随后，汉阳和汉口的革命党人分别于 10 月 11 日夜和 10 月 12 日攻占汉阳和汉口。革命党人在掌控武汉三镇后，成立了湖北军政府，并推举黎元洪为都督。在武昌起义的影响下，各地革命党人纷纷响应，在短短的两个月时间内，有 15 个省宣布脱离清政府独立。当孙中山从海外回来时，已经是武昌起义之后两个半月的事情了。"虽然他没有直接参加，但是人们都不能不承认，武昌起义的胜利和各省的迅速响应是以孙中山为首的革命党人多年间的革命宣传和革命斗争所结出的果实。"[1] 1911 年 12 月 29 日，在南京召开的各省代表会议选举孙中山为临时总统。1912 年 1 月 1 日，孙中山在南京就任临时总统，与此同时，中华民国宣告成立。从性质上讲，南京临时政府是中国第一个资产阶级共和性质的革命政权，是一个完全不同于北京君主专制政权的新式政权。1912 年 2 月 12 日，在革命力量的作用下，清帝不得不宣布退位，在中国统治两千多年的君主专制制度也宣告结束。1912 年底，各省开始选举第一届国会议员。列宁对辛亥革命的爆发及取得的成果十分欣慰，他说："中国人民终于推翻了中世纪的旧制度和维护这个制度的政府。在中国

1　胡绳：《从鸦片战争到五四运动》（下），人民出版社，2010，第 770 页。

建立了共和制，这个伟大的亚洲国家的第一届国会——中国第一届国会已经选了出来，召开了会议，并且已经开了几个星期。"[1] 随着帝制的取消，附身于帝制的种种丑恶制度也被次第扫除，例如世袭制度、太监制度等等。[2] 即便这些旧制度不能一下子被扫除，作为一种趋势，也仅仅是时间问题。封建帝制的结束意味着中国人民可以从中世纪的旧制度的束缚下解放出来。

辛亥革命的爆发还意味着地球上四分之一的人口已经从沉睡中醒来。辛亥革命的影响远不止于推翻封建帝制及其政府，它还在潜移默化中造成了中国人思想观念上的变革。以剪辫子为例，由于早在辛亥革命期间革命党人就号召剪辫子，剪辫子在辛亥革命后的中国成为一种常态。在辛亥革命前，没有蓄辫子的成年男子被嘲笑，而在辛亥革命后，没有剪辫子的成年男子则成为被嘲笑的对象。实际上，是否剪辫对社会生活本身没有什么影响，但在当时的中国，辫子是与政治联系起来的。"19 世纪末 20 世纪初，民主思想勃兴，留辫成了效忠清王朝的标志，剪辫则往往与反清革命相系结，带有鲜明的排满革命意识，是革命的标志。"[3] 所以，在辛亥革命后的中国，中国男人的辫子成了封建余孽的代名词。这表明，经过辛亥革命的洗礼，中国人的思想观念产生了新的变化。虽不能笼统地说民主共和观念已经深入人心，但复辟帝制在中国已经不再可能。"从此以后，任何违反民主的潮流，要在中国恢复帝制和建立独裁统治的人和政治集团，都不能不遭到人民的反对而归于失败。"[4] 辛亥革命后的中国人民已经从中世纪的麻木状态中觉醒，真正为自由和民主而斗争。对此，列宁也十分肯定地指出："4 亿落后的亚洲人争得了自由，开始积极参加政治生活了。地球上四分之一的人口可以说已经从沉睡中

1　《列宁全集》第 23 卷，人民出版社，2017，第 128 页。
2　陈旭麓：《近代中国社会的新陈代谢》，中国人民大学出版社，2012，第 317 页。
3　陈旭麓：《近代中国社会的新陈代谢》，中国人民大学出版社，2012，第 319 页。
4　胡绳：《从鸦片战争到五四运动》（下），人民出版社，2010，第 798 页。

醒来，走向光明，投身运动，奋起斗争了。"[1]

由此可见，辛亥革命在中国近代历史上具有划时代的意义。也正是辛亥革命的爆发，让列宁看到了中国的希望。所以，1913 年 5 月 20 日，列宁在《亚洲的觉醒》一文中再次评论道："中国不是早就被公认为是长期完全停滞的国家的典型吗？但是现在中国的政治生活沸腾起来了，社会运动和民主主义高潮正在汹涌澎湃地发展。"[2]

四　中国人民的革命斗争将"给亚洲带来解放"

列宁高度关注中国革命，不仅因为中国人民推翻了中世纪的旧制度及维护这个制度的政府，还因为中国人民的革命斗争作为一股强大的民主力量，能够为整个亚洲的民族民主革命运动注入强大的精神动力。列宁在为俄国社会民主工党 1912 年布拉格会议起草的决议中明确提出中国人民的革命斗争"将给亚洲带来解放"[3]，并在《马克思主义学说的历史命运》《亚洲的觉醒》《先进的亚洲和落后的欧洲》等文献中论证了这个观点。

19 世纪末 20 世纪初，资本主义由自由竞争阶段过渡到垄断阶段，世界被帝国主义分裂为压迫民族和被压迫民族两个部分。其中，被压迫民族中的绝大多数在社会形态上半封建化。这意味着被压迫民族的人民不仅遭受旧的特别是封建主义生产关系的束缚，还遭受国内外资本主义的剥削。由此，实现民族独立并从旧的生产关系下解放出来，成为被压迫民族的共同需求。就亚洲而言，除日本等极个别国家，其余国家都在西方列强的侵略下殖民地半殖民地化。所以，面对俄国 1905 年革命后亚洲各国风起云涌的

1　《列宁全集》第 22 卷，人民出版社，2017，第 208 页。
2　《列宁全集》第 23 卷，人民出版社，2017，第 160 页。
3　《列宁全集》第 21 卷，人民出版社，2017，第 163 页。

民族民主革命运动，特别是中国辛亥革命的爆发，列宁惊呼"亚洲觉醒"了。

亚洲的觉醒首先从印度人民的民族革命开始。1899年，英国殖民当局任命乔治·寇松为印度总督，并交给他一个任务即摧垮印度国大党和瓦解印度民族进步力量。为完成这一任务，寇松这个野心勃勃的帝国主义者在印度采取了一系列旨在加强对印度人民控制和镇压的措施。这一行为引起了印度人民的强烈反对。从1903—1904年的抗议集会到1905年的抵制英货运动，孟加拉地区人民的运动愈演愈烈。1906年，在印度激进派的努力下，孟加拉地区人民的抵制运动发展成为全国范围内的反抗英国殖民统治的民族革命运动。虽然这场运动于1908年7月底在国内外的反动势力的疯狂镇压下走向失败，但它的意义十分重大，标志着亚洲被压迫民族的觉醒。在20世纪初的波斯（伊朗），为获得自由的伊朗人民掀起了一场声势浩大的民族民主革命运动。这场运动从1905年底一直持续到1911年底，最终在俄国和英国的干涉下被镇压。土耳其则于1908年7月爆发了著名的立宪运动。这场运动由青年土耳其党人发动，矛头直指哈米德二世的封建专制统治，要求在土耳其恢复宪政。紧接着，中国也爆发历史以来的第一次资产阶级民主革命运动，与亚洲其他各国的民族民主革命运动形成呼应，从而把亚洲的觉醒推进到一个新的高度。不仅如此，辛亥革命在亚洲落后国家中率先结束了君主专制制度，将4亿亚洲人从封建帝制的奴役下解放出来。正是中国人民在革命斗争中所取得的巨大成就让列宁看到了整个亚洲解放的希望。为此，他指出："世界资本主义和俄国1905年的运动终于唤醒了亚洲。几万万受压制的、由于处于中世纪的停滞状态而变得粗野的人民觉醒过来了，他们走向新生活，为争取人的起码权利、为争取民主而斗争。"[1]

1　《列宁全集》第23卷，人民出版社，2017，第161页。

　　列宁指出，爪哇和其他岛上的华侨从中国带来了革命。爪哇属于印度尼西亚。印度尼西亚在独立之前的300余年时间里都是荷兰殖民地，因此也曾被称为荷属印度。印度尼西亚是一个海洋中的国家，主要由岛屿组成，其中最大的一个岛屿是爪哇岛。爪哇也是印度尼西亚华侨人数最多的地方。早在1800年这里就大约有10万中国人，1860年增加到近15万人，1890年则达到24.3万人，1900年华侨的人数在1890年的基础上增长了14.5%，而1920—1930年这十年间则增长了51.8%。[1] 这就表明，辛亥革命之后去印度尼西亚的中国人有很多。这些在国内经历过辛亥革命洗礼的华侨，把民族民主革命意识一同带到印度尼西亚。正如印度尼西亚学者 L. M. 西陀鲁斯（L. M. Sitorus）在《印度尼西亚民族运动史》一书中所指出的："1911年，在孙中山领导之下的民族革命，推翻了满洲皇朝的统治，引起了侨居印度尼西亚华侨新的民族觉悟，而印度尼西亚的民族主义思想的起源部分是华侨之间新生的民族主义思想的反馈。"[2] 所以，列宁在分析荷属印度民主运动的代表者时，特别提到了中国的华侨，他说："这个民主运动的代表者……第三是爪哇和其他岛上的数量很多的华侨，他们从本国带来了革命运动。"[3] 1956年，印度尼西亚独立运动领袖、共和国缔造者苏加诺在清华大学的演讲中说，他通过阅读三民主义树立了民族主义的思想，正是三民主义鼓舞了年轻的灵魂。这充分说明，孙中山等革命先驱的革命思想对印度尼西亚的影响是深远的，促进了印度尼西亚人民的觉醒和印度尼西亚民族的解放。

　　实际上，除了列宁关注到的印度尼西亚，马来西亚、朝鲜、越南、菲律宾、泰国、新加坡等亚洲国家的民族民主革命运动也深受中国革命的影响。以马来西亚为例，马来西亚从16世纪开始遭到西方列强入侵，并在20

1　〔美〕G. W. 史金纳：《爪哇的中国人》，力践译，《南洋问题资料译丛》1963年第2期。
2　〔印度〕维沙尔·辛格：《印度尼西亚政党的起源》，《东南亚研究资料》1961年第4期。
3　《列宁全集》第23卷，人民出版社，2017，第160页。

世纪初完全沦为英国殖民地。1906 年，孙中山到位于马来西亚西北部的槟榔屿（今属于马来西亚的一个岛）发展组织，并与当地华侨结交。1910 年，在孙中山的建议下，同盟会南洋支部由新加坡迁到槟榔屿。槟榔屿从此成为早期革命党人在南洋活动的中心。孙中山等中国革命党人的活动给马来西亚人带去了革命思想，为日后马来西亚人民开展民族解放运动奠定了思想基础。

第三章
马克思主义经典作家对西方列强侵略中国的
揭露和批判

马克思、恩格斯和列宁，最初对中国问题的关注和研究，很大程度上都是出于批判殖民主义的需要。因此，揭露和批判西方列强侵略中国的论述构成了经典作家"论中国"最为重要的组成部分。尽管马克思在评论英国殖民统治印度问题时提出了殖民主义"双重使命"理论，但经典作家们并未因此而忽视殖民扩张行为本身的极端不义性，而是从多个角度揭露和批判西方列强对中国的侵略。

第一节 "触目惊心" 的鸦片贸易

近代中国以鸦片战争为起点，但西方列强对中国的侵略早在鸦片战争之前就开始了，即以非法的鸦片贸易实现对中国经济上的掠夺。马克思将西方对中国的鸦片贸易称为"触目惊心"的贸易，认为其在人类历史记录上是"绝无仅有"的。他说："这种贸易，无论就可以说是构成其轴心的那些悲惨冲突而言，还是就其对东西方之间一切关系所发生的影响而言，在人类历史记录上都是绝无仅有的。"[1] 恩格斯认为鸦片生产是"唯一导致更带毁灭性的

---

1 《马克思恩格斯选集》第 1 卷，人民出版社，2012，第 803 页。

直接后果" 的生产。基于此，马克思和恩格斯在揭露鸦片贸易对中国造成的诸种危害中完成了对鸦片贸易的现实批判。

一 鸦片贸易毁灭中国吸食者的精神和肉体

鸦片贸易是一种怎样的贸易？马克思说他不想详述这种贸易的道德方面。因为，它交易的商品是一种对人体有害的毒品。作为毒品的鸦片会对吸食者的身心健康造成不可逆的伤害。从这个层面上说，私贩鸦片就是私贩毒品。然而，从 18 世纪 70 年代开始，以英国鸦片贩子为代表的西方侵略者却为掠夺中国财富向中国走私鸦片，且呈日益泛滥的态势。关于鸦片贸易的道德问题，马克思认为只引用英国人自己的评论就足够了。为此，他在《鸦片贸易史》中引用了英国人罗伯特·蒙哥马利·马丁（Robert Montgomery Martin）关于鸦片贸易毒害中国人身心的一段话：

> 不是吗，"奴隶贸易" 比起 "鸦片贸易" 来，都要算是仁慈的。我们没有毁灭非洲人的肉体，因为我们的直接利益要求保持他们的生命；我们没有败坏他们的品格、腐蚀他们的思想，也没有毁灭他们的灵魂。可是鸦片贩子在腐蚀、败坏和毁灭了不幸的罪人的精神存在以后，还杀害他们的肉体；每时每刻都有新的牺牲者被献于永不知饱的摩洛赫之前，英国杀人者和中国自杀者竞相向摩洛赫的祭坛上供奉牺牲品。[1]

一方面，鸦片贸易毁灭中国吸食者的精神。鸦片最初作为药引子少量进口到中国。即便是作为药物使用，若长期使用或者过量使用，也会产生药物

---

[1] 《马克思恩格斯选集》第 1 卷，人民出版社，2012，第 802 页。

依赖性，对人体产生不良影响。当吸食鸦片的恶习流传到中国后，鸦片就成为一种毒品。所有的能够致人上瘾的毒品都有一种共性，即通过麻痹吸食者的神经使其产生一种精神愉悦的感觉，一旦停止吸食，人体就会产生各种难以抑制的不安和痛苦。鸦片也是如此。结果是，官员为吸食鸦片而贪污腐败，平民为吸食鸦片而倾家荡产。当鸦片贸易在中国泛滥后，世风日下，严重地影响了整个社会的发展和进步。不仅如此，鸦片吸食者精神萎靡，逐渐丧失积极进取的斗志。所以说，鸦片贸易腐蚀、败坏和毁灭了中国吸食者的精神存在。

另一方面，鸦片贸易还杀害中国吸食者的肉体。鸦片不仅仅摧毁吸食者的精神，还杀害吸食者的肉体。任何一种精神愉悦都与肉体有关，但吸食鸦片产生的精神愉悦以破坏肉体原有的结构和功能为前提。鸦片不仅麻痹人的神经，还破坏人体的器官和人体的免疫力，长期吸食者会日渐消瘦，并且会因身体内部的免疫系统被破坏而经常生病，进而逐渐丧失劳动能力。可是，如果停止吸食鸦片，身体上又会产生各种剧烈反应，诸如流鼻涕、淌眼泪、打寒战、厌食、身体疼痛、双脚抽动、瞳孔散大等。如果过量使用，则会致人昏迷、呼吸抑制、瞳孔变小，甚至直接死亡。正是从这个层面看，鸦片贸易比奴隶贸易更加罪恶，因为后者为了获得劳动力不会杀害奴隶的肉体，而前者却为了金钱将吸食者推向"摩洛赫的祭坛"。

英国人正是利用这种罪恶的贸易攫取中国人的财富。最初，作为药品输入中国的鸦片数量少。马克思指出："在1767年以前，由印度输出的鸦片数量不超过200箱，每箱重约133磅。中国法律许可鸦片作为药品输入，每箱鸦片抽税3美元左右；当时从土耳其贩运鸦片的葡萄牙人几乎是唯一给天朝帝国输入鸦片的商人。"[1] 然而，当吸食鸦片的陋习在中国流行起来后，输入

---

1 《马克思恩格斯选集》第1卷，人民出版社，2012，第803页。

中国的鸦片日渐增多。英国商人更是发现可以通过鸦片贸易来平衡长期以来对华贸易的巨大逆差。1773 年，在东印度公司供职的惠勒副董事长和工程师亨利·沃森上校，建议东印度公司同中国进行鸦片贸易。1797 年，东印度公司又获得了鸦片生产的垄断权，从获得鸦片专卖特权到获得鸦片生产特权，东印度公司逐渐垄断了对中国的鸦片贸易。鉴于鸦片的危害，1796 年清朝政府开始禁止鸦片进口。也是从这个时候开始，鸦片贸易在中国变成了非法的贸易活动。对此，马克思也指出："1794 年，东印度公司就派了一艘运载鸦片的大船停在黄埔——广州港的停泊处。看来，黄埔做堆栈比澳门更便利，因为黄埔被选定做堆栈以后才过两年，中国政府就觉得有必要颁布法令，用杖责和枷号示众来震慑中国的鸦片走私者了。"[1]

可见英国东印度公司不仅没有因中国政府禁烟而停止鸦片贸易，还垄断了鸦片的生产。为了赚取高额利润，东印度公司从 1797 年开始不再是鸦片的直接出口商，而成了鸦片的生产商，并实行了鸦片生产的垄断。东印度公司强迫印度人种植罂粟，并且按照中国吸食者的口味加工成鸦片，再通过鸦片贩子高价卖给中国吸食者。英国政府却对外宣称它同违禁的鸦片贸易毫无关系。对此，马克思揭露道："可是作为印度政府，它却强迫孟加拉省种植鸦片，使该省的生产力受到极大的损害；它强迫一部分印度莱特种植罂粟，用贷款的办法引诱另一部分印度莱特也去种植罂粟。它严密地垄断了这种毒品的全部生产，借助大批官方侦探来监视一切：种植罂粟，把罂粟交到指定地点，按照中国吸食者的口味提炼和调制鸦片，把鸦片打成便于偷运的货包，最后运往加尔各答，由政府拍卖，国家官吏把鸦片移交给投机商人，然后又转到走私商人手里，由他们运往中国。"[2]

这表明鸦片贸易是以英国为首的西方列强为掠夺中国而一手操纵的毒品

1　《马克思恩格斯选集》第 1 卷，人民出版社，2012，第 803—804 页。
2　《马克思恩格斯选集》第 1 卷，人民出版社，2012，第 807 页。

贸易，这一贸易极大地损害了中国人的身心健康，是一种道德败坏、摧残人命的罪恶的贸易。

二　鸦片贸易扰乱中国国库收支和货币流通

西方列强主导的鸦片贸易不是常规性的商品贸易，却是特别能吸金的一项贸易。也正因为如此，它成为西方扭转对华贸易逆差的重要手段。对此马克思也在分析货币流通史时指出："只是到后来，英国的仁慈强迫中国进行正式的鸦片贸易，用大炮轰开了万里长城，以武力打开了天朝帝国同尘世往来的大门，金属货币流通中才发生这种急剧的转变。"[1] 这个"急剧的转变"是指白银由之前的从欧洲流向亚洲转变为从亚洲流向欧洲。正因为鸦片贸易有这样的作用，在被中国政府列为非法贸易并且会排挤合法贸易的情况下，其仍然在西方特别是英国的对华贸易中占据绝对份额。如此吸金的非法大宗贸易，对清朝政府的财政产生了恶劣的影响。马克思在分析 1837 年鸦片贸易状况时指出："因输入鸦片而造成的白银不断外流，开始扰乱天朝帝国的国库收支和货币流通。"[2]

从马克思对鸦片贸易史的分析可以看出，鸦片贸易对中国财政造成的危害源于鸦片贸易规模的日益增大。马克思说："东印度公司一手扶植的、北京中央政府抵制无效的鸦片贸易规模日益增大，到 1816 年，鸦片年贸易额已将近 250 万美元。"[3] 1820 年，偷运入中国的鸦片增加到 5147 箱，1821 年达 7000 箱，1824 年达 12639 箱。1834 年，输入中国的鸦片增加到 21785 箱。马克思指出："由于东印度公司从商务机构改组为纯粹的政府机构，对华贸易

1　《马克思恩格斯全集》第 12 卷，人民出版社，1962，第 73 页。
2　《马克思恩格斯选集》第 1 卷，人民出版社，2012，第 806 页。
3　《马克思恩格斯选集》第 1 卷，人民出版社，2012，第 805 页。

就向英国私人企业敞开了大门，这些企业干得非常起劲，尽管天朝拼命抵制，在1837年还是把价值2500万美元的39000箱鸦片顺利地偷运进了中国。"[1] 2500万美元对于当时的中国来说是一个什么样的数目，可以比照清朝政府的财政收入。根据《清实录》等史料记载，顺治九年（1652）朝廷岁入2428万两，康熙二十四年（1685）岁入3123万两，雍正三年（1725）岁入3585万两，乾隆十八年（1753）岁入4069万两，嘉庆十七年（1812）岁入4013万两，道光二十二年（1842）岁入3714万两。[2] 由此推测，1837年时清朝政府的财政收入在4000万两左右。在当时，1美元相当于1.5两白银，2500万美元相当于3750万两白银，与清朝政府的岁入不相上下。这就相当于，一年的鸦片贸易流失掉了清朝政府一年的财政收入。

鸦片贸易额激增导致中国白银大量外流，随之而来的是银贵钱贱的问题。在清朝前期，市场上流通的货币主要是银两和制钱。其中，银两在流通中的实态是白银，用于大额交易，如政府的经费开支、大宗的贸易、各地上缴的赋税，等等。马克思说，白银是亚洲特别是印度和中国等东方国家的唯一交换手段，也是西属美洲大量输往欧洲的财宝。可见白银在当时的中国、亚洲乃至整个世界的重要性。制钱在当时的中国主要指铜钱，用于民间小额经济活动。如此，银两和制钱之间需要有一个兑换比例。这个兑换比例即银钱的比价，它关系到整个市场上的货币流通。在清朝初期，政府规定银钱的兑换比例是1∶1000，即一两白银值一千文铜钱。在鸦片贸易泛滥前的一百多年时间里，清朝银钱的比价始终在1∶1000左右，即便有波动，幅度也很小。然而，日渐泛滥的鸦片贸易致使大量白银外流，中国市场上流通的白银数量减少。如此，银两越来越贵，制钱越来越便宜。到了道光二十年（1840）即鸦片战争时，银钱的比价达到了1∶1600，而到了咸丰时期，兑换比例涨

1　《马克思恩格斯选集》第1卷，人民出版社，2012，第806页。
2　陈忠海：《鸦片战争与晚清财政》，《中国发展观察》2016年第8期。

到 1：2200。由此可见，白银的流失扰乱了中国的货币流通。

从国库收支来看，清朝政府的财政日渐困难，出现了税收短缺和国库空虚的问题。在鸦片战争前，清朝政府的财政收入主要来自农民和商贾的纳税。在银价上涨，农业却不增收的情况下，与之前缴纳同等数量的赋税需要卖翻倍的粮食，这是绝大多数的农民所不能承受的。江西义宁州有这样的记载："道光二十九年以后，银价日昂，每两易钱二千余文，……佃户终岁耕作，收获本属不丰，且须以谷卖钱，以钱易银，赴官交纳，银价较乾隆间增至一倍有余，以致佃户力不能办。"[1] 佃农作为封建社会最主要的税源之一，一旦他们无力完税，必将对封建政府的财政收入造成很大的影响。再看另一重要税源即商贾的情况，在银贵钱贱的冲击下，不少钱庄倒闭，商业活动减少，还有不少人偷税漏税，这就意味着清朝政府的第二大税源也出现了问题。各种税源出现问题，政府的财政收入必然遭遇危机。然而，清朝政府的各项日常开支却照旧，未采取任何开源节流措施，最终导致国库空虚。后来的战争消耗及赔款，进一步加剧了清朝政府的财政困难。这种状况与马克思关于"天朝帝国的国库收支"被扰乱的论断完全一致。

三　鸦片贸易腐蚀中国南方各省的国家官吏

历史上，中国封建王朝的腐败最为突出的莫过于吏治腐败，而清朝后期的吏治腐败却因鸦片贸易愈益严重。当然，没有吏治腐败，私贩鸦片的行为在鸦片战争前的中国也不会那么日益猖獗。也就是说，清朝的吏治腐败纵容了私贩鸦片，私贩鸦片又进一步加剧了清朝的吏治腐败，形成了一种恶性循环的局面。马克思正是从这个角度考察了清朝官吏的腐败与私贩鸦片的关系

1　刘坤一：《刘忠诚公遗集》卷8，第7—10页。

问题。

马克思对古代中国的吏治腐败是否有过深入的研究无从考证,但他观察到了与鸦片走私有关的行贿受贿行为对清朝官员的腐蚀作用。1853 年 6 月,他在《论坛报》上发表的社论文章《中国革命与欧洲革命》中指出,非法的鸦片贸易几乎使天朝帝国的银源有枯竭的危险,"除了这些直接的经济后果之外,和私贩鸦片有关的行贿受贿完全腐蚀了中国南方各省的国家官吏"[1]。这与当时中国的情况完全一致。在鸦片战争前,清朝在对外贸易方面仅保留广州"一口通商",海外来的所有商品包括鸦片只能从广州口岸进入中国。从理论上讲,如果负责查禁私贩鸦片的官员能够严格执行北京朝廷的禁烟令,完全可以控制输入中国的鸦片数量。问题是,负责查禁鸦片的大部分官员根本经受不住贿赂的考验。基于此,马克思在《鸦片贸易史》中指出:"侵蚀到天朝官僚体系之心脏、摧毁了宗法制度之堡垒的腐败作风,就是同鸦片烟箱一起从停泊在黄埔的英国趸船上被偷偷带进这个帝国的。"[2] 可见,在马克思看来,非法的鸦片贸易不仅在经济上给中国造成巨大的损失,还在政治上严重腐蚀中国的官吏乃至整个封建官僚体系。

如前文指出,鸦片最初作为一种药品输入到中国时,数量极其有限。后来,随着吸食鸦片的陋习由南洋传入中国,鸦片变成了英国人攫取中国财富和改变对华贸易逆差的主要手段。"在乾隆三十八年(1773 年)东印度公司开始在印度实行鸦片专卖,这时每年已有一千箱鸦片输入中国;到了嘉庆年间(十九世纪初),每年输入量增加到四千多箱;到了鸦片战争前几年间,每年多到四万箱左右。"[3] 鉴于烟民数量的激增,以及鸦片的危害,早在嘉庆元年即 1796 年,清朝政府便颁布了关于鸦片贸易的禁令。在随后的二十年

1　《马克思恩格斯选集》第 1 卷,人民出版社,2012,第 779 页。
2　《马克思恩格斯选集》第 1 卷,人民出版社,2012,第 805 页。
3　胡绳:《从鸦片战争到五四运动》(上),人民出版社,2010,第 27 页。

间，嘉庆帝多次发布禁烟令。及至道光年间，道光帝最初也采取禁止鸦片的政策。然而，正如马克思指出的，尽管天朝政府拼命抵制，英国人还是在1837年把价值2500万美元的39000箱鸦片顺利地偷运进了中国。于是，便有了林则徐在广州没收和销毁走私鸦片这一禁烟运动的高潮。尽管林则徐的举动成为英国发动对华战争的借口，中国也因此签订了近代史上第一个不平等条约，但清朝皇帝并没有改变对鸦片贸易的态度。马克思指出："1853年，当今的咸丰帝虽然处境更加困难，并且明知为制止日益增多的鸦片输入而作的一切努力不会有任何结果，但仍然恪守自己先人的坚定政策。"[1] 结果是，"1856年输入中国的鸦片，总值约3500万美元，同年英印政府靠鸦片垄断获取了2500万美元的收入，正好是它财政总收入的六分之一"[2]。由此看来，清朝政府禁烟的一切努力都没有真正起作用，每年输入中国的鸦片数量不降反增。对此，马克思也直接指出："天朝的立法者对违禁的臣民所施行的严厉惩罚以及中国海关所颁布的严格禁令，结果都毫不起作用。"[3]

为什么会出现禁烟无效的情况？从政治上看，最主要的原因就在于清朝的吏治腐败。一心牟取私利的海关官吏们在收受国内外鸦片贩子的贿赂后，任由走私鸦片的船只越过关卡，把毒品输送到广东、福建和浙江等沿海省份。沿海省份负责查处鸦片的各级官吏大多也同样的腐败，在贿赂之下对走私的鸦片不闻不问。更为严重的是，在巨额利润的诱惑下，还有官吏暗中加入到鸦片走私中去，甚至用官船贩运鸦片。所以，在道光帝组织讨论到底如何对待鸦片走私的问题时，以首席军机大臣穆彰阿为首的一些大员虽然表面上以"有伤国体"为名表示不同意公开买卖鸦片，实则暗中抵制和破坏禁烟措施，以从中牟利。基于清朝官吏的腐败程度，英国鸦片贩子直言："在中国很少有

1　《马克思恩格斯选集》第1卷，人民出版社，2012，第806页。
2　《马克思恩格斯选集》第1卷，人民出版社，2012，第807页。
3　《马克思恩格斯选集》第1卷，人民出版社，2012，第804—805页。

花钱做不到的事情","老实说，广州政府的官吏没有一个人是干净的"[1]。可见，通过贿赂中国官吏以获取非法鸦片贸易在中国市场的通行证已是鸦片贩子中公开的秘密。这正是非法的鸦片贸易不仅屡禁不止反而日益泛滥的主要原因。

那么，作为最高统治者的皇帝及其朝中大臣不知道这个公开的秘密吗？问题在于，这一时期清朝的政治制度和行政机关整体上已经腐化，皇帝无心也无力去改变这一切。从乾隆王朝后期开始，清朝吏治就已经腐败不堪，官吏一心以权谋私和发财。时至鸦片战争前夕，卖官鬻爵、搜刮百姓、敲诈勒索、收受贿赂、贪赃枉法等腐败行为已经渗透到天朝帝国的整个官僚政治体系之中，不论是文官还是武官都以发财为目的，像林则徐那样将国家和人民的利益置于首位的官员少之又少。而非法的鸦片贸易引起的金银外流和鸦片战争失败后背负的巨额赔款又进一步加剧了清朝政府各级行政机关的腐化。马克思不无夸张地指出："中国人的道义抵制的直接后果就是，帝国当局、海关人员和所有的官吏都被英国人弄得道德堕落。"[2]

四　鸦片贸易损害中国与西方间的合法贸易

对于不列颠政府及其资本家来说，鸦片贸易仅是一种敛财的手段，打开中国市场进而把中国变成其殖民扩张的客体才是主要目的。然而，对于当时的中国来说，小农业与家庭工业相结合的经济结构使得居民的消费需求和消费能力都极其有限。有限的消费能力又遭遇鸦片贸易的冲击，这就使得西方工业品更加难以打开中国市场。马克思指出："中国人不能既购买商品又购买毒品；在目前条件下，扩大对华贸易也就是扩大鸦片贸易；增加鸦片贸易是

1　〔英〕格林堡：《鸦片战争前中英通商史》，康成译，商务印书馆，1961，第66页。
2　《马克思恩格斯选集》第1卷，人民出版社，2012，第805页。

和发展合法贸易不相容的。"[1] 也就是说，增加鸦片贸易和发展合法贸易之间是矛盾的，要发展合法贸易就要减少鸦片贸易，要增加鸦片贸易就没有办法发展合法贸易。

可是，鸦片战争刺激了鸦片贸易的增长。1840 年英国发动的第一次对华战争之所以被称为"鸦片战争"，是因为这场战争与鸦片贸易有着直接关系。当然，保护非法的鸦片贸易只不过是借口，英国人只是想借此用暴力迫使清朝政府对其开放市场。可以说，发动对华战争是英国政府蓄谋已久之事，钦差大臣林则徐开展的禁烟运动仅仅是给他们提供了一个借口。马克思也明确指出，中国政府在 1837—1839 年采取的非常措施即禁烟措施，为英国"提供了第一次英中战争的借口"。既然战争与鸦片贸易有关，那么为结束战争而迫使清朝政府签订的《南京条约》在有关鸦片贸易的问题上是如何规定的？实际上，《南京条约》既没有谈鸦片贸易合法化的问题也没有谈禁止鸦片贸易的问题，但条约的第 4 款提出了"以洋银六百万圆偿补原价"的内容，"原价"指被"索出鸦片"的价值。这给清朝政府的一个警示是：不能收缴和销毁外国商人的鸦片，否则要原价赔偿。所以，第一次鸦片战争后，负责查禁鸦片的清朝各级官员基本上也不敢再收缴外国商人的鸦片，鸦片贸易也基本上明目张胆地进行。结果，输入中国的鸦片数量飞速增加。以上海为例，1847 年是 16500 箱，1848 年是 16960 箱，1849 年则增加到 22981 箱，1853 年增加到 24200 箱，1857 年激增到 31907 箱，这个数量"比二十年前输入全中国的数字还要多"[2]。

可是，在中国人消费能力有限且相对固定的情况下，购买鸦片就无力再购买其他商品。这导致的结果是，虽然英国通过 1840—1842 年的鸦片战争迫

1　《马克思恩格斯选集》第 1 卷，人民出版社，2012，第 802 页。
2　参见〔美〕马士《中华帝国对外关系史》第一卷，张汇文、姚曾廙、杨志信、马伯煌、伍丹戈译，上海世纪出版集团，2000，第 591 页。

使清朝政府 "五口通商"，但英国商人期待的 "无穷无尽的市场" 却未能成为现实。相反，在鸦片战争后的最初几年间，对华合法贸易额还有一定程度的下降。基于此，马克思在评价第二次鸦片战争可能会产生的后果时说："第一次鸦片战争还刺激了鸦片贸易的增长而损害了合法贸易；只要整个文明世界的压力还没有迫使英国放弃在印度强制种植鸦片和以武力在中国推销鸦片的做法，那么这第二次鸦片战争就会产生同样的后果。"[1]

　　然而，英国商人并没有意识到鸦片贸易损害了合法贸易，而是将原因归咎于中国市场不够开放，这也是他们唆使英国政府发动第二次鸦片战争的主要原因。针对此，马克思指出："是否能够指望1857—1858年的战争会比1841—1842年的战争导致更好的结果呢？有一件事是肯定无疑的：1843年的条约并没有使美国和英国对中国的出口增加，倒是起了加速和加深1847年商业危机的作用。"[2] 这段话表明，通商口岸增多未必能够扩大对华贸易。第一次鸦片战争迫使中国开放五个通商口岸，英国对华贸易却没有增加，说明真正的问题不在于中国市场不够开放，而是另有原因。所以，马克思在第二次鸦片战争能否扩大英国的对华贸易问题上持怀疑态度。英国人为保护鸦片贸易发动了第一次对华战争，又因为鸦片贸易排挤了合法贸易发动了第二次对华战争，所以两次战争都与鸦片贸易有关。

　　实际上，第二次鸦片战争之前西方就有人提出鸦片贸易会损害合法贸易。为论证这一点，马克思在《鸦片贸易史》中引用了几家报刊上的文章：一是1847年8月28日《经济学家》刊载的关于中英贸易状况的一个报告提出，花钱买鸦片消费了白银从而大大妨碍了中国人的一般贸易；二是1849年7月28日《中华之友》上的一篇文章提出，鸦片贸易在增长，制造商毫无希望；三是1850年1月《商人杂志》上的一篇文章直接提出，停止哪一种贸易，鸦

1　《马克思恩格斯选集》第1卷，人民出版社，2012，第801—802页。
2　《马克思恩格斯选集》第1卷，人民出版社，2012，第801页。

片贸易还是英美产品的出口贸易？马克思还进一步补充道："最近八年来全部贸易的历史给这个论点提供了新的、十分明显的说明"[1]。既然如此，西方列强为何不通过减少鸦片贸易来增加合法贸易？资本家不允许。不论是鸦片贸易还是其他工业品贸易都是资本家主导的，没有哪一个资本家愿意在利益问题上作出退让，结果只能是扩大和加深对落后国家的侵略。所以，尽管鸦片贸易是西方列强一手策划和主导的，但它对合法贸易造成的有害影响，最终还是靠扩大对中国的侵略来补偿，这反映了资本的贪婪本性以及资本主义生产方式的狭隘性。

第二节　"极端不义"的对华战争

从马克思和恩格斯重点关注的鸦片战争到列宁重点关注的八国联军侵华战争，西方列强在半个多世纪的时间里多次发动对华战争。在经典作家看来，这些都是"极端不义"[2]的侵略战争。由此，马克思和恩格斯通过对两次鸦片战争、列宁通过对八国联军侵华战争的深入考察，揭露和批判这些对华战争是西方列强以"站不住脚的借口"发动的，并将这些战争严重侵犯中国人权的罪行公之于众。

一　以"站不住脚的借口"多次发动对华战争

马克思"全程跟踪第二次鸦片战争"[3]，并结合第一次鸦片战争的起因，斥责英国以"站不住脚的借口"多次发动对华战争。需要指出的是，马克思

1　《马克思恩格斯选集》第 1 卷，人民出版社，2012，第 803 页。
2　《马克思恩格斯选集》第 1 卷，人民出版社，2012，第 792 页。
3　李忠杰：《马克思恩格斯怎样看中国》，北京出版集团、北京人民出版社，2019，第 171 页。

把英军在一个连续时间段内对中国的进攻称为一次对华战争。如此,他将1840—1842 年间英国对中国发动的鸦片战争称为第一次对华战争,将 1857—1858 年间即第二次鸦片战争第一阶段英国炮轰广州的行为称为第二次对华战争,将 1859 年因白河口冲突而发起的战争即第二次鸦片战争第二阶段称为第三次对华战争。马克思在 1859 年 9 月撰写的《新的对华战争》一文中指出:"英国人在为鸦片走私的利益发动了第一次对华战争、为保护海盗划艇进行了第二次对华战争之后,为达到一个高潮,就只有在公使常驻首都这个使中国十分为难的问题上,再来一次对华战争了。"[1]

关于第一次对华战争,马克思斥责英国发动战争的借口"不体面"。鸦片战争前的中国是个传统的小农经济国家,小农业和家庭工业相结合是其基本的经济结构。这一经济结构的最大特点是自给自足,对外来商品特别是西方工业品的需求极其有限。与此同时,由于中国的丝绸、瓷器、茶叶等商品深受西方人的欢迎,在清朝实行一口通商的情况下,依然能够大量地远销欧洲市场。如此,欧洲国家在与中国的贸易往来中长期处于入超地位。为逆转对华贸易逆差,英国资本家从 18 世纪初就开始向中国贩卖鸦片,18 世纪中期则开始在印度专门生产符合中国吸食者口味的鸦片。此后,英国输入中国的鸦片数量激增,中国白银源源不断地流入英国资本家的腰包。尽管如此,英国资本家依然不满足。英国早在 17 世纪中期就已进入资本主义时代,18 世纪 60 年代开始工业革命,不断扩张的工业促使其到处寻找市场。中国地大物博、人口众多,亚当·斯密在《国富论》中就已指出中国有"广大的国内市场"。所以,英国资本家亟须在中国找到工业品市场。鉴于清朝政府的对外政策,为谋求与清朝政府建立直接的贸易关系,英王于 1792 年向中国派出了马戛尔尼使团,打着给中国皇帝祝寿的幌子觐见乾隆皇帝。乾隆皇帝隆重地接

---

1 《马克思恩格斯选集》第 1 卷,人民出版社,2012,第 842 页。

待了使团，但在了解到使团的真正目的后，便通过军机处敦促马戛尔尼使团
早日回国。1815 年，英国又派阿美士德访华。当阿美士德访华团于 1816 年 7
月 28 日到达天津口外时，由于觐见礼节问题，嘉庆皇帝将其逐离北京。这宣
告英国以外交方式打开中国市场的努力失败。此后，在继续非法地向中国输
入鸦片的同时，英国伺机以武力打开中国市场。时至鸦片战争前夕，英国每
年输入鸦片的数量达到了 4 万箱。泛滥的鸦片给中国带来深重的灾难：大量
白银外流，清朝政府面临财源枯竭的危险；烟民家道衰落，身心健康受到摧
残，国民健康水平骤降；贿赂成风，官吏更加腐败，百姓生活更加困苦；军
备废弛，军队战斗力日趋下降；等等。1838 年 12 月 31 日，道光皇帝任命林
则徐为钦差大臣，赴广东专办禁烟事宜。

　　林则徐的禁烟运动给英国发动对华战争提供了借口。1839 年 3 月，林则
徐到达广州并立即开展禁烟运动。他先是通知外国商人把存放在趸船上的鸦
片全部缴出，后将从外国烟贩那里收缴来的 200 多万斤鸦片在虎门当众销毁。
英国驻华商务监督查理·义律在英国商人交出鸦片的环节中使用了一个手段，
即要求鸦片贩子先将鸦片交给他，他再以英国商务监督的名义交给中国政府。
不仅如此，就连美国鸦片贩子的鸦片也通过义律转交。这使中国内部的缉私
行动上升为两国政府间的外交活动。结果是，清朝政府在本国范围内打击毒
品走私和非法贸易、捍卫国家主权、保护国民利益的正义行为，成为英国政
府发动侵华战争的借口。当林则徐虎门销烟的消息传到英国时，英国工商业
资产阶级欢呼中国方面的"无理举动"给了他们一个战争的机会，并宣称这
种机会也许不会再来，不能轻易放过，大不列颠应该以武力向中国要求"恢
复名誉"。在英国政府尚未派出所谓的"东方远征军"之前，义律就私自带
领两艘英舰炮轰九龙山口。1840 年 6 月下旬，英军舰队到达广东海面，单方
面宣布封锁广州，并北上进犯厦门、福建、舟山等地区。关于战争原因，马
克思指出："中国政府在 1837 年、1838 年和 1839 年采取的非常措施——这

些措施的最高潮是钦差大臣林则徐到达广州和按照他的命令没收、销毁走私的鸦片——提供了第一次英中战争的借口。"[1] 他还进一步指出这个借口"不体面"。这是马克思发表在《论坛报》上的文章中的观点，第一次以马克思主义视角公开揭露和批判第一次鸦片战争的极端不义性。

关于第二次对华战争，马克思多次用"借口"一词揭露这次战争是英国人蓄意为之。在第一次对华战争中，除了几次英勇抗战外，清军几乎是节节败退，最终以签订中英《南京条约》及后续的《虎门条约》结束战争。《南京条约》是中国近代史上第一个不平等条约，中国由此开启半殖民地半封建化的历史进程。法国、美国和俄国等趁火打劫，分别强迫清朝政府签订中法《黄埔条约》、中美《望厦条约》和中俄《伊犁塔尔巴哈台通商章程》。经过第一次鸦片战争，中国独立的主权遭到破坏，中国市场也被迫向西方国家开放。英国商人因此欣喜若狂，开始向中国大量地输入工业品，甚至包括中国人从来不用的刀叉、钢琴等。他们误以为打开了中国的门户就等于打开了中国的市场。实践证明，他们错了。不久，英国资本家们就发现，1842年之后的对华贸易并没有因"五口通商"而显著增长。英国负责调查中英贸易状况的一个下院委员会更是在1847年的一份报告中指出："我们感到遗憾的是：一段时间以来，同这个国家的贸易处于很不能令人满意的状态，扩大我们交往的结果竟一点也没有实现我们的合理期望，而这种期望本来是在能够更自由地进入这样一个了不起的大市场的基础上自然而然地产生出来的……"[2]马克思也指出，《南京条约》在促进英国对华出口贸易方面没有发挥丝毫作用。

为什么"五口通商"未能促进鸦片贸易之外的英国对华贸易的增长？英国资本家从其他国家的竞争、太平天国运动的影响、中国市场不够开放等方

---

1 《马克思恩格斯选集》第1卷，人民出版社，2012，第806页。
2 《马克思恩格斯选集》第1卷，人民出版社，2012，第802页。

面寻找原因。马克思认为，这些原因都是次要的、外在的，真正主要的原因有两个，并两次谈及这个问题。第一次是在给《论坛报》撰写的文章《英中条约》（1858 年 9 月）中："在以小农经济和家庭手工业为核心的当前中国社会经济结构中，根本谈不上大宗进口外国货。虽然如此，只要取消鸦片贸易，中国还可以逐渐地再多吸收一些英美商品，数额可达 800 万英镑——粗略算来这也就是中国对英美贸易总顺差的数目。"[1] 第二次是在 1858 年 10 月写给恩格斯的信中："这个市场失败的主要原因看来是鸦片贸易，事实上，对中国的出口贸易的全部增长额始终都只限于这一项贸易，第二个原因则是这个国家内部的经济组织和小农业等等，摧毁这一切需要很长的时间。"[2] 对华鸦片贸易是英国人主导的，小农经济结构是由生产力发展水平决定的，所以，不论是鸦片贸易还是小农经济结构，都不属于清朝政府针对西方工业品设置的"人为障碍"。

然而，英国商人们却将妨碍对华出口贸易迅速扩大的原因归咎于清朝政府。马克思揭露道："每当亚洲各国的什么地方对输入商品的实际需求与设想的需求——设想的需求大多是根据新市场的大小、当地人口的多寡，以及某些重要的口岸外货销售情况等表面资料推算出来的——不相符时，急于扩大贸易地域的商人们就极易于把自己的失望归咎于野蛮政府所设置的人为障碍在作梗，因此可以用强力清除这些障碍。"[3] 对应到中国问题上，就是认为清朝政府的对外政策妨碍了英国对华出口贸易的迅速扩大。持有这种看法的基本依据是清朝之前实行的"一口通商"政策。1757 年，乾隆皇帝撤销了除广州之外的其他一切沿海对外贸易关口，并指定广州十三行作为唯一合法的对外贸易商行。国外来的各种商品必须经过十三行才能进

---

1 《马克思恩格斯选集》第 1 卷，人民出版社，2012，第 813—814 页。
2 《马克思恩格斯文集》第 10 卷，人民出版社，2009，第 166—167 页。
3 《马克思恩格斯选集》第 1 卷，人民出版社，2012，第 843—844 页。

入中国市场。英国商人认为，十三行的垄断阻碍了英国商品大量输入中国市场。所以，英王派马戛尔尼使团访华，试图通过外交手段打开中国市场。可是，乾隆皇帝拒绝了英国人的通商请求。实际上，乾隆皇帝的反应从根本上说是源于中国当时的社会经济结构。英国商人们不明白经济基础决定上层建筑，也就不理解清朝政府的对外政策，从而把清朝政府视为妨碍他们扩大对华贸易的敌人。马克思指出：“这样一来，假想中对外贸易从中国当局方面遇到的人为障碍，事实上便构成了在商界人士眼中能为对天朝帝国施加的一切暴行辩护的极好借口。”[1]

1856 年的 “亚罗号事件” 终于为英国人发动第二次对华战争提供了借口。“亚罗号” 是一艘中国商船，船主是中国人，上面的船员也都是中国人，但雇佣的船长是英国人。该船曾在香港注册，并取得悬挂英国国旗航行的执照，但在事发时该执照已经过期，也未悬挂英国国旗。1856 年 10 月 8 日，广东水师在黄埔逮捕了船上涉嫌海盗和走私的船员。于是，船主向英国驻广州代理领事巴夏礼控告。英国人便抓住这件事大做文章，蓄意制造再次发动对华战争的借口。巴夏礼先是傲慢地致函时任两广总督叶名琛，称 “亚罗号” 是英国船，清军官兵在船上抓人时扯掉了英国国旗，这一行为是对大英帝国的极大侮辱，要求中方公开道歉，并以隆重的仪式将逮捕的船员送回船上。叶名琛虽据实驳斥巴夏礼歪曲事实的言论并拒绝道歉，但迫于形势还是做了一些妥协，将抓捕的船员全部送回 “亚罗号”。巴夏礼却以 “礼貌欠缺” 为由拒绝接收被释放的船员。随后，他向英国海军将军西马縻各厘求援。态度蛮横的西马縻各厘率舰队抵达广东海面进行大肆恫吓，并于 10 月 23 日开始炮轰广州。连续轰击广州六天后，英军因兵力不足撤出广州城。西马縻各厘却致函叶名琛，要求举行会商以结束当前的状况，并以再次进攻相威胁。叶

1　《马克思恩格斯选集》第 1 卷，人民出版社，2012，第 844 页。

名琛则心平气和、彬彬有礼地告知西马縻各厘，根据1849年协定海军上将没有权力要求举行这种会商。于是，英舰再次炮轰广州，并摧毁停在江面上的中国舰队。对于英国方面故意挑起战争的行为，马克思总结指出："这样，这出外交兼军事的活剧就截然分成两幕：第一幕，借口中国总督破坏1842年的条约而炮轰广州；第二幕，借口总督顽强坚持1849年协定而更猛烈地继续炮轰。广州先是因破坏条约而遭轰击，后是因遵守条约而遭轰击。而且，在前一场合，甚至不是以没有给予赔偿为借口，而只是以没有用隆重的方式给予赔偿为借口。"[1] 马克思在这里连用四个"借口"评价英方行为，充分说明他对英国故意发动第二次对华战争持批判态度。针对英军在炮轰广州城过程中犯下的屠杀无辜居民和商人、烧毁住宅和商铺等罪行，马克思再次斥责这一切都是在"'中国人的挑衅行为危及英国人的生命和财产'这种站不住脚的借口下发生的！"[2]

关于第三次对华战争，马克思指出帕麦斯顿所用的借口是挫败俄国在中国的阴谋。1859年6月25日，欲强行驶入白河的英、法舰队向大沽炮台发起进攻，遭到了大沽炮台的猛烈反击，侵略军损失惨重。马克思说："它损失了3艘英国船：鸬鹚号、避风号和小鸻号，英军方面死伤464人，参加作战的60名法国人当中死伤14人。英国军官死5人，伤23人，连贺布将军自己也是带伤逃命的。"[3] 这就是"白河事件"。"白河事件"的发生完全由去京换约的英、法、美三国公使一意孤行造成。在事发前，清廷虽同意三国公使进京，却明确告知他们在北塘登陆，由陆路经天津去北京，并要求随行人员不超过20人，不要携带武器。清廷还为迎接公使在做积极的准备工作。[4] 此外，清

1　《马克思恩格斯全集》第16卷，人民出版社，2007，第22页。

2　《马克思恩格斯选集》第1卷，人民出版社，2012，第792—793页。

3　《马克思恩格斯选集》第1卷，人民出版社，2012，第827页。

4　张海鹏主编，江涛、卞修跃著：《中国近代通史·第二卷　近代中国的开端（1840—1864）》（修订版），江苏人民出版社，2024，第543页。

廷方面还明确告知大沽口已经设防，如果轻易闯入，可能会造成误伤。但是，三国公使完全无视清廷的安排，在远征队的护送下强行驶入白河。他们不仅自行拔除航道上的障碍物，还开炮轰击大沽炮台。驻守炮台的清军开炮还击。马克思根据相关资料做了研究后十分客观地指出："从大陆邮班传来的消息中可知，中国当局不是反对英国使节前往北京，而是反对英国武装船只上驶白河。他们曾经表示普鲁斯先生应由陆路入京，不得用武装护送。"[1]

　　然而，当有关"白河事件"的消息传到英国时，帕麦斯顿政府欲再次发动对华战争。帕麦斯顿派报纸《每日电讯》叫嚣："大不列颠应该对中国海岸线全面进攻，打进京城，将皇帝逐出皇宫，取得物质上的保证，以免将来再受侵犯……"[2] 但是，要真正再次发动对华战争，帕麦斯顿还得制造合适的借口，以便在内阁会议中能够获得通过。于是，帕麦斯顿派报刊又开始玩弄花招以制造舆论。《泰晤士报》将矛头指向俄国并刊文指出，安装在大沽炮台上把英国舰队打得落花流水的大炮来自俄国，并且大炮是由俄国军官指挥操作的；《每日电讯》也如法炮制，说俄国的政策与北京的政策紧密地交织在一起，俄国参与了使英国蒙受耻辱并屠杀英国陆海军士兵的事件。马克思认为，这只不过是帕麦斯顿的一套老把戏。"他在和亚洲弱国——中国、波斯、中亚细亚、土耳其等国的一切交往关系上，总是抱着这样一个始终不变的定则：在表面上反对俄国的阴谋，但不去向俄国寻衅，却向亚洲国家寻衅，采取海盗式的敌对行动使亚洲国家和英国疏远，用这种方法绕着圈子来迫使它们对俄国作出本来不愿做的让步。"[3] 也就是说，所谓的"反对俄国的阴谋"只不过是帕麦斯顿政府军事入侵亚洲弱国的借口。马克思举了帕麦斯顿曾借口反对俄国而发动阿富汗战争这个例子，意在说明，在"白河事件"

1　《马克思恩格斯选集》第1卷，人民出版社，2012，第828页。
2　《马克思恩格斯选集》第1卷，人民出版社，2012，第827页。
3　《马克思恩格斯选集》第1卷，人民出版社，2012，第832页。

上，帕麦斯顿又要故伎重演。马克思总结指出："就是这样一个人，现在正准备用挫败俄国在中国的阴谋这一虚假借口发动第三次对华战争。"[1]

二　"海盗式战争"使中国"人权横遭侵犯"

"极端不义"的战争不仅破坏了中国的社会发展，还给中国人民制造了深重的灾难。基于马克思主义的人道主义和正义立场，马克思和恩格斯把英国侵略者发动的对华战争定性为"海盗式战争"，列宁把西方列强对中国实行的政策称为"掠夺政策""殖民政策"。他们还进一步揭露和斥责侵略军毁坏中国居民住宅、抢掠中国居民钱财、屠杀中国居民等侵犯中国人权的罪恶行径，并在此基础上称西方侵略者为"文明贩子们"。

1. 把西方列强发动的对华战争定性为"海盗式战争"

"海盗"的实质在于"盗"，强调的是用不正当手段达成某种目的，与之相关的有"强盗""盗匪""盗窃""盗取"等概念。马克思、恩格斯和列宁在批判殖民主义的过程中使用了"海盗隐喻"，意在形象地表述西方列强在海外推行的殖民掠夺政策的极端不义性。在批判西方列强殖民侵略中国的文本中，马克思和恩格斯也使用了"海盗隐喻"，不仅将西方列强称为"海盗"，还将其发动的对华战争定性为"海盗式战争"。1857 年 3 月，马克思在《俄国的对华贸易》中将出没于中国沿海的西方侵略者称为"海盗式冒险家"；同年 4 月，恩格斯在《英人对华的新远征》中直接称英国侵略者为"海盗"："对岸的瓜洲城投降了，并交出了 300 万元的赎金，英国海盗自然是分外高兴地将这笔钱放进了腰包里。"[2]　马克思在《英中条约》称英国向中

1　《马克思恩格斯选集》第 1 卷，人民出版社，2012，第 834 页。
2　《马克思恩格斯全集》第 16 卷，人民出版社，2007，第 106 页。

国勒索军事赔款的借口为 "海盗式的借口"："惯于吹嘘自己道德高尚的约翰牛，却宁愿隔一定的时候就用海盗式的借口向中国勒索军事赔款，来弥补自己的贸易逆差。"[1] 恩格斯在《波斯和中国》中直接称英国政府的对华政策为 "海盗政策"："英国政府的海盗政策造成了这一所有中国人普遍奋起反抗所有外国人的局面，并使之表现为一场灭绝战。"[2] 马克思在《新的对华战争》中称英国的对华战争为 "海盗式战争"："中国政府反抗英国舰队强行驶入白河，是否就违反了这个用海盗式战争强加于它的条约呢"[3]；在《对华贸易》中马克思称英国对落后国家的侵略为 "海盗式的侵略"："在我们这个时代里，使得英国商人拼命支持每一个许诺以海盗式的侵略强迫野蛮人缔结商约的大臣。"[4]

在殖民政策的驱使下，西方列强在 1840—1901 年间对中国发动了五次 "海盗式战争"，迫使中国签订了 19 个不平等条约。第一次 "海盗式战争" 是 1840—1842 年的鸦片战争，这是英国发起的旨在迫使中国开放门户的侵华战争。通过这场战争，英国迫使中国签订了中英《南京条约》，不仅获得了巨额军事赔款，还打开了中国五个通商口岸；美国和法国乘机胁迫中国签订《望厦条约》和《黄埔条约》。中国社会性质由此开始半殖民地半封建化。第二次 "海盗式战争" 是 1856—1860 年的第二次鸦片战争，这是英、法联合发起，美、俄支持的旨在进一步打开中国市场的侵华战争。通过这场战争，列强们胁迫清朝政府与之签订了《天津条约》《北京条约》《瑷珲条约》等不平等条约，列强在华权益进一步扩大，俄国更是趁机侵占了中国北方的大片领土，中国半殖民地化进一步加深。第三次 "海盗式战争" 是 1883—1885 年的中法战争，这是法国发起的旨在扩大法国在中国影响的侵华战争。通过这场

1　《马克思恩格斯选集》第 1 卷，人民出版社，2012，第 814 页。
2　《马克思恩格斯选集》第 1 卷，人民出版社，2012，第 798 页。
3　《马克思恩格斯选集》第 1 卷，人民出版社，2012，第 828 页。
4　《马克思恩格斯选集》第 1 卷，人民出版社，2012，第 844 页。

战争，法国以失败者的身份迫使清政府签订了《中法新约》，法国不仅由此打开了中国西南边省门户，还最先取得了在中国修筑铁路的特权。第四次"海盗式战争"是1894—1895年的中日甲午战争，这是日本发起的旨在推行其"大陆政策"的侵华战争。通过这场战争，日本迫使清政府签订了自《南京条约》以来最严重的不平等条约——《马关条约》，日本由此占领了台湾等地区，在华权益也进一步扩大。第五次"海盗式战争"是1900—1901年的八国联军侵华战争，这是俄、英、美、法、日、德、意、奥八个国家联合发起的侵华战争。通过这场战争，列强们迫使清政府签订了丧权辱国的《辛丑条约》，清朝政府由此成了列强的在华代理人，中国完全沦为半殖民地半封建社会。

列宁则用"强盗"一词隐喻沙皇俄国，并且基于八国联军侵华战争将西方列强的侵华政策定性为"掠夺政策"。"海盗"是在海上抢劫他人财物的强盗，但沙皇俄国侵略中国或者压迫边疆地区无须漂洋过海，因而称为"强盗"更贴切。19世纪末20世纪初的沙皇俄国，由于在生产力发展水平上落后于同时期的西方资本主义国家，所以在与这些国家的竞争中就显得软弱无力，从而在欧洲被排挤到次要地位。如此，沙皇俄国把侵略魔爪的重点转向俄国边疆地区和一切被压迫的民族。基于此，列宁批判沙皇政府"企图对边疆地区、对一切被压迫民族……对为争取自由进行革命斗争的亚洲各国人民（波斯、中国）进行殖民占领，来满足自己的强盗利益"[1]。这里的"亚洲各国"当然包括中国。此外，列宁在《对华战争》一文中痛斥包括沙皇俄国在内的西方列强对中国推行的政策，将其称为"掠夺政策"。他说："欧洲各国资产阶级政府早就对中国实行这种掠夺政策了，现在俄国专制政府也参加了进去。"[2]掠夺是强盗抑或海盗的本性和生存法则，西方列强对落后国家推行

1　《列宁全集》第21卷，人民出版社，2017，第145—146页。

2　《列宁全集》第4卷，人民出版社，2013，第320页。

的殖民政策本质上就是对落后国家的掠夺,所以列宁在此处使用"掠夺"类似于使用"强盗"抑或"海盗"隐喻。需要指出的是,在八国联军侵华战争之前,沙皇俄国虽没有直接发动或参与侵华战争,却一直在利用其他列强与中国之间的战争渔利,如在中日甲午战争后利用中日之间的矛盾侵占旅顺口。1900年义和团运动爆发后,沙皇俄国以"护路保桥"为名侵犯东北三省(即列宁话语中的满洲),并且把大批承包人、工程师和军官派到与俄国接壤的中国地区以强占中国东北三省。列宁将自我标榜"毫无私心"的沙皇政府在中国的"强盗"行为揭露得淋漓尽致。

2. 把西方列强的侵略行径斥责为对中国人权的侵犯

经典作家对人权问题的研究始于马克思对资产阶级人权局限性的分析。马克思分析指出,资产阶级人权是利己的人的权利,是同其他人以及共同体分离开来的人的权利。这表明,资产阶级主张的自由、平等、私有财产、安全等权利,都是狭隘的、局限于资产阶级的个人的权利。在资产阶级人权观下,他人不是自己自由的实现,而是自己自由的限制。所以,关于资产阶级人权,马克思评价说:"任何一种所谓的人权都没有超出利己的人,没有超出作为市民社会成员的人,即没有超出封闭于自身、封闭于自己的私人利益和自己的私人任意行为、脱离共同体的个体。在这些权利中,人绝对不是类存在物,相反,类生活本身,即社会,显现为诸个体的外部框架,显现为他们原有的独立性的限制。"[1] 正因为资产阶级人权有这样的局限性,西方列强才在对外扩张的过程中,完全无视被侵略和被压迫民族人民的人权,并肆意侵犯之。

恩格斯将第一次鸦片战争中英军在镇江犯下的罪行斥责为"兽性大发"。

---

1 《马克思恩格斯文集》第1卷,人民出版社,2009,第42页。

1841 年 8 月，英方因对在广州的谈判结果不满，再次向中国发起进攻。为了给北京朝廷施加更大的压力，英军这次先是攻击和占领厦门，后一路北上侵犯浙江和江苏。在英军溯江而上攻击镇江时，驻守在镇江的官兵与之进行了一场殊死搏斗，即著名的镇江之战。在这场战役中特别是在英军大举入城后，守城清军几乎无一溃散，顽强地进行殊死抵抗，与英军展开激烈的巷战和肉搏战。守城旗兵几乎与英军战斗到最后一个人，副都统海龄督战到最后一刻，见事不可为，乃奔回寓所，与家人一起自杀殉国。[1] 恩格斯也分析指出："这些鞑靼士兵总共只有 1500 人，但殊死奋战，直到最后一人。他们在应战以前好像就已料到战斗的结局，他们将自己的妻子儿女绞死或者淹死。后来从井中曾打捞出许多尸体。主将看到大势已去，就焚烧了自己的房屋，投火自尽。"[2] 英军在此次战役中伤亡惨重，一位船长、多位军官和近几百名士兵被击伤、击毙，它们的船队也被击散。尽管这一伤亡情况根本无法和清军相比，但已使英军头目巴尔克气急败坏，他向镇江增派五六百名海军、陆军和工兵，在攻陷镇江后，轰炸整个镇江城，使得镇江城血流成河，伏尸遍地，大量的房屋和商铺被毁。基于此，英军一个士兵在日记里写道：每一家房子里都有它的殉难者。这种滔天罪行，与资产阶级宣扬的人权形成强烈的对比。所以，恩格斯批判道："在这次攻击中，英军损失了 185 人，他们为了报复，在劫城的时候进行了无比残忍的蹂躏屠杀。英军此次作战自始至终大发兽性，这种兽性和引起这次战争的贩私贪欲完全相符。"[3]

马克思将第二次鸦片战争中英军攻击广州的行为称为"广州大屠杀"。以"亚罗号事件"为借口，英国发动了第二次鸦片战争。1856 年 10 月 27 日，英军闯入珠江口内，占领几个炮台，并开炮轰击广州城。两天后，英军攻破

1　张海鹏主编，姜涛、卞修跃著：《中国近代通史·第二卷　近代中国的开端（1840—1864）》（修订版），江苏人民出版社，2024，第 167 页。

2　《马克思恩格斯全集》第 16 卷，人民出版社，2007，第 106 页。

3　《马克思恩格斯全集》第 16 卷，人民出版社，2007，第 106 页。

广州外城，冲入广州城内，放火烧毁了靖海门、五仙门附近的民房。基于英军这一侵略行径，马克思将其称为"广州大屠杀"，并在《议会关于对华军事行动的辩论》《帕麦斯顿内阁的失败》《英国即将来临的选举》等多篇文章中使用这一提法。如："英方为推卸广州大屠杀的罪责而硬加于中国政府的罪名是什么呢？"[1] "对于这家一直把广州大屠杀说成是帕麦斯顿外交杰作的报纸的这种无耻的胡言乱语，我们可以举出几件在冗长辩论中好不容易弄清、并且是帕麦斯顿或其下属一次也没有加以争辩的事实来反驳。"[2] 在"广州大屠杀"中，英军为达到进一步打开中国市场从而在中国攫取尽可能多的财富这一私欲，全然不顾中国人的生命权和财产权，大肆破坏中国人的住房、店铺、商品，剥夺中国无辜群众的生命。对此，马克思以愤怒的口吻斥责道："广州城的无辜居民和安居乐业的商人惨遭屠杀，他们的住宅被炮火夷为平地，人权横遭侵犯，这些都是在'中国人的挑衅行为危及英国人的生命和财产'这种站不住脚的借口下发生的！"[3]

列宁则斥责了八国联军侵犯中国人权的暴行。1900 年春，随着义和团运动向北京近郊的发展，西方列强在俄国公使的提议下，组成 5 万人的八国侵华联军，以平定暴乱为借口攻占北京城。八国联军在北京城杀人放火、奸淫抢掠，不仅造成了众多无辜平民百姓的伤亡，还造成了中国皇家无数珍宝的流失。所以，当沙皇政府在俄国国内欢呼其在远东的新成就时，列宁揭露了事情的真相，并斥责其在中国犯下的罪行。列宁说："动员了许多军区，耗费了亿万卢布，派遣了数以万计的士兵到中国去，打了许多仗，取得了一连串的胜利，——不过，这些胜利与其说是战胜了敌人的正规军，不如说是战胜了中国的起义者，更不如说是战胜了手无寸铁的中国人。水淹和枪杀他们，

1　《马克思恩格斯全集》第 16 卷，人民出版社，2007，第 62 页。
2　《马克思恩格斯全集》第 16 卷，人民出版社，2007，第 72 页。
3　《马克思恩格斯选集》第 1 卷，人民出版社，2012，第 792—793 页。

不惜残杀妇孺，更不用说抢劫皇宫、住宅和商店了。"[1]

3. 把蹂躏中国普通居民的西方列强称为"文明贩子们"

从文明发展程度看，晚清时期的中国不论在经济基础还是在上层建筑方面都已落后于西方国家，这是不争的事实。在中国最后一个封建王朝即清朝强势取代明朝之际，资本主义时代已在欧洲开启，一方面是强劲的资产阶级政治革命，另一方面是轰轰烈烈的工业革命，资产阶级的政治统治随后在欧洲多个国家相继确立。如此，一种现代意义上的文明即资本主义文明在欧洲发展起来，"自由、平等、博爱"也成为资产阶级战胜一切野蛮制度的伟大口号。然而，资本主义文明作为以资本主义生产实践为依托的文明，犹如资本主义社会形态，既有进步的一面，又有阴暗的一面，恩格斯曾用"一半是天使，一半是野兽"来形容。就其进步的一面看，资本主义文明超越人类社会发展的蒙昧阶段和野蛮阶段，不仅将人从对人的依赖关系下解放出来，还为人的全面发展创造物质基础，推动人类社会在人类解放的道路上前进一大步。此外，资本主义文明还通过世界市场向全世界传播，使世界上"未开化和半开化的国家从属于文明的国家"[2]，在客观上助推现代文明取代前现代文明的历史进程。然而，资本主义文明终究是一种带有过渡性质的文明，它无法解决其自身的内在矛盾。在资本主义文明的故乡即欧洲资本主义国家，出现了"工人创造的对象越文明，工人自己越野蛮"这种文明错位现象；在资本主义文明征服地即被殖民掠夺的东方落后国家，出现了"文明人"烧、杀、抢、掠"野蛮人"等罪恶的反文明现象。可见，资本主义文明是利己主义的产物，并非普照人类之光。如此，尽管马克思、恩格斯、列宁对资本主义文明的历史进步作用持肯定态度，但这不妨碍他们对资本主义文明阴暗面

1　《列宁全集》第 4 卷，人民出版社，2013，第 319 页。
2　《马克思恩格斯选集》第 1 卷，人民出版社，2012，第 405 页。

做深刻的揭露和批判。

马克思通过揭露英国政府在对华问题上的矛盾行为批判资本主义政治文明的虚伪性。一是关于非法的鸦片贸易问题。鸦片对于吸食者来说具有肉体上和精神上的双重摧残作用，可是英国人却为了攫取中国人的财富以非法的手段向中国输入大量鸦片，尽管清朝政府一再下令禁止向中国输入鸦片。对此，马克思指出：“半野蛮人坚持道德原则，而文明人却以自私自利的原则与之对抗。”[1] 对于英国人向中国非法输入鸦片这件事，英国政府表面上支持中国禁烟，并假装它同非法的鸦片贸易毫无关系，实际上却强迫印度人种植罂粟并按中国吸食者的口味提炼和调制鸦片。马克思指责英国政府是“摆出一副基督教伪善面孔”政府，是“标榜文明”的政府，从而揭露了资产阶级政治文明的虚伪性。二是关于英中条约中的军事赔款问题。两次鸦片战争都是英国人借口发起的，英国政府却两次都通过不平等条约向中国勒索巨额军事赔款。1842 年，英国通过《南京条约》向清政府勒索军事赔款白银 1200 万两；1858 年，英国又通过《天津条约》向清政府勒索军费 200 万两；1860年，英国则通过《北京条约》将中英《天津条约》的赔款增加至 800 万两。这是英国政府通过非常手段弥补对华贸易逆差的不正义行为，是对中国人财富赤裸裸的掠夺。马克思揭露和批判道：“惯于吹嘘自己道德高尚的约翰牛，却宁愿隔一定的时候就用海盗式的借口向中国勒索军事赔款，来弥补自己的贸易逆差。”[2] 自我标榜“文明”的资本主义国家却用不文明的手段勒索中国，再次暴露出资本主义政治文明虚伪的一面。

此外，马克思关于“英国军人只是为了取乐而犯下滔天罪行”的观点也是对英国文明的讽刺。1857 年 9 月，马克思在《印度起义》中谈及印度西帕依的暴行时用英国军人的在华暴行做了类比，他说：“我们只需看看第一次对

---

1 《马克思恩格斯选集》第 1 卷，人民出版社，2012，第 804 页。
2 《马克思恩格斯选集》第 1 卷，人民出版社，2012，第 814 页。

华战争，看看可以说是昨天发生的事件。当时英国军人只是为了取乐而犯下滔天罪行；他们的狂暴既不是被宗教狂热所驱使，也不是由对专横暴虐的征服者的仇恨所激起，也不是因英勇的敌方的顽强抵抗而引起。他们强奸妇女，枪挑儿童，焚烧整个整个的村庄，完全是卑劣的寻欢作乐，记录下这些暴行的不是中国官吏，而是那些英国军官自己。"[1] 这种以暴行来寻欢作乐的行为，与西方自我标榜的"文明"形成强烈的对比。

恩格斯则基于英军在华的"兽性大发"行为称其为"文明贩子们"。19世纪的英国不论在社会制度上还是在经济发展上都走在中国的前面，所以它在自我标榜"文明"的同时将中国等处在前资本主义发展阶段的国家贴上"野蛮"的标签。可是，"文明"的英国人在中国的所作所为却十分野蛮。他们以"莫须有"的罪名发动鸦片战争，把炽热的炮弹射向毫无防备的城市，在攻入广州等城市后，焚烧中国商人的店铺，屠杀无辜百姓，强奸当地妇女，等等。这些强盗行为与他们自我标榜的"文明"完全不相符。为此，恩格斯痛斥其为"文明贩子们"，批判他们"把炽热的炮弹射向毫无防御的城市、杀人又强奸妇女"[2]。

列宁基于八国联军侵华问题揭露俄罗斯帝国的"文明使者"在中国的野蛮行为。关于1900年对华战争的原因，沙皇政府在国内宣称它不是在同中国打仗，而是帮助合法的中国政府即清朝政府恢复正常的秩序。此外，沙皇政府以及奉承它的报纸，不仅攻击中国人是"野蛮人"，还把派往中国的侵略军称为"文明使者"，为"文明使者"在远东取得的"新成就"（实为侵略中国）而欢呼，还称帝国政府在1900年的对华战争没有任何自私计划。那么，"文明使者"们到底在中国做了什么"文明"的事呢？列宁揭露道："它们盗窃中国……它们把一座座村庄烧光，把老百姓赶进黑龙江中活活淹死，枪杀

---

1 《马克思恩格斯全集》第16卷，人民出版社，2007，第335页。
2 《马克思恩格斯选集》第1卷，人民出版社，2012，第798页。

和刺死手无寸铁的居民和他们的妻子儿女。"[1] 不仅如此,沙皇俄国还利用中日矛盾侵占旅顺口,利用义和团运动侵占东北三省,并且利用中国工人修筑中东铁路,每天只付给中国工人 10 戈比的生活费。可见,俄罗斯帝国的"文明使者"带给中国人的根本不是文明而是野蛮、是奴役、是灾难。诸如此类的罪行正是中国人"仇视外国人"的深层次原因。

第三节　"乘人之危"的渔利行径

在从 1840 年鸦片战争到 1917 年二月革命的 70 多年时间里,沙皇俄国从中国攫取的利益比其他任何一个西方强国都多。但与西方列强直接发动侵华战争不同的是,沙皇俄国更多的是利用西方列强对中国的侵略坐收渔利。马克思指出:"在对华贸易和交往方面,帕麦斯顿勋爵和路易—拿破仑采用武力来进行扩展,而俄国所处的地位却显然令人大为羡慕。真的,非常可能,从目前同中国人发生的冲突中,俄国不要花费一个钱,不用出动一兵一卒,到头来能比任何一个参战国都得到更多的好处。"[2] 为了揭露和批判沙皇俄国趁中国处于危难之际进行渔利的行径,马克思在 1857 年 4 月 7 日的《纽约每日论坛报》上发表了《俄国对华贸易》一文,恩格斯在 1858 年 11 月 18 日的《纽约每日论坛报》上发表了《俄国在远东的成功》一文,列宁也在相关论述中揭露和批判沙皇俄国企图利用大国之间的矛盾和冲突彻底瓜分中国的丑恶行径。

一　利用中国与其他强国间的矛盾"独享内地陆路贸易"

早在沙皇俄国形成之前,俄罗斯人就同中国有了贸易联系。后来由于战

1　《列宁全集》第 4 卷,人民出版社,2013,第 321 页。
2　《马克思恩格斯选集》第 1 卷,人民出版社,2012,第 786 页。

争原因，中俄贸易联系未能深入发展，直到 1618 年伊万·彼得林使团访华并得到明朝政府的认可，两国贸易才开始正常化。同时，彼得林使团访华也为两国建立正式的外交关系奠定了基础。由于俄国与中国之间的贸易是陆路贸易，因此其丝毫不受清朝政府对从海上来的外国人的那种警惕心理并因此而实行的"一口通商"政策的影响。正如马克思所指出的："因为俄国人被排除在同中国的海上贸易之外，所以他们过去和现在同有关这个问题的纠纷，都没有任何利害关系或牵连；他们也没有尝到中国人对外国人的那种反感"[1]。"被排除在海上贸易之外"对俄国来说显然是一件好事，因为它能够独享同中国的内地陆路贸易。马克思认为这是俄国被排除于海上贸易之外的"一种补偿"。这种独享内地陆路贸易的"好处"在第一次鸦片战争后更为突出。第一次鸦片战争后，英国、美国和法国先后迫使清朝政府签订了各种不平等条约，进一步增强了清朝政府对西方列强的反感。俄国却由于没有立即参与掠夺而与中国保持正常的贸易往来，并受到中国商人的青睐。对此，马克思也指出："近年来，这种贸易似乎有很大的增长。10 年或 12 年以前，在恰克图卖给俄国人的茶叶，平均不超过 4 万箱；但在 1852 年却达 175000 箱，其中大部分是上等货，即在大陆消费者中间享有盛誉的所谓商队茶，完全不同于由海上进口的次等货……买卖货物的总价值……竟达 1500 万美元以上的巨额。"[2] 对华贸易的增长，带动了俄国境内城市的发展。如，恰克图最初只是一个普通的要塞和集市地点，但在对华贸易的带动下发展成为一个大的城市，并被选中成为这一带边区的首府。然而，沙皇政府并未因此而放弃掠夺，最终迫使清朝政府在 1851 年 8 月与之签订了不平等条约《中俄伊犁塔尔巴哈台通商章程》。

　　马克思揭露，第二次鸦片战争的爆发又为俄国对华贸易的发展提供了机

1　《马克思恩格斯选集》第 1 卷，人民出版社，2012，第 786 页。
2　《马克思恩格斯选集》第 1 卷，人民出版社，2012，第 787 页。

会。第二次鸦片战争从 1856 年 10 月持续到 1860 年 10 月，从炮轰广州，到两次炮轰大沽炮台，再到火烧圆明园，英法联军从广东海面两次北上到天津，一路侵占多个海湾，严重影响五个通商口岸正常的贸易往来。如此一来，备受欧洲人喜爱的茶叶和丝绸等中国商品更多地要经过内地陆路贸易通道进入欧洲，而内地陆路贸易由俄国人独享，俄国也就因此成为中国和欧洲商品贸易的中间商。马克思分析指出："很显然，如果同中国的海上贸易由于现在发生的军事行动而停止，欧洲所需的全部茶叶可能就只有靠这条商路供应了。实际上，有人认为，即使在海上贸易畅通的情况下，俄国在完成了它的铁路网建设以后，也会在供应欧洲市场茶叶方面成为海运国家的一个强有力的竞争者。"[1] 俄国不仅从这种中间商的贸易中获利，还借助这种独特的贸易机会为本国工业品打开难得的销路。俄国是农奴制改革之后才走上资本主义发展道路且仅仅局限于经济方面，加之俄国资本主义是从封建主义经济内部缓慢生成的，资本主义发展的过程伴随着俄国人民大众贫困化的过程，这就意味着俄国国内市场不充分。然而，对于资本主义来说，没有充分的市场是难以发展的。所以，寻找海外市场也就成为俄国新生资本家们支持沙皇政府对外扩张的动力。但是，与同时代的欧洲资本主义国家相比，直到 19 世纪 60 年代才开始发展资本主义经济的俄国在争夺海外市场方面是没有竞争力的。基于这内外两方面的情况，俄国民粹派曾把缺乏市场看作俄国资本主义发展的制约因素，宣称资本主义在俄国发展不起来。对于俄国早期资本家来说，与之毗邻的中国这个亚洲大国无疑是他们销售工业品的最佳市场。但是，英国已经通过第一次鸦片战争迫使中国开放了五个通商口岸，如果这些通商口岸正常贸易，俄国工业品很难在中国市场上与西方工业品竞争，尽管其已经通过《中俄伊犁塔尔巴哈台通商章程》打开了中国西北的大门。然而，第二次

1　《马克思恩格斯选集》第 1 卷，人民出版社，2012，第 788 页。

鸦片战争导致海上贸易停止，俄国工业品可以趁机由陆路输入到中国。基于此，马克思说："同中国的这种贸易也为俄国的工业品打开了在别处找不到的销路。"[1] 可见，俄国再一次利用欧洲强国与中国之间的冲突得利。

二　利用列强对华战争蚕食和侵占中国大面积领土

在中国近代史上，沙皇俄国是西方列强中侵占中国领土最多的国家，超过了 150 万平方公里。向东扩张是沙皇俄国的野心，尽管 1689 年签订的中俄《尼布楚条约》明确划分了中俄两国东部的边界，并确认黑龙江和乌苏里江流域的广大地区属于中国领土，但在第一次鸦片战争之后，沙皇俄国公然违背《尼布楚条约》及其之后签订的一系列界约规定，成立"黑龙江问题特别委员会"，积极向黑龙江一带扩张。

马克思和恩格斯揭露沙皇俄国利用两次鸦片战争的机会占领中国黑龙江流域的大片地区。清朝政府在第一次鸦片战争中的表现，使得沙皇政府看到了东扩的机会。所以，在第二次鸦片战争爆发之前，俄国已经侵入黑龙江，并对黑龙江的下游两岸和中上游北岸实行军事占领。这就是马克思在 1857 年 3 月的《俄国的对华贸易》一文中所指出的："它占领黑龙江沿岸的地方——当今中国统治民族的故乡——已经有几年的时间了。"[2] 关于占领这一地区的原因，马克思从扩展贸易（资本扩张）的角度进行了分析："它在这一带海面上已经拥有一支舰队，无疑它将来会利用可能出现的任何机会来谋求参与同中国的海上贸易。"[3] 第二次鸦片战争爆发后，沙皇政府认为占领黑龙江地区的机会来了，于是抓紧密谋。一边继续向黑龙江移民，另一边乘清廷因应

1　《马克思恩格斯选集》第 1 卷，人民出版社，2012，第 788 页。
2　《马克思恩格斯选集》第 1 卷，人民出版社，2012，第 788 页。
3　《马克思恩格斯选集》第 1 卷，人民出版社，2012，第 788 页。

付英法联军而焦头烂额之际向之施压，要求会商。面对沙皇政府的无理要求，清廷先是拒绝，后在俄方的最后通牒下派黑龙江将军奕山与之谈判。在谈判中，俄方蛮横地要求中俄以黑龙江、乌苏里江划界，并威胁称，如果不从，俄国将联合英国对华作战。[1] 奕山据理辩驳，蛮横的俄方不仅不理会，还以武力恫吓。1858 年 5 月 28 日，奕山被迫与俄方代表在瑷珲城内签订了《瑷珲条约》。该条约内容只有三条：第一条规定将黑龙江以北、外兴安岭以南的 60 多万平方公里的中国领土割给沙皇俄国；第二条规定乌苏里江以东的中国领土为中俄共同管理；第三条则规定俄国船只可以在黑龙江和乌苏里江上航行。通过利用英法两国对中国的战争，俄国轻松实现了占领黑龙江地区这一策划已久的阴谋。俄国真的是不动一兵一卒，便 "夺取了中国的一块大小等于法德两国加在一起的领土和一条同多瑙河一样长的河流"[2]。针对俄国这种伺机侵占中国领土的行为，恩格斯揭露道："正当英国人在广州同中国的下级官吏争执不下、英国人自己在讨论叶总督是否真是遵照中国皇帝的意旨行事这一重要问题的时候，俄国人已经占领了黑龙江以北的地区和该地区以南的大部分满洲海岸；他们在那里建筑了工事，勘测了一条铁路线并拟定了修建城市和港口的规划。"[3]

在《瑷珲条约》签订不久后，俄国又以调停英法两国和中国的战争为名，诱使和逼迫清朝政府与之签订了一个新的不平等条约即中俄《天津条约》。这一条约不仅使俄国获得了第一次鸦片战争以来其他列强在中国得到的所有特权，还约定两国派官员查勘中国与俄国以前没有确定和明确的边界，从而为沙皇俄国进一步侵吞和占领中国领土提供便利。对此，恩格斯揭露道："当英国和法国对中国进行一场代价巨大的斗争时，俄国保持中立，到战争快结

1　张海鹏主编，姜涛、卞修跃著：《中国近代通史·第二卷　近代中国的开端（1840—1864）》（修订版），江苏人民出版社，2024，第 560 页。

2　《马克思恩格斯选集》第 1 卷，人民出版社，2012，第 822 页。

3　《马克思恩格斯选集》第 1 卷，人民出版社，2012，第 822 页。

束时才插手干预。结果，英国和法国对中国进行的战争只是让俄国得到了好处。这一回俄国的处境可真是再顺利没有了。"[1] 第二次鸦片战争结束后，俄国通过 1860 年的中俄《北京条约》、1864 年的中俄《勘分西北界约记》和 19 世纪 80 年代的中俄《改订条约》以及之后的五个勘界议定书，割占了中国乌苏里江以东包括库页岛在内的约 40 万平方公里领土、中国巴尔喀什湖以东和以南的约 44 万平方公里领土和中国西北部的 7 万多平方公里领土。

　　进入 20 世纪，列宁进一步批判了沙皇俄国在中国坐收渔利的丑恶行径。1914 年 7 月 28 日，第一次世界大战爆发。这是一场为重新瓜分世界和争夺霸权而战的帝国主义战争，其中最主要的三个参战国是英国、德国和沙皇俄国，列宁把这三个大国称为"三个拦路抢劫的大强盗"。列宁分析了英德之间、俄德之间以及俄英之间的冲突，并且指出："俄国的帝国主义政治的任务是由各大国长期的竞争和客观的国际相互关系决定的，这个任务简要地说来就是：在英法两国的帮助下，在欧洲打败德国，以便掠夺奥地利（夺取加利西亚）和土耳其（夺取亚美尼亚，特别是君士坦丁堡）；然后再在日本和同一个德国的帮助下，在亚洲打败英国，以便夺取整个波斯和彻底瓜分中国等等。"[2]可见，俄国一直伺机利用列强之间的矛盾和冲突去达成自己的东扩阴谋。19世纪后半叶对中国东北大片领土的侵吞正是利用了这种矛盾和冲突。列宁认为，这是沙皇俄国许多世纪以来的一贯政策。他揭露说："许多世纪以来，沙皇政府一直想占领君士坦丁堡和亚洲的愈来愈大的一部分地区，它一贯推行相应的政策，并且为此而利用各大国之间的一切矛盾和冲突。"[3]

　　沙皇俄国为何能够在中国坐收渔利？实际上，它是利用了清朝政府对它的信任。马克思指出，在英国人和美国人"连跟两广总督直接联系的权利都

1　《马克思恩格斯选集》第 1 卷，人民出版社，2012，第 822 页。

2　《列宁全集》第 28 卷，人民出版社，2017，第 193 页。

3　《列宁全集》第 28 卷，人民出版社，2017，第 193—194 页。

得不到的时候，俄国人却享有在北京派驻使节的特权”¹。这里的“使节”实际上是俄国派遣到中国北京的传教士。1715 年，沙皇彼得一世向北京派遣了第一个传教士团。俄国之所以享有这样的特权，一是因为俄国在此之前已经借口维持雅克萨战俘的宗教信仰在北京建立了东正教堂，二是因为清朝政府将此举视为一种回报，即回报俄国曾允许中国使团经其领地联络土尔扈特部。不论这种特权是如何获得的，它“使俄国外交在中国，也像在欧洲一样，能够产生一种决不仅限于纯粹外交事务的影响”²。实际上，也正是因为有长期的外交联系，沙皇俄国才能够在第二次鸦片战争时期获得清朝政府的信任从而扮演“调停人”的角色，进而为坐收渔利提供了可能。关于这一点，恩格斯甚至以惊奇的口吻说，俄国“竟能以处于弱者地位的中国人的无私保护人身份出现，而且在缔结和约时俨然以调停者自居”³。这里的“无私”也是对沙皇俄国乘中国之危进行渔利的最大讽刺。

第四节 “胡言乱语”的西方报刊

马克思恩斯列宁时期的西方报刊“被黄金的链条和官方的链条同现政府紧连在一起”⁴，充当着西方列强对外政策的“辩护者”。因此，它们在报道与中国有关的问题时，往往采用篡改事实、大肆渲染、掩盖真相、颠倒黑白等手段粉饰西方列强的侵华行径，从而达成为本国政府推行的殖民扩张政策制造舆论的目的。由此，马克思称帕麦斯顿派报刊是对华战争“最忠实的辩护者”、资产阶级政府“最卑鄙的走卒”，列宁称俄国那些奉承沙皇政府的报纸为“卑鄙的报纸”。为揭露西方列强侵略中国的真相，同时达成教育西方

---

1 《马克思恩格斯选集》第 1 卷，人民出版社，2012，第 786 页。
2 《马克思恩格斯选集》第 1 卷，人民出版社，2012，第 786 页。
3 《马克思恩格斯选集》第 1 卷，人民出版社，2012，第 822 页。
4 《马克思恩格斯全集》第 16 卷，人民出版社，2007，第 77 页。

各国工农群众的目的，经典作家深入分析和批判了西方报刊在有关中国问题报道上的各种"胡言乱语"。

一　篡改事实，将对华冲突的原因归咎于中国

马克思揭露和批判《泰晤士报》在"亚罗号事件"上篡改事实。第二次鸦片战争的导火索是"亚罗号"划艇事件，这一事件由英国人挑起，正如马克思所指出的："我们认为，每一个公正无私的人在仔细地研究了香港英国当局同广州中国当局之间往来的公函以后，一定会得出这样的结论：在全部事件过程中，错误是在英国人方面。"[1] 可是，这个"错误"是英国人蓄意制造的，目的是为发动新的对华战争制造借口。如此，他们不仅把所谓的"责任"强加给中国，还肆意夸大事情的严重性。当有关"亚罗号事件"的消息传到英国时，在不明真相的人群中引起轩然大波的同时，也引起了一些人的怀疑，《泰晤士报》就提出这里"有许多引起争论的问题"[2]。这说明，英国人一手策划的英中冲突事件不合常理。在中国方面，虽然主事的官员不知道国际政治这个概念，但他们在处理对外事务中坚持道德义理，绝不会承认英国人凭空捏造的事件。所以，时任两广总督叶名琛没有完全按照英国人的无理要求处理该事件。这成了英国人发动新的对华战争的借口。然而，"自从英国人在中国采取军事行动的第一个消息传来以后，英国政府报纸和一部分美国报刊就连篇累牍地对中国人进行了大量的斥责，它们大肆攻击中国人违背条约的义务、侮辱英国的国旗、羞辱旅居中国的外国人，如此等等"[3]。针对英、美两国主流媒体这种完全不切实际的叫嚣，马克思指出："可是，除了亚

1　《马克思恩格斯全集》第 16 卷，人民出版社，2007，第 17 页。
2　《马克思恩格斯全集》第 16 卷，人民出版社，2007，第 17 页。
3　《马克思恩格斯选集》第 1 卷，人民出版社，2012，第 791 页。

罗号划艇事件以外，它们举不出一个明确的罪名，举不出一件事实来证实这些指责。而且就连这个事件的实情也被议会中的花言巧语歪曲得面目全非，以至使那些真正想弄清这个问题真相的人深受其误。"[1]

马克思还揭露英国报刊在"白河事件"中继续上演篡改事实的把戏。1859 年 6 月，英、法两国公使断然拒绝清政府的换约安排，坚持携带武器经大沽口溯白河进京。25 日，联军突袭大沽口炮台。防守大沽口的中国官兵奋力反击，使得联军舰队伤亡过半，狼狈撤退。当这些消息传到英国，英国政府派报纸立刻以维护国家利益和民族利益为借口，一致怒吼着要求实行大规模的报复。如，《泰晤士报》雷霆般地斥责中国政府"双重的背信弃义行为"。针对《泰晤士报》的怒吼，马克思揭露道："说来奇怪，《泰晤士报》虽然是在狂热的浪涛中上下翻滚着，但在转载报道时却费尽心机把其中对该诅咒的中国人有利的各节，都小心翼翼地从原文中抹掉了。混淆事实也许是狂热时干的事，但篡改事实似乎只有冷静的头脑才能做到。"[2] 可见，为了给发动新的对华战争制造舆论，《泰晤士报》故意在报道中抹掉对中国有利的内容，把"责任"强加于中国。

列宁则揭露和批判西方报刊在八国联军侵华问题上篡改事实。中国义和团运动爆发后，西方列强及其刊物全然不顾侵略中国在先的事实，发出"'中国人仇视欧洲的文化和文明'"[3] 的谬论，并以此为借口悍然发动八国联军侵华战争。战争即将结束时，沙皇政府及奉承它的报纸，更是发出了"欧洲的文化击败了中国的野蛮""俄罗斯'文明使者'在远东的新成就"[4] 等欢呼。针对这些颠倒是非、毒害群众政治意识的言论，列宁基于马克思主义的人道主义和无产阶级国际主义的立场，在揭露和批判沙皇俄国伙同欧美

1 《马克思恩格斯选集》第 1 卷，人民出版社，2012，第 791 页。
2 《马克思恩格斯选集》第 1 卷，人民出版社，2012，第 835 页。
3 《列宁全集》第 4 卷，人民出版社，2013，第 320 页。
4 《列宁全集》第 4 卷，人民出版社，2013，第 319 页。

列强殖民侵略并瓜分中国的丑恶行径的过程中，阐明了中国义和团运动爆发的真实原因，有力驳斥了"中国人仇视欧洲文明"论。

列宁首先分析了义和团运动爆发的原因，指出中国人憎恶欧洲人是由列强的殖民政策引起的。1894—1895年的中日甲午战争结束后，中国陷入被帝国主义列强瓜分的境地，中华民族与帝国主义之间的矛盾成为中国社会最主要的矛盾，中国各族人民反对帝国主义、挽救民族危亡的呼声愈益强烈。其中，直接刺激义和团运动爆发的则是中国北方发生的教案事件。鸦片战争之后，不少外国传教士倚仗本国在华势力的支持，打着传教的名义，在中国横行霸道，肆意霸占中国民众的财产，充当帝国主义侵略中国的先行军，并试图用资本主义文化奴役中国人的思想。如此，传教士、教民与当地普通民众之间不时地发生冲突，即所谓的"教案"。地方官员慑于帝国主义的淫威，在处理教案的过程中，往往不论是非曲直地袒护教会和教民。即便如此，德国还是于1897年11月以山东发生的"曹州教案"为借口出兵强据胶州湾和青岛地区。1898年底，北方民众自发形成的义和团组织打起"助清灭洋"的旗帜，将运动的矛头直指帝国主义。起义早期，在西方列强的胁迫下，清廷派袁世凯等人不遗余力地"围剿"义和团，致使义和团打出"反清灭洋"的旗号。当局势发展难以控制时，清廷便接受一些官员提出的"抚而用之"的建议。看到清廷对义和团运动的态度发生转变，帝国主义各国公使策划联合出兵镇压义和团运动。1900年5月底6月初，俄、英、美、日、德、法、意、奥等八国联合出兵进犯北京。针对中国义和团运动产生的原因，列宁提问道："试问，中国人对欧洲人的袭击，这次遭到英国人、法国人、德国人、俄国人和日本人等等疯狂镇压的暴动，究竟是由什么引起的呢？"[1]

西方列强及其报刊宣称义和团运动是由"中国人仇视欧洲的文化和文明"

1　《列宁全集》第4卷，人民出版社，2013，第319—320页。

引起的。从表面上看，义和团运动在某种程度上的确有排外的成分。他们将在华的外国人称为"大毛子"，将信奉天主教、基督教等外国教会的教民列为"二毛子"，将懂洋语、通洋学、用洋货的人列为"三毛子"，等等，直至划分出"十毛子"，并根据这十类人"涉洋"的程度采取相应程度的处置。那么，团民为何如此痛恨帝国主义及与之有关的人和物？真的如西方主流报刊所言是落后的中国人仇视欧洲的文化和文明吗？列宁分析指出，中国人确实憎恶欧洲人，但他们憎恶的不是所有的欧洲人。他说："中国人憎恶的不是欧洲人民，因为他们之间并无冲突，他们憎恶的是欧洲资本家和唯资本家之命是从的欧洲各国政府。那些到中国来只是为了大发横财的人，那些利用自己吹捧的文明来进行欺骗、掠夺和镇压的人，那些为了取得贩卖毒害人民的鸦片的权利而同中国作战（1856 年英法对华的战争）的人，那些利用传教伪善地掩盖掠夺政策的人，中国人难道能不痛恨他们吗？"[1] 这表明，中国人憎恶和痛恨欧洲人是由西方列强侵略中国和蹂躏中国人民的暴行引起的。以前文提到的"教案"为例，由于传教士们享有治外法权，教案中受害的中国居民无处申冤，便自发地与前者作斗争，诸如焚毁教堂、打死打伤传教士、驱逐教民等等。1870 年，针对天津法国教堂迷拐幼孩的罪行，当地数千居民前往教堂抗议，法国领事却开枪杀人。盛怒之下，群众打死法国领事及二十余位传教士，并放火烧毁教堂。1890 年，法国传教士在四川龙水镇破坏当地的迎神赛会，清朝政府却派军队保护该教堂，当地群众愤而起义。正如列宁所言，义和团运动是由西方列强殖民侵略中国引起的。因此，所谓的"中国人仇视欧洲文明"论只不过是西方列强发动侵华战争的托词而已，它们试图以此骗取本国人民支持它们发动对华战争，并掩盖资产阶级民主的虚伪性。

1　《列宁全集》第 4 卷，人民出版社，2013，第 320 页。

二　大肆渲染，将中国人的反抗斗争渲染成可怕的 "暴行"

面对西方列强的入侵，中国军民奋起反抗，这对于中国来说，是正义之举。西方报刊却大肆渲染中国人的抵抗方法，将中国人的反抗斗争称为可怕的 "暴行"，以此煽动西方人民对中国的仇恨，诱使他们支持反动政府侵略中国。为了给中国人民伸张正义，马克思、恩格斯和列宁以具体历史事件为分析对象，深刻揭露和批判了西方报刊的这种做法。

恩格斯揭露和批判英国报刊将中国人反抗外国人的斗争指责为可怕的 "暴行"。第二次鸦片战争时期，中国人民的民族意识已经初步觉醒，面对英国再次发动的侵华战争不再像第一次鸦片战争时期那样 "保持平静"，让清朝政府的军队同侵略者作战，而是 "积极地而且是狂热地参加反对外国人的斗争" [1]。根据英国报刊报道，中国民众采用了投毒、绑架、偷袭和夜间杀人等抵抗手段。英国报刊把中国人的这种抵抗方法叫作 "卑劣的、野蛮的、凶残的方法"，并将其定性为可怕的 "暴行" [2]。针对这种大肆渲染中国人反抗外国人斗争手段的言论，恩格斯从三个方面进行了驳斥：一是阐明中国人 "暴行" 产生的原因，指出是英国政府的 "海盗政策" 造成了中国人普遍奋起反抗所有外国人的局面；二是指出 "暴行" 才能抵御英国给中国带来的欧洲式破坏，"只要这种方法有效，那么对中国人来说这又有什么关系呢……这些文明贩子们……自己也承认过，中国人采取他们通常的作战方法，是不能抵御欧洲式的破坏手段的"；三是将中国人的 "暴行" 定性为人民战争，恩格斯强调指出，"我们不要像道貌岸然的英国报刊那样从道德方面指责中国人的可怕暴行，最好承认这是 '保卫社稷和家园' 的战争，这是一场维护中华

1　《马克思恩格斯选集》第 1 卷，人民出版社，2012，第 797 页。
2　《马克思恩格斯选集》第 1 卷，人民出版社，2012，第 798 页。

民族生存的人民战争"[1]。从这三个方面看,英国报刊没有任何理由指责中国人。

马克思揭露和批判《泰晤士报》在"白河事件"上丑化中国官兵反侵略斗争的做法。关于"白河事件"的由来,前文已叙述过,英、法公使无视清廷安排,在远征队的护送下强行驶入白河,并开炮轰击大沽炮台,因而遭到了驻守大沽炮台守军的有力还击,结果损失严重。《泰晤士报》不顾事实真相,雷霆般地斥责中方"双重的背信弃义",并且把英国侵略者说成是"老实人",把清朝政府的官兵说成是"恶魔",声称"卑怯的蒙古人"诱骗"老实"的英国将军,即"卑怯的蒙古人用精心伪装和隐蔽炮队的办法来诱骗英国海军将军这样的老实人,而北京朝廷更是不择手段,竟让这些蒙古吃人恶魔干这种该诅咒的恶作剧"[2]。然而,在把反侵略的中国官兵渲染成"恶魔"后不久,《泰晤士报》竟在"白河事件"上来个大转弯,提出恐怕不能对抵抗英军攻打白河炮台的蒙古人控以背信弃义的罪名,并发出关于英国公使企图用舰队打开通往北京的通道的做法是否明智的疑问。马克思评论道:"这'首家大报'那样义愤填膺地大发雷霆之后,得出的却是这样一个自打嘴巴的结论,不过,它以自己独有的逻辑,否定了进行战争的理由而并不否定战争本身。"[3]

列宁揭露和批判沙皇政府派报刊将中国人渲染成"野蛮"人的言论。为了挑起俄国人民对中国的仇恨,从而转移俄国人民对沙皇政府愈加不满的情绪,沙皇政府派报刊的记者们以中国义和团运动为靶子,拼命在俄国人民中间煽风点火,叫嚣中国人"野蛮",俄国负有开导的使命。列宁指出:"目前报刊上又大肆攻击中国人,叫嚣黄种人野蛮,仇视文明,俄国负有开导的使

1　《马克思恩格斯选集》第1卷,人民出版社,2012,第798页。
2　《马克思恩格斯选集》第1卷,人民出版社,2012,第835页。
3　《马克思恩格斯选集》第1卷,人民出版社,2012,第836页。

命，说什么俄国士兵去打仗是如何兴高采烈，如此等等。向政府和大财主摇尾乞怜的记者们，拼命在人民中间煽风点火，挑起对中国的仇恨。"[1] 在列宁看来，这完全是对中国人的恶意攻击，虽然此时的中国落后于西方国家，但中国人并不仇视欧洲文明，仅仅仇视那些侵略中国的外国人，义和团运动正是以农民为主体的北方民众自发的反帝爱国运动。因此，针对俄国报刊攻击中国人的言论，列宁澄清道："但是中国人民从来也没有压迫过俄国人民，因为中国人民也同样遭到俄国人民所遭到的苦难，他们遭受到向饥饿农民横征暴敛和用武力压制一切自由愿望的亚洲式政府的压迫，遭受到侵入中华帝国的资本的压迫。"[2]

然而，与故意渲染夸大中国人"暴行"形成鲜明对比的是，"英国报纸对于旅居中国的外国人在英国庇护下每天所干的破坏条约的可恶行为真是讳莫如深"[3]！马克思连用了四个"一点也听不到"将英国报刊选择性报道的秘密公之于众："非法的鸦片贸易年年靠摧残人命和败坏道德来填满英国国库的事情，我们一点也听不到。外国人经常贿赂下级官吏而使中国政府失去在商品进出口方面的合法收入的事情，我们一点也听不到。对那些被卖到秘鲁沿岸的去当不如牛马的奴隶、被卖到古巴去当契约奴隶的受骗契约华工横施暴行'以至杀害'的情形，我们一点也听不到。外国人常常欺凌性情柔弱的中国人的情形以及这些外国人带到各通商口岸去的伤风败俗的弊病，我们一点也听不到。"[4]

马克思还进一步指出了英国主流报刊避而不谈英国人侵害中国人罪行的原因。他精辟地指出："我们所以听不到这一切以及更多得多的情况，首先是因为在中国以外的大多数人很少关心这个国家的社会和道德状况；其次是因

1　《列宁全集》第 4 卷，人民出版社，2013，第 323 页。
2　《列宁全集》第 4 卷，人民出版社，2013，第 323 页。
3　《马克思恩格斯全集》第 16 卷，人民出版社，2007，第 93 页。
4　《马克思恩格斯全集》第 16 卷，人民出版社，2007，第 93 页。

为按照精明和谨慎的原则不宜讨论那些不能带来钱财的问题。"[1] 换言之，在代表资产阶级利益的英国主流报刊尤其是政府派报刊的眼中，近代中国之于英国的作用，在于为它们的工业品提供多大市场、为它们的资本增殖提供何种渠道、为它们的国库提供多少财源，至于中国人在英国人的侵略下遭受何种痛苦，根本不在它们关注的范围，因为这不能给它们带来钱财。此外，报道西方人侵害中国人的各种罪行，不仅会暴露资产阶级自由、民主、平等、人权等价值观的虚伪性，还会引发国内民众特别是工人阶级对资产阶级政府压迫他国人民行为的谴责和抗议，甚至还会引发新的无产阶级革命。这再次说明，西方主流报刊是各国反动政府的"辩护者"，各国民众在政治意识上深受反动统治的毒害。

三 掩盖真相，将鸦片战争说成是帕麦斯顿政府的"外交杰作"

1856 年 10 月，英国帕麦斯顿政府以"亚罗号事件"为借口对中国不宣而战，第二次鸦片战争由此爆发。这场战争同第一次鸦片战争一样，是一场"极端不义"的"海盗式战争"。马克思指出："世界上的文明国家，对于这种以违背了无中生有的外交礼节为借口，不先行宣战就侵入一个和平国家的做法是否赞同，恐怕是个问题。"[2] 充当英国工业资产阶级喉舌的《每日新闻》就对英军炮轰广州的行为表达了不满，认为帕麦斯顿政府为了替一位英国官员的被激怒了的骄横气焰复仇，为了惩罚一个亚洲总督的"愚蠢"，竟滥用武力到安分守己的和平住户家去杀人放火，使他们家破人亡，是骇人听闻的罪恶勾当，而且英国人本来就是闯入中国海岸的不速之客。[3] 尽管这种

1　《马克思恩格斯全集》第 16 卷，人民出版社，2007，第 93 页。
2　《马克思恩格斯全集》第 16 卷，人民出版社，2007，第 23 页。
3　参见《马克思恩格斯全集》第 16 卷，人民出版社，2007，第 23 页。

反战观点没有超出资产阶级的狭隘偏见，即仍然把事件的起因归咎于中国，但它足以表明部分英国人不支持帕麦斯顿政府悍然发动对华战争和滥杀无辜的海盗行径。关于"屠杀无辜者"这一点在英国下院也引起了辩论，有议员提出帕麦斯顿本人应当对"屠杀无辜者"负责。

　　然而，堪称英国报界"大科夫塔"的《泰晤士报》却宣称炮轰广州事件与帕麦斯顿无关。马克思在《帕麦斯顿内阁的失败》等文章中较为详细地披露了《泰晤士报》上的无耻谰言。马克思提供的资料显示：该报在 1857 年 3 月 5 日第 22620 号社论中提出，炮轰广州事件是前内阁委派的官员们干的，帕麦斯顿内阁在炮轰广州六周后才知道，并且声称帕麦斯顿内阁的大臣们和别人一样毫无所知。基于此，该社论发问说："难道帕麦斯顿勋爵的政府应该为了它过去从未做过并且也不可能做的事情、为了它只是与大家同时听到的事情、为了那些不是由它委派的并且它至今未能与之保持任何联系的人们所做的事情，而被谴责和撤换吗？"[1] 言外之意，尽管炮轰广州事件涉嫌屠杀无辜者，但也不能追究帕麦斯顿及其内阁的责任，因为他们对这个事件毫不知情。在马克思看来，这纯属掩盖真相的胡言乱语，他揭露道："对于这家一直把广州大屠杀说成是帕麦斯顿外交杰作的报纸的这种无耻的胡言乱语，我们可以举出几件在冗长辩论中好不容易弄清、并且是帕麦斯顿或其下属一次也没有加以争辩的事实来反驳。"[2] 接着，马克思通过梳理 1847 年以来帕麦斯顿的对华政策和具体行动，证实 1856 年爆发的第二次鸦片战争为帕麦斯顿亲手策划。1847 年时任外交大臣的帕麦斯顿用威胁性的词句给香港英国当局发了一道训令，要求他们通过强硬的方式迫使中国政府准许香港英国当局进入广州。但是，这道训令因为和时任殖民大臣格雷的训令相抵触而未能付诸实施。时隔两年即 1849 年，帕麦斯顿又就中国问题给驻香港的英国全权公使发

1　《马克思恩格斯全集》第 16 卷，人民出版社，2007，第 72 页。
2　《马克思恩格斯全集》第 16 卷，人民出版社，2007，第 72 页。

出了训令，继续要求通过给广州官员施加压力的方式获取入驻广州的特权。可是，这一次的训令也未能付诸实施，因为发出这道训令不久之后他就被罗素内阁免职了。虽然帕麦斯顿两次发出的训令都未能付诸实施，但他的对华政策却暴露无遗。所以，马克思说："可见，1856 年帕麦斯顿勋爵任首相时所发生的炮轰广州的事情，早在 1849 年帕麦斯顿勋爵在罗素内阁外交大臣任内最后一次发到香港去的训令里就有了先兆。"[1] 1852 年，在帕麦斯顿的授意下，广州领事包令被任命为驻香港的英国全权公使。之后不久，包令便向时任英国外交大臣克拉伦登提出了发动新的对华战争的问题，但由于当时英国正在和俄国进行克里米亚战争，克拉伦登虽同意他的提议，但认为需要等到所必需的海军力量已经具备时才能动手，因此一直等到 1856 年克里米亚战争临近结束。需要指出的是，根据给时任英国海军大臣的信，克拉伦登虽然同意了包令挑起新的对华战争的做法，却认为应该行动适度和尊重中国人的生命财产。可见，虽然对华战争是在前内阁委派官员的任内发生的，但前内阁官员并不主张屠杀无辜者。由此，马克思得出结论说："可见毫无疑问，屠杀中国人的事情是帕麦斯顿勋爵亲手策划的。"[2]

四 颠倒黑白，将八国联军侵华战争说成是"平定暴乱"

1900 年春，在沙皇俄国的主导下，俄国、英国、法国、美国、日本、意大利、德国、奥匈帝国八个国家联合发动了新的对华战争即八国联军侵华战争。然而，沙皇政府却通过它的报刊宣称其不是在同中国打仗，而是在帮助中国平定暴乱，即列宁所指出的："我国政府首先想使人相信，它并不是在同中国打仗，它只是在平定暴乱，制服叛乱者，帮助合法的中国政府恢复正常

1　《马克思恩格斯全集》第 16 卷，人民出版社，2007，第 73 页。
2　《马克思恩格斯全集》第 16 卷，人民出版社，2007，第 74 页。

的秩序。"[1] 在列宁看来，这完全是颠倒黑白的说辞。为了让俄国人民看清对华战争的侵略实质，列宁揭露了沙皇俄国伙同欧洲列强侵略中国的真相。

列宁指出，沙皇政府和欧洲各国政府在争相瓜分中国。1840 年鸦片战争后，清政府被迫与英国签订了近代史上第一个不平等条约即《南京条约》。美国和法国趁火打劫，在不动一兵一卒的情况下迫使中国签订中美《望厦条约》和中法《黄埔条约》。瑞典、比利时、挪威、葡萄牙等国也接踵而至，在中国攫取不同程度的特权。1856 年，英、法两国在俄国和美国的支持下联合发动新的对华战争即第二次鸦片战争。其间，英、法联军抢掠并火烧圆明园，致使中国损失了难以估算的物质财富和艺术财富。俄国则趁机迫使清政府先后签订中俄《瑷珲条约》和中俄《北京条约》，侵占了中国黑龙江一带的大片领土。第二次鸦片战争后的中国不仅丧失了更多的主权，还丧失了大片国土，中国人民的生活也因为战争的破坏进一步恶化。1882 年爆发的中法战争，中国军民虽然取得了反对侵略战争的胜利，却由于清廷害怕战事再起，致使中国不败而败、法国不胜而胜，再一次签订不平等条约即《中法新约》。法国通过该条约攫取了在中国西南地区的多项特权。1895 年中日甲午战争后，清朝政府同日本签订了继中英《南京条约》以后最丧权辱国的《马关条约》。日本通过该条约不仅获得了巨额战争赔款，还割占了台湾和澎湖列岛。更为严重的是，甲午战争后，以俄、德、法的"三国干涉还辽"事件为契机，列强掀起了瓜分中国的狂潮。19 世纪末，帝国主义以"租借"为由争相在中国划分势力范围：德国租借胶州湾，俄国强租旅顺口、大连，法国租借广州湾，英国租借香港、威海卫，日本租借福建，等等。刚刚迈入 20 世纪，俄国又伙同其他 7 个国家发动了八国联军侵华战争。基于此，列宁揭露道："欧洲资本家贪婪的魔掌现在伸向中国了。俄国政府恐怕是最先伸出魔掌的，但是它现在却扬言自己'毫无私心'。它'毫

1　《列宁全集》第 4 卷，人民出版社，2013，第 319 页。

无私心'地占领了中国旅顺口,并且在俄国军队保护下开始在满洲修筑铁路。欧洲各国政府一个接一个拼命掠夺(所谓'租借')中国领土,无怪乎出现了瓜分中国的议论。如果按照真实情况,就应当说:欧洲各国政府(最先恐怕是俄国政府)已经开始瓜分中国了。"[1]

　　既然西方列强对中国的入侵和瓜分在先,何以说"野蛮的中国人触犯文明的欧洲人"?列宁对此进行了揭露和讥讽。在近代中国沦为西方列强半殖民地的过程中,与清朝政府的妥协求和形成鲜明对比的是,中国人民自发地以自己的方式保家卫国,积极抗击入侵者。第一次鸦片战争时期,广州居民奋起抗敌,上演了"三元里抗英斗争";中日甲午战争后,为抗议《马关条约》割台的条款,台湾人民组建抗日政府"台湾民主国",浴血抗击日军;八国联军侵华初期,联军在由天津进犯北京的途中遭到了义和团的痛击;等等。西方列强却把中国人民的反侵略斗争蔑称为"野蛮的中国人"触犯"文明的欧洲人"。不仅如此,每当它们的侵略行径遭遇中国军民的奋力抵抗时,来自所谓的文明国度的侵略者们都进行血腥的报复,烧、杀、抢、掠中国平民百姓。列宁还揭露,八国联军侵华期间,沙皇政府在1900年8月12日给其他几个列强发的照会中,把极端不义的侵华战争说成是帮助中国政府击退叛民,并宣称,俄国军队占领牛庄并且开入满洲境内,是临时性措施;采取这些措施,"完全是由于必须击退中国叛民的侵略行动","绝对不能说明帝国政府有任何背离自己政策的自私计划"[2]。针对包括俄国在内的西方列强的无耻谰言,列宁愤慨地指出:"它们盗窃中国,就像盗窃死人的财物一样,一旦这个假死人试图反抗,它们就像野兽一样猛扑到他身上。它们把一座座村庄烧光,把老百姓赶进黑龙江中活活淹死,枪杀和刺死手无寸铁的居民和他们的妻子儿女。这些基督教徒建立功勋的时候,却大叫大嚷反对野蛮的中国人,说他

1　《列宁全集》第4卷,人民出版社,2013,第320页。
2　《列宁全集》第4卷,人民出版社,2013,第321页。

们竟胆敢触犯文明的欧洲人。"[1] 众所周知，基督教的"十条诫命"中包括不可杀生、不可奸淫、不可作假见证陷害人、不可贪恋别人的一切等内容，可是侵略中国的基督教徒们却在中国犯下基督教义禁止的各种暴行，充分说明西方侵略者才是真正的"野蛮人"。

列宁进一步痛斥沙皇俄国在中国滥杀无辜的罪恶行径。由于西方列强将中国人看作"野蛮人"，所以在绞杀和镇压了义和团运动后，沙皇政府宣称"欧洲的文化击败了中国的野蛮"[2]。针对此，列宁揭露和批判了沙皇政府借镇压义和团之机扩大对中国的侵略及在中国滥杀无辜的罪恶行径，从而用事实驳斥了沙皇政府及其报刊颠倒黑白的做法。1900 年 7 月，俄国以保护中东铁路为名，兵分七路入侵中国东北。在侵犯东北的过程中，烧杀抢掠，制造了血洗海兰泡、强占江东六十四屯、火烧瑷珲等惨案。在海兰泡的黑龙江边，俄国疯狂屠杀手无寸铁的中国居民，夺取 5000 余人的生命。在江东六十四屯，俄国将两千多名中国居民驱赶出屯，使其被活活淹死，或被刺刀刺死。在瑷珲，俄国纵火焚城，使得数千中国居民被活活烧死。[3] 10 月底，俄国占据中国东北主要城市和交通线。随后，尼古拉二世授意炮制《俄国政府监理满洲之原则》，试图将中国东北完全变成其殖民地。列宁揭露道："俄国正在结束对华战争。动员了许多军区，耗费了亿万卢布，派遣了数以万计的士兵到中国去，打了许多仗，取得了一连串的胜利，——不过，这些胜利与其说是战胜了敌人的正规军，不如说是战胜了中国的起义者，更不如说是战胜了手无寸铁的中国人。水淹和枪杀他们，不惜残杀妇孺，更不用说抢劫皇宫、住宅和商店了。"[4]

列宁还揭露俄国侵占中国东北领土和强迫中国人修建中东铁路的侵略行

---

1 《列宁全集》第 4 卷，人民出版社，2013，第 321 页。
2 《列宁全集》第 4 卷，人民出版社，2013，第 319 页。
3 参见李侃、李时岳、李德征、杨策、龚书铎《中国近代史》（第四版），中华书局，1994，第 286 页。
4 《列宁全集》第 4 卷，人民出版社，2013，第 319 页。

径。中日甲午战争后，沙皇尼古拉二世试图独占中国东北三省，将中国东北变为"黄色俄罗斯"。1896 年 6 月，借清廷派官员参加尼古拉二世加冕典礼之机，俄方诱使中方与之签订《中俄密约》。该条约名义上是"共同防御"日本的"军事同盟"，实质上是要在中国修建中东铁路，从而将俄国的势力伸入中国东北。1897 年 12 月，借德国占领中国胶州湾之机，俄国强占旅顺口和大连湾。义和团运动爆发后，俄国更是借镇压义和团之机，试图占领中国东北全境，将其变成俄罗斯人的地盘。然而，沙皇政府声称此举不是一种自私的表现，只不过是一种临时性的措施。针对此，列宁讽刺道："帝国政府多么可怜啊！它简直像基督教徒那样毫无私心，人们竟冤枉了它，简直太不公平了！几年以前，它毫无私心地侵占了旅顺口，现在又毫无私心地侵占满洲，毫无私心地把大批承包人、工程师和军官派到与俄国接壤的中国地区，这些人的所作所为引起了以温顺出名的中国人的愤怒。修筑中东铁路，每天只付给中国工人 10 戈比的生活费，难道这就是俄国毫无私心的表现吗？"[1]侵占中国领土还强行修筑铁路，能是"临时性措施"吗？可见，这也只不过是侵略者颠倒黑白的说辞。

1　《列宁全集》第 4 卷，人民出版社，2013，第 321 页。

第四章

马克思主义经典作家对"旧中国"
社会发展问题的剖析

"人口几乎占人类三分之一"且以"三大发明"引领世界发展的中国为何在近代落后于西方国家？"满族王朝的声威"为何"一遇到英国的枪炮就扫地以尽"？马克思和恩格斯认为，根源在于"依靠小农业与家庭工业相结合而存在的中国的经济结构"已经过时。此外，清朝政府的"腐败无能"以及在对外交往方面推行的闭关自守政策也是造成近代中国现状的重要因素。

第一节 "过时" 的小农经济

生产力决定生产关系、经济基础决定上层建筑，由于"社会基础停滞不动"，"夺得政治上层建筑的人物和种族"虽不断更迭，中国在社会性质却一直没有变，以至封建社会在中国延续两千年之久。中国"社会基础停滞不动"的根源则在于构成"整个陈旧的社会制度"基础的以小农业与家庭工业相结合为基本特征的小农经济已经"过时"。马克思和恩格斯从中国自身发展、世界历史进程以及人类解放事业等方面分析了中国"过时"的小农经济的局限性，揭示中国要实现新生必须变革"过时"的小农经济。

一　小农经济构成了 "整个陈旧的社会制度" 的基础

小农经济作为自然经济的一种，是封建社会的经济基础。马克思和恩格斯通过对中国社会经济结构的考察，揭示小农经济的长期存在是中国 "整个陈旧的社会制度" 衰而不败、倾而不倒的根基所在。

马克思指出，小农业和家庭工业的统一形成了中国生产方式的广阔基础。与西欧封建社会相比，中国封建社会漫长而又稳固，以致落后于时代而不自知。"这是中国封建社会内部经济基础与上层建筑多种因素造成的，情况是复杂的，又是互有影响与因果关系的，然而究其根源，还在于经济基础。"[1] 这个 "经济基础" 就是马克思分析的以小农业与家庭工业相结合为基本特征的小农经济。当然，小农经济也存在于奴隶社会、资本主义社会和社会主义社会，但只有在封建社会中扮演着经济基础的角色。在封建社会，小农经济的主体是农民，包括自耕农、半自耕农和佃农三种类型。其中，自耕农是最为典型的小生产者，也是半自耕农和佃农努力的方向。马克思认为，小生产 "只有在劳动者是自己使用的劳动条件的自由私有者，农民是自己耕种的土地的自由私有者，手工业者是自己运用自如的工具的自由私有者的地方，它才得到充分发展，才显示出它的全部力量，才获得适当的典型的形式"[2]。在小农经济条件下，农民以家庭为单位独立地经营。独立经营的农户，不仅要耕田，还要从事农村家庭工业，即恩格斯所说的 "农户自己也制造自己使用的工业品"[3]，从而基本实现自给自足。马克思认为，尽管这种 "独立" 是相对的（因为所有的农民无不受制于地主），但它还是造就了一种局限于家庭范

1　徐新吾：《中国封建社会长期延续的基本原因——关于中国小农经济生产结构凝固性问题探讨》，《中国经济史研究》1986 年第 4 期。
2　《马克思恩格斯全集》第 42 卷，人民出版社，2016，第 778 页。
3　《马克思恩格斯选集》第 4 卷，人民出版社，2012，第 655 页。

围内的狭隘的生产关系,祖祖辈辈周而复始,从而阻碍了新思想新观念的产生和传播。马克思还强调指出:"这种独立性,不会因为这些小农(例如在印度)相互组成一种或多或少带有自发性质的生产公社而消失,因为这里所说的独立性,只是对名义上的地主而言的。"[1] 既然如此,小农经济内部很难产生革命性因素,不论是生产技术还是社会发展方面的革命性因素。相反,小农经济始终充当封建君主专制制度的牢固基础,并且使人的头脑局限在极小的范围内,成为迷信的驯服工具,成为传统规则的奴隶。所以,虽然小农经济在人类社会发展史上也起到过积极作用,但它终究不能为人的解放创造必要的前提条件,特别是在它完成为工业社会的形成和发展奠定基础的历史使命后,便成为社会进一步发展的桎梏,这也是马克思、恩格斯对中国传统小农经济持否定态度的根本原因。

问题还在于,中国传统的小农经济结构显得异常坚固。这不仅与小农经济生产条件简单有关,更大程度上得益于古代中国历代王朝的重农政策。自春秋战国末年中国进入封建主义社会开始,在两千多年的封建社会中,农业始终被放在社会经济发展的首位,且历代王朝都推行"重农抑商"政策。封建社会中的农业归根结底也就是小农经济,地主阶级虽占有土地,但具体的经营主要还是由小农完成。封建国家的"重农"政策使得小农经济长盛不衰,即便因战乱或自然灾害而局部性地遭到毁坏,也能在灾后短时间内恢复。因为小农经济最主要的生产资料是土地,农民有了土地,使用简单的劳动工具就能进行生产。经济基础决定上层建筑,小农经济长期在社会经济中占据统治地位,使得古代中国虽发生过无数次的农民运动或王朝战争,其政权却始终在封建主义框架内兜圈。基于这一事实,马克思在太平天国农民革命运动十余年后再谈起时作了这样的评价:"这种现象本身并不含有什么特殊的东

1　《马克思恩格斯文集》第7卷,人民出版社,2009,第893页。

西，因为在东方各国我们总是看到，社会基础停滞不动，而夺得政治上层建筑的人物和种族却不断更迭。"[1] 因此，中国要实现变革，要从这种陈旧的社会制度中解放出来，就必然要消灭至少是摧毁其赖以存在的经济基础——小农经济。

然而，马克思已经指出小农经济是产生不了历史首创精神的，亦即从其内部难以产生瓦解的因素。在这种情况下，外来因素的破坏作用在一定程度上就成了"历史的不自觉的工具"。基于这种分析，马克思和恩格斯虽然谴责西方列强入侵中国并对中国人民的遭遇持同情态度，但也指出其对于"依靠小农业与家庭工业相结合而存在的中国社会经济结构"[2] 具有破坏作用。1894 年 7 月 25 日，蓄谋已久的日本对中国不宣而战，中国海、陆均遭到日本的突然袭击。在正式宣战后，由于敌我方面军事力量的悬殊，以及清朝政府方面的准备不足，李鸿章的北洋海军在黄海海战中遭受重创。了解到中日战争状况的恩格斯在 9 月 23 日致考茨基的信中说："中日战争意味着古老中国的终结，意味着它的整个经济基础将会发生渐进的、但却是全面的革命，直至大工业和铁路等等使农村中农业和工业的旧有联系瓦解，从而使中国苦力大批流入欧洲。"[3] 当然，我们也不能简单地认为恩格斯是在肯定日本的侵华行为，他仅仅是唯物主义地评价了外来的破坏因素对于加速中国传统小农经济结构解体的客观作用，而要把这种作用转化成社会发展的动力还有赖于中国革命的爆发和胜利。

二 小农经济已经成为"一种过时的农业体系"

19 世纪中叶是资产阶级时代的上升时期。在这一时期，资产阶级崛起，

---

1 《马克思恩格斯论中国》，人民出版社，2015，第 122 页。
2 《马克思恩格斯选集》第 1 卷，人民出版社，2012，第 843 页。
3 《马克思恩格斯论中国》，人民出版社，2015，第 122 页。

封建专制制度走向崩溃，资本主义大生产在世界范围内排挤宗法式小生产。因此，马克思和恩格斯认为，作为中国封建专制制度之经济基础的小农经济已经成为"一种过时的农业体系"[1]，与世界发展的历史潮流不相符合。

马克思和恩格斯明确指出，小农业"同家庭工业结合在一起"的生产方式已经过时。时至19世纪中叶，西方资本主义国家已经在工业革命的推动下进入了蒸汽时代，蒸汽机被广泛地应用于工业生产和交通运输，极大地提高了人类劳动生产率。而此时的中国，却因长期的闭关锁国而对资产阶级时代的到来及其发展状况一无所知，依然沉浸在以小农经济为支撑的天朝大国的迷梦中。针对小农经济的生产方式，马克思分析指出："这种生产方式是以土地及其他生产资料的分散为前提的。它既排斥生产资料的积聚，也排斥协作，排斥同一生产过程内部的分工，排斥对自然的社会统治和社会调节，排斥社会生产力的发展。"[2] 也就是说，小农经济是排斥社会化大生产的，因而也就不可能造成社会生产力的快速发展。显然，在发展生产力方面，小生产无法与大生产相比拟。众所周知，马克思和恩格斯在《共产党宣言》中明确指出，资产阶级在它不到一百年的阶级统治中所创造的生产力，比过去一切世代创造的全部生产力还要多、还要大。所以，马克思在评价中国等国家传统的农业制度时说："这种制度下的农业生产率，以人类劳动力的巨大浪费为代价，而这种劳动力也就不能用于其他生产部门。"[3]

此外，宗法式的小农经济还伴随着超经济强制。所谓的超经济强制，是指经济之外的政治、法律力量对直接生产者造成的剥削与压迫。封建社会实行的是地主土地占有制，地主掌握着最主要的生产资料，作为直接生产者的农民必须向地主缴纳一定的地租，这种地租实际上是农民的剩余劳动。马克

1 《马克思恩格斯论中国》，人民出版社，2015，第171页。
2 《马克思恩格斯全集》第42卷，人民出版社，2016，第778页。
3 《马克思恩格斯文集》第7卷，人民出版社，2009，第115—116页。

思说："要从小农身上为名义上的地主榨取剩余劳动，只能通过超经济的强制，而不管这种强制采取什么形式。"[1] 超经济强制的存在，使得农民与封建地主之间形成人身依附关系，即农民在经济上、政治上受制于封建地主阶级，从而对个人的发展造成极大的束缚。而在资产阶级社会制度下，虽然资本的统治使人丧失人之为人的本质（即劳动异化），但之前那种人对人的依赖关系已经为人对物的依赖关系所取代，所有人至少在形式上是自由的、平等的，从而为人的真正解放提供了前提。所以，在资产阶级时代，小农经济已经完全过时，不再值得肯定。

不仅如此，根据马克思创立的历史唯物主义，小农经济的灭亡也是一种历史趋势。就已经走上资本主义发展道路的西方国家而言，大生产不断地排挤小生产，大工业 "为资本最终地征服了国内市场，使自给自足的农民家庭的小生产和自然经济陷于绝境，把小生产者间的直接交换排挤掉，使整个民族为资本服务"[2]。而对于印度和中国等这样封建落后的国家来说，虽然其内生的资本主义没有发展起来，但在资产阶级将孤立的民族史连接成为世界历史后，宗法式的小生产也难逃被资本主义大生产排挤的命运。第一次鸦片战争失败后，中国被迫开放广州、厦门、福州、宁波和上海为通商口岸，第二次鸦片战争后又增开十个通商口岸。西方资本家对此欣喜若狂，把琳琅满目的工业品倾销式地输往中国市场。尽管在最初阶段，西方的工业品在中国市场上并不受欢迎，但随着时间的推移，洋纱、洋布、洋油等工业品日渐为中国民众接受，最终对中国传统的小农经济结构造成重大的冲击。第一次鸦片战争后，东南沿海一带，广州附近的顺德县农村出现了 "洋布盛，而土机衰矣" 的景象；第二次鸦片战争后，洋货深入中国内陆地区，江西南昌出现 "光绪中岁以后，箔布之业寖微，妇女愁叹坐食，机杼不闻" 的现象，甚至比较偏僻的贵州农村也出现将纺车

1　《马克思恩格斯文集》第 7 卷，人民出版社，2009，第 893 页。
2　《马克思恩格斯文集》第 7 卷，人民出版社，2009，第 1026—1027 页。

"摆在一边，满布着灰尘，被遗弃了"的现象。[1] 中国传统的小农经济结构是小农业与家庭工业相结合，家庭工业受到重大冲击，也就意味着传统的小农经济结构遭到了破坏。从世界历史角度看，中国传统的小农经济正是在资本主义大工业的排挤下走向解体的。因此，马克思在《资本论》中对小生产发展趋势的评论同样适应于中国传统的小农经济："它只同生产和社会的狭隘的自然产生的界限相容。要使它永远存在下去，那就像贝魁尔公正地指出的那样，等于'下令实行普遍的中庸'。它发展到一定的程度，就产生出消灭它自身的物质手段。从这时起，社会内部感到受它束缚的力量和激情就活动起来。这种生产方式必然要被消灭，而且已经在消灭。"[2] 虽然传统的小农经济必然消亡，但是中国人民却为此付出了惨痛的代价。

三　小农经济造成了中国"与外界完全隔绝"的状态

人类解放是无产阶级的最高奋斗目标，这一目标的实现不仅要通过政治解放消灭人对人的依赖关系，还要通过经济解放消灭人对物的依赖关系，最终建立起自由人联合体即共产主义社会。马克思和恩格斯认为，共产主义是全人类的而非地域性的，这就需要生产力的普遍发展并形成与之相适应的普遍交往。可是，封建主义的小农经济却造成中国"与外界完全隔绝"的状态，这与人类解放的要求是相悖的。

首先，小农的生产方式使人与人之间相互隔离。小农不管是自耕农还是佃农，他们一般都以家庭为生产单位。在中国古代，这种家庭的规模通常是"五口之家"。"五口之家"的耕作能力非常有限，他们的内部分工基本上是基于性别和体力上的差异，即自然分工而非社会分工。他们使用的生产工具

1　全慰天：《中国近代小农经济的贫农化》，《中国人民大学学报》1992年第4期。

2　《马克思恩格斯文集》第5卷，人民出版社，2009，第872—873页。

也极其简陋，主要依靠人力和畜力，诸如锄头、镰刀、耒耜、浅耕犁等。此外，不论在奴隶社会后期还是在整个封建社会，土地主要属于奴隶主和地主，自耕农占有的份地很少，仅供养家糊口之需；农奴或者佃农则耕种农奴主或地主的土地，并获得一小块份地作为实物报酬，用恩格斯的话说，"这块土地既不大于他以自己全家的力量通常所能耕种的限度，也不小于足以让他养家糊口的限度"[1]。因而，前资本主义社会中的小农经济模式通常是一小块土地、一个农民和一个家庭。马克思说："在这种生产方式中，耕者不管是一个自由的土地所有者，还是一个隶属农民，总是独立地，作为单独的劳动者，同他的家人一起生产自己的生存资料。"[2] 这种生产上的独立性，决定小农们在生产过程中不会有太多的交往，从而导致生产关系狭隘。对此，马克思曾在《路易·波拿巴的雾月十八日》中作了深入的分析："他们进行生产的地盘，即小块土地，不容许在耕作时进行分工，应用科学，因而也就没有多种多样的发展，没有各种不同的才能，没有丰富的社会关系。"[3] 此外，由于农业生产具有季节性，农民全年的劳动时间可分为农忙和农闲两大部分，农忙时主要生产农产品，农闲时则可从事家庭手工业。正如农产品主要用于自我消费一样，家庭手工制品譬如纱、线、布、衣帽、鞋子等也首先是满足自我需求。因而，小农的衣食消费品基本上由自己提供，即自给自足。由此可见，小农更多是与自然打交道，而非与人打交道，这也是自然经济的本质属性。

当然，这也并非意味着，小农是完全的自给自足。他们也会把剩余的农产品或者手工制品拿到附近集市上交换，以获取家庭生产范围以外的其他生活必需品。也就是说，小农也会与商品发生关系。《皇朝续文献通考》说："夫农民之长困于他途者，他途贫，谋口而止。而农民不但谋口而止，一亩之

1　《马克思恩格斯全集》第29卷，人民出版社，2020，第594页。
2　《马克思恩格斯文集》第7卷，人民出版社，2009，第912页。
3　《马克思恩格斯选集》第1卷，人民出版社，2012，第762页。

田，耒耜有费，籽种有费，罱斛有费，雇募有费，祁赛有费，牛力有费；约而有计，率需钱千。"[1] 但这种交易的范围很小，在地方性小市场上基本就能实现。所以，小农经济条件下人与人之间的关系基本上局限在家庭范围内，即如马克思所指出的："小农人数众多，他们的生活条件相同，但是彼此间并没有发生多种多样的关系。他们的生产方式不是使他们互相交往，而是使他们互相隔离。"[2] 这种隔离还会因交通的不发达和居民的贫困进一步增强。

其次，小农经济的自给自足限制了中国对外交往的需求。小农经济的自给自足性质，在个人层面体现为居民的需求不旺，尤其是对工业品的需求甚少；反映在国家层面则体现为国家没有对外交往特别是对外贸易的需求，于是便有了乾隆皇帝致英国国王乔治三世的那句话，"天朝物产丰盈，无所不有，原不借外夷货物以通有无"。当然，这并非说古代中国从来不对外交往，其臣民也从不稀罕外国货，相反，古代中国不仅积极开辟了东西方贸易的交通要道——丝绸之路，还曾七下西洋到访印度洋和大西洋沿岸的 30 多个国家。但正如我们所见，这种交往基本停留在器物层面，鲜有先进的思想文化层面的深入交流。加之因古代中国长期的世界领先地位造成的自傲，使得历代帝王不屑与"外夷"互通有无。实际上，古代中国的世界领先地位因小农经济的充分发展而获得，又因小农经济的长期存在而渐趋丧失。当 17、18 世纪的西欧诸国先后走上资本主义发展道路时，中国上下尚沉浸于天朝大国的迷梦中，直至英国大炮轰开中国国门。

为此，马克思批判了英国商人将"贸易将有大规模扩张的狂想"的落空归咎于中国政府的做法。1842 年 8 月，英国通过迫使中国签订不平等的《南京条约》为资本主义工业品打开了进入中国市场的通道。英国商人对此"利好"欣喜若狂，疯狂地向中国这个设想中的大市场倾倒五花八门的商品，不

1　转自陈旭麓《近代中国社会的新陈代谢》，中国人民大学出版社，2012，第 4 页。
2　《马克思恩格斯选集》第 1 卷，人民出版社，2012，第 762 页。

管中国人是否有需求，也不管中国人是否有支付能力。当英国商人的"设想需求"遭遇中国的"实际需求"时，1846 年英国的对华出口额骤降到 1836 年以前的水平。也就是说，英国在迫使中国"五口通商"后不仅没有实现对华贸易的逐年增长，反而出现了下降的情况。与之形成鲜明对比的是，中国向英国出口的茶叶和丝的数量却一直在增长。面对这种情况，英国商人简单地将在中国市场遭遇的"失望"归咎于"野蛮政府所设置的人为障碍在作梗"，由此他们"拼命支持每一个许诺以海盗式的侵略强迫野蛮人缔结通商条约的大臣"[1]。"野蛮政府"是当时的西方国家对清朝政府的蔑称，它们自认为只有资本主义文明才是文明，把处在前资本主义发展阶段的国家视为野蛮国家。马克思认为，所谓的"人为障碍"只不过是英国商人的假想敌，因为广州一位英国官员在 1852 年的一份报告书中已经明确指出，每一个可能设想的障碍都已被清除，中国 1000 英里长的新海岸已对英国人开放。英国的一份刊物则将英工业品对中国市场输入的停滞和相对减少归咎于外国的竞争，还有观点认为中国的太平天国革命运动影响了英国人的对华贸易。马克思则认为，除了鸦片贸易影响了中国人对其他商品的购买能力外，妨碍英国人对华贸易扩大的主要因素是中国的社会经济结构。他指出："在以小农经济和家庭手工业为核心的当前中国社会经济结构中，根本谈不上大宗进口外国货。"[2] 西方资本家们之所以持有关于鸦片战争后的对华贸易"将有大规模扩张的狂想"，源于看不到社会现象背后的经济根源，过高地估计了小农经济条件下中国人的消费能力和支付能力。马克思的分析意在告诉人们，鸦片战争后阻碍对华贸易规模扩大的不是中国门户不够开放，而是中国传统的小农经济结构所具有的自给自足性。

最后，小农经济无法造成世界范围内的普遍交往。马克思早在《德意志

---

1 《马克思恩格斯选集》第 1 卷，人民出版社，2012，第 844 页。
2 《马克思恩格斯选集》第 1 卷，人民出版社，2012，第 813 页。

意识形态》中就指出，地域性的共产主义是不能长期存在的，交往（个人、团体、国家之间任何物质上的抑或精神上的交往）的任何扩大都会消灭地域性的共产主义。"共产主义只有作为占统治地位的各民族'一下子'同时发生的行动，在经验上才是可能的，而这是以生产力的普遍发展和与此相联系的世界交往为前提的。"[1] 这里的"世界交往"是普遍交往，它是一种以全人类相互联系、相互依赖为基础的交往。普遍交往对于共产主义的实现为何如此重要？马克思说："普遍交往，一方面，可以产生一切民族中同时都存在着'没有财产的'群众这一现象（普遍竞争），使每一民族都依赖于其他民族的变革；最后，地域性的个人为世界历史性的、经验上普遍的个人所代替。"[2] 具体来说，普遍交往使得各个民族间相互影响，从而使资本主义生产关系在世界各个民族发挥作用，使一切民族都产生无产阶级，而无产阶级是不分国界的，它们基于共同的阶级利益形成国际联合，并在各国的具体革命实践中相互影响、相互支持，共同对付强大的敌人，最终实现自身乃至全人类的解放。因而，如果没有普遍交往，共产主义就只能作为某种地域性的东西存在，而这种存在又是不能长期维持的。

普遍交往的形成与发展又以各个民族内部交往的发展为前提。马克思说："各民族之间的相互关系取决于每一个民族的生产力、分工和内部交往的发展程度。"[3] 由此来看鸦片战争前后的中国，却是一个地道的以小农经济为主的落后的农业国，社会生产力低下，分工不发达，内部交往也不丰富。反过来，内部交往的不丰富又制约着社会生产力的进一步发展。即马克思所指出的："生产本身又是以个人彼此之间的交往为前提的。这种交往的形式又是由生产决定的。"[4] 可见，中国的小农经济限制了整个民族对外交往的需求，并且导

1　《马克思恩格斯选集》第 1 卷，人民出版社，2012，第 166 页。
2　《马克思恩格斯选集》第 1 卷，人民出版社，2012，第 166 页。
3　《马克思恩格斯选集》第 1 卷，人民出版社，2012，第 147 页。
4　《马克思恩格斯选集》第 1 卷，人民出版社，2012，第 147 页。

致其在被迫对外交往中处于不对等的劣势地位。一句话，小农经济的长期存续不利于普遍交往的形成与发展，不利于人类解放事业的推进，不利于共产主义社会的实现。

第二节　"腐败"的封建统治

腐败之于晚清时期的中国，无疑是导致中国社会发展停滞进而逐渐成为半殖民地半封建社会的主要原因。马克思和恩格斯在研究中国问题的过程中，关注并分析了"天朝"（即清朝）政治腐败的几个问题：一是腐败与鸦片贸易的关系问题，提出与私贩鸦片有关的行贿受贿完全腐蚀了中国南方各省的国家官吏[1]；二是腐败与政府行政能力的关系问题，提出腐败使得清朝政府在维持国内秩序和防御外来侵略方面一概无能为力；三是腐败与统治权的关系问题，提出腐败导致皇帝及其墨守成规的大官日益丧失自己的统治权。

一　中国封建王朝政治统治腐败问题概述

在阐述马克思和恩格斯的观点前，有必要简要回顾下中国封建王朝政治统治中的腐败问题。政治腐败尤其是吏治腐败不是清朝后期独有的问题，而是中国两千多年封建帝制的一个顽疾。王亚南先生曾在《中国官僚政治研究》一书中指出："中国一部二十四史，实是一部贪污史。"[2] 可见，腐败问题贯穿于中国封建社会的始终。中国历史上的贪官污吏数不胜数：秦朝中车府令赵高操纵国库、侵夺民田；东汉大将军梁冀敛财30多亿银钱；西晋荆州刺史石崇富可敌国；南宋右丞相陈自强卖官鬻爵、贪赃枉法；北宋宰相蔡京

1　该问题在第二章中考察经典作家关于鸦片贸易危害的论述中已经探讨过，此处不再赘述。
2　王亚南:《中国官僚政治研究》，中国社会科学出版社，1981，第117页。

假公济私、敛财无数;明代掌印太监刘瑾索贿受贿、中饱私囊;明代礼部侍郎严嵩骄奢霸横;清朝内务府大臣和珅更是以敛财8亿两白银成为历史上最大的贪官;等等。除却贪官污吏,不少朝代的皇帝自己就生活奢靡,置百姓于穷困潦倒中不顾,如隋炀帝杨广、明神宗朱翊钧、清高宗爱新觉罗·弘历,等等。

中国封建王朝的政治腐败之所以如此严重,与封建社会制度本身密切相关。首先,封建君主专制制度为大肆敛财提供了可能。在封建君主专制制度下,皇帝一人独揽大权且在皇位继承上实行世袭制。然而,继承皇位的人未必都具备相应的能力,以至于在中国的很多朝代中出现了昏君抑或幼君,前者懒得理朝政,后者不懂理朝政,这必然造成皇权下移或旁落的问题。皇权在封建政治体系中是最高级别的权力,皇权下移或旁落给一些大臣或者皇亲国戚提供了干预朝政的机会,这些人便可以假皇权大肆敛财。其次,封建社会的官员选任制度为用人腐败提供了可能。众所周知,科举制是古代中国发明的一种较为科学的人才选拔制度,这种制度的好处不仅在于打通了底层民众通往统治阶层的渠道,还在于能够为国家挑选出优秀的治理人才。然而,科举本身提供的只是做官的资格,至于做什么官以及日后升迁问题,还是要靠他人的举荐和任命。这就为手握重要职权的官员提供了卖官鬻爵大发横财的机会。最后,封建社会的法律制度助长了官员的腐败行为。在封建社会时期的中国,虽然有法律,但法自君出,皇帝是最高立法者。所以,在具体处罚方面,主观随意性很大,很难做到赏罚分明。此外,虽然皇帝是最高立法者,但他代表的是整个地主阶级的利益,由他来制定的法律必然对官僚有一定的袒护。如果某个贪官的贪污行为不足以威胁到皇权,皇帝可能会睁一只眼闭一只眼。这必然会助长官僚的贪腐之风。所以,吏治腐败普遍存在于中国封建社会的各个朝代,哪怕是在以政治清明著称的一些时期。

清朝之前历代王朝的腐败导致的最严重的结果是改朝换代,而清朝却在腐败中结束了中国两千多年的封建帝制。上文提到的贪官和珅实际上是清朝腐化的一个缩影，尽管和珅在1799年乾隆皇帝驾崩后被嘉庆皇帝赐死，但和珅之后，清朝政治不仅没有变得清明，反而在贪腐之路上越走越远。

一是捐官泛滥、贿赂成风。捐官又称捐纳，作为中国封建政治统治中一种缓解财政困难的手段，早在秦朝就有 "百姓内（纳）粟一石，拜爵一级" 之说。但是把捐官上升为一种制度，并且与科举制度相提并论则是清朝的规定。根据清朝的捐官制度，除八旗户下人、汉人家奴、优伶等不得捐官之外，其他人不论是否适合当官，只要有钱就可以买官。所捐官职按级别明码标价，且价格不菲。既然官是花大钱买来的，做官之后就必然要把花出去的银子捞回来，加大对百姓的压榨和剥削也就成为一种必然。捐官成功后，为了保官和升官，小官贿赂大官、地方官贿赂京城官，在晚清时期是公开的秘密。如此，便出现了 "三年清知府，十万雪花银" 现象。

二是侵占民田、搜刮百姓。与和珅侵占的民田数量相比，道光年间的直隶总督琦善更可谓欲壑难填，被他侵占的民田达到25000余顷。琦善也仅是清朝后期侵占民田的地主中的一个代表，其他占地几百、几千抑或上万亩的地主可以说数不胜数。也就是说，在清朝后期出现了土地大量集中于少数地主手中的现象。这一现象造成的必然结果是，农业生产率降低，农民日趋贫困，农民和地主之间的矛盾也日益尖锐。此外，地方官们还千方百计地搜刮百姓。道光时期的一位诗人在信中描绘道："为大府者，见黄金则喜；为县令者，严刑非法以搜刮邑之钱米，易金贿大府，以博其一喜。至于大饥，人几相食之后，犹借口征粮，借名采买，驱迫妇女逃窜山谷，数日夜不敢归里门，归而鸡豚牛犬一空矣。归未数日，胥差又至矣，门丁又至矣，必罄其家产而后已。"[1]

三是军纪涣散、军备废弛。清朝的军队分为两种，即满洲的八旗和汉族

---

[1]　（清）张际亮:《答黄树斋鸿胪书》,《思伯子堂诗文集》（下），上海古籍出版社，2007，第1360页。

的绿营,八旗兵驻守京城和一些重要地方,绿营兵则分驻各省并服从朝廷调度。但是,不论是八旗还是绿营都深受腐化作风的影响,军官不理营务,士兵不勤操练。在鸦片泛滥后,更是有很多军官和士兵吸食鸦片。在武器装备方面,虽然清朝晚期特别是洋务运动时期注重购买和制造新型舰船和枪炮弹药,但这种努力终究抵不过官场的腐败。美国《纽约时报》1895年3月11日刊载的《述评:清国官场腐败危及人类道德》中有这样一段话:"现代化的武器装备、防御工事以及铁路的引进一夜之间给清国的官员们带来了大量的侵吞公款的机会。只要外国的公司引诱他们或者对他们进行贿赂的话,再怎么老掉牙的枪支或再怎么陈旧的弹药他们都会购买。"[1] 如此,纵使部分爱国官兵奋勇抵抗,也提振不了晚清军队的整体战斗力。

四是生活奢靡、贪图享乐。清朝出现了很多奢靡、贪图享乐的大小官员,可以说这与清朝多位君主所起的负面示范作用有很大关系。以清朝末年长期掌权的慈禧太后为例,她将个人的享乐凌驾于国家安危之上,其奢侈和浪费程度令人吃惊。1894年时的中国早已国库亏空,而且正处于中日甲午战争前夕,慈禧却要求隆重庆祝她的六十寿辰,并扬言"今日令吾不欢者,吾亦将令彼终身不欢"。不得已,只能从拨给海军发军饷的钱中挪用3000多万两白银,按照慈禧太后的要求修缮颐和园,并在紫禁城到颐和园的路上张灯结彩、搭台唱戏,全然不顾国家的危难局面。

二 "天朝"在内政外交方面"一概无能为力"

腐败的政府必然是一个无能的政府。清朝政府的腐败无能在第一次鸦片战争后更加突出。第二次鸦片战争时期,针对清朝政府在内政外交方面的表

---

[1] 郑曦原编:《帝国的回忆:〈纽约时报〉晚清观察记:1854—1911》,当代中国出版社,2018,第110页。

现，恩格斯评价说："它很腐败，无论是控制自己的人民，还是抵抗外国的侵略，一概无能为力。"[1] 也就是说，清朝的腐败无能不仅体现在对内政治统治上，还体现在对外交往上，它既不能有效维护社会秩序，也不能有效应对外来侵略。

在对内方面，恩格斯认为，清朝政府使一场激烈爆发的起义变成了似乎"无法医治的慢性病"。太平天国农民革命运动是在鸦片战争后的中国爆发的第一场革命运动。从反对清朝专制统治的角度看，这场革命运动无疑具有历史进步性。但，这场运动本身所具有的历史局限性也十分明显，正如马克思在 19 世纪 60 年代所指出的，除了改朝换代，太平军们根本不知道自己负有什么使命。换言之，太平天国运动虽然试图推翻清朝的政治统治，却提不出新的建设任务和目标。抛开对这一运动本身的评价，从国家政治层面特别是从治国理政层面看运动的产生及其影响，不难窥见腐败的清朝政府在对内统治方面的无能。中国南方省份的农民之所以能够在洪秀全的拜上帝教旗帜下揭竿而起，之所以能够舍生忘死地与拥有庞大军队的封建统治阶级对抗，最主要的原因是这些农民们已经没办法照旧生活下去。而这一问题产生的根源则在于传统小农经济的衰落和封建政治统治的腐败。这表明，晚清政府不仅在发展社会生产方面的能力不足，而且在稳定社会秩序方面也很乏力。它既不能有效地缓和社会矛盾，也不能有效地控制局面。所以，太平天国运动持续了 14 年之久，并且在南京建立了一个与清廷相抗衡的政权。对此，恩格斯在 1858 年 10 月发表的《俄国在远东的成功》这一社论中指出，"这里又有一个这样的帝国，它很虚弱，很衰败，甚至没有力量经受人民革命的危机，在这里，就连一场激烈爆发的起义也都变成了看来无法医治的慢性病"[2]。这是晚清时期国家官员不励精图治却以权谋私即吏治腐败的必然结果。

---

1 《马克思恩格斯选集》第 1 卷，人民出版社，2012，第 822 页。
2 《马克思恩格斯选集》第 1 卷，人民出版社，2012，第 822 页。

在对外方面，马克思和恩格斯指出了清朝政府在两次正义的反侵略战争中都以失败而告终的事实。关于晚清中国在第一次鸦片战争中的表现，马克思说了这样一句话："满族王朝的声威一遇到英国的枪炮就扫地以尽。"[1] 泱泱大国，在本土作战，并且集结了10万兵力，却败给了英国2万远征军，不能不令人深思。第一次鸦片战争失败的原因有很多，但清朝政府的腐败是一个不容忽视的重要因素。前文提到，从乾隆朝后期开始，清朝的吏治就已大坏，腐败渗透到封建官僚体系的每一个角落。自然，这种腐败也存在于各级军部。晚清时期，从制造兵器到军队的管理，每一个环节都存在腐败现象。如，在兵器制造环节，贿赂验收官弁在当时已经成为公开的秘密。贿赂成风的结果是，一些根本不符合技术标准和质量要求的大炮、舰船等武器装备被投入使用中。魏源就曾指出："官设水师米艇，每艘官价四千，已仅洋艘五分之一。层层扣蚀，到工又不及一半。"[2] 另外，在清军队伍中，吃空额、克兵饷和贪赃枉法已经成为一种普遍的现象，由此产生的结果是军备废弛，毫无战斗力，从而在战争中一触即溃。这也就出现了恩格斯所描述的关于第一次鸦片战争的情景："上海未经任何抵抗就投降了。"[3] 在英军北上的过程中，只有在进攻镇江的时候才遭到守城官兵的顽强抵抗。恩格斯认为，如果这些侵略者在侵略过程中到处都遭到像镇江城的守军这样的抵抗，英国发动第一次对华战争的图谋便不会得逞。问题是，面对英军的坚船利炮，清军上下一致认为不能在海上与敌人交战，所以只能被动地在陆地等待对方的进攻。而在陆上交战时，很大一部分官兵因平时训练废弛，战斗力不足。所以，当英军到达南京下关江面并扬言攻城时，惊恐万分的道光皇帝急忙派人与英方签订和约。

1　《马克思恩格斯选集》第1卷，人民出版社，2012，第779页。
2　（清）魏源：《圣武记》（下），中华书局，1984，第545页。
3　《马克思恩格斯全集》第16卷，人民出版社，2007，第105页。

第二次鸦片战争时期，清朝中央和地方官员在战争前和战争中的表现再次证明其腐败无能。时任两广总督叶名琛在处理外交事务上一味地回避和拖延，不作为，也不敢作为。最初，在英、法、美三国公使提出修约要求时，他不仅没有核查对英国的条约中是否有"十二年后再行更易之议"的条款，还把道光二十二年订立的条约说成是二十一年。这无疑助长了列强的无理要求。后来，他在毫无应对策略的前提下，奏报皇帝将列强的修约要求事宜交由他处理。在英国炮轰广州后，他又在无备战和不抵抗的前提下，谎报防御英夷获胜。对此，恩格斯不无讽刺地指出："直到城市被轰击了6天之后，中国总督才知道这位英国领事还有何不满。"[1] 此外，咸丰帝及其朝中大臣在接到叶名琛关于西方列强提修约要求的奏报后，只是笼统地要求叶名琛"随机应变"和"绝其诡诈之谋"，并未有具体的指示。在英、法两国宣战并已占领广州时，清廷不但没有诉诸武力的打算，反而向接任叶名琛的新两广总督作出"羁縻"的指示。这正如胡绳先生总结指出的："在清朝政府方面，力求同侵略者妥协了事，力求避免决裂，这是整个第二次鸦片战争中的特点。"[2] 纵然清朝国力衰微，在生产力发展水平特别是武器装备方面与西方列强有很大的差距，但是清朝统治者的腐败无能无疑是其在鸦片战争中失败的重要原因。

三　腐败使得皇帝"日益丧失自己的统治权"

腐败被视为政治之癌，可见其危害之大。马克思分析了腐败对清朝政治的危害，认为腐败将导致皇帝日益丧失自己的统治权。

马克思指出，家长制权威是清朝国家机器各部分之间的唯一精神联系。

1　《马克思恩格斯全集》第16卷，人民出版社，2007，第20页。
2　胡绳：《从鸦片战争到五四运动》（上），人民出版社，2010，第138页。

古代中国政治是封建官僚政治，清朝统治下的中国也不例外。陈旭麓先生曾这样描述中国封建社会的政治构造："自秦始皇统一六国之后，皇帝就高居于权力的顶峰，俯视着尘世中碌碌劳作的黎民。在他的下面，依照品级和人数的反比，是上下相承，左右相连的一层一层官僚。"[1] 说白了，中国封建社会推行的是官僚政治。在这样的政治构造中，封建君主即皇帝一人独揽大权，帝王之言即为法，因而被奉为圣旨。与这种权力高度集中于一人之手相伴的是在治国上推行家长制式的统治方法。所谓家长制，指整个国家就像一个大家庭，封建君主是这个大家庭的家长，这个"家"被视为皇帝的私人财产。既然国家是私人的，皇权就应该是终身的，并且是世袭的。与之相应，在用人方面，虽然隋朝开始设立科举制，但并没有改变任人唯亲的传统。历朝历代的皇帝都会以血缘关系为基础，根据与皇帝私人关系的亲疏远近和皇帝的喜好赐予皇亲国戚以相应的官职。所以，中国封建社会中皇帝的权威是一种家长制权威。马克思认为，家长制权威是中国庞大的封建国家机器各部分间的"唯一的精神联系"。既然是"唯一的精神联系"，一旦这种精神联系被破坏，帝王的权威也就失去了依托，统治权的丧失也就成为必然。

马克思指出，私贩鸦片引起的腐败破坏了天朝的家长制权威。在家长制统治方式下，中国封建王朝的皇帝具有至高无上的权威，全国所有人都应该听从他的命令。以此类推，各级官吏在他们的管区也享有这样的权威。所以，皇帝下诏的指令，下面的官员必须严格执行。但是，非法的鸦片贸易引起的腐败却在无形中破坏这一家长制权威。中国南方各省的官吏虽然明面上奉旨禁止鸦片进口，但在具体执行过程中却收受贿赂，甚至以公职人员身份为掩护参与贩运鸦片，这是对皇帝命令和指示的公然违抗，也是对家长制权威的破坏。基于此，马克思评论说："正如皇帝通常被尊为全中国的君父一样，皇

---

1 陈旭麓：《近代中国社会的新陈代谢》，中国人民大学出版社，2012，第7页。

帝的官吏也都被认为对他们各自的管区维持着这种父权关系。可是，那些靠纵容私贩鸦片发了大财的官吏的贪污行为，却逐渐破坏着这一家长制权威——这个庞大的国家机器的各部分间的唯一的精神联系。"[1]

马克思进一步指出，当鸦片成为中国人的统治者，皇帝也就丧失了自己的统治权。前文已指出，早在 1796 年清朝政府就颁布了禁烟令。可是，在禁烟令下，鸦片贸易不减反增。在鸦片战争之前的二十年间，每年输入中国的鸦片数量更是以惊人的速度增加。这种快速增加的背后是在清朝官吏中日益盛行的腐化作风。因鸦片走私而加剧的吏治腐败无时无刻不在破坏家长制权威这一天朝帝国各部门之间的 "唯一的精神联系"。当这种破坏进行到一定程度时，封建家长制式的统治方式也就难以为继，最高统治者的统治权也就随之日益丧失。因此，针对私贩鸦片形成的腐败风气可能造成的影响，马克思评论道："几乎不言而喻，随着鸦片日益成为中国人的统治者，皇帝及其周围墨守成规的大官们也就日益丧失自己的统治权。"[2] 可以说，鸦片战争之后，太平天国运动的兴起，中国半殖民地政治地位的形成，既是对清朝政治统治权的削弱，又是皇帝日益丧失自己统治权的集中体现。清朝政治统治的腐败，使得封建统治者们虽然在形式上掌握着国家最高统治权，实质上已经在逐渐瓦解，最终在辛亥革命中走向终结。

第三节　"人为" 的闭关自守

"旧中国" 之所以长期 "停滞不前"，除了内在的经济政治因素，还与闭关自守的对外政策有直接关系。马克思认为与外界完全隔绝曾是保存旧中国的首要条件，并提出这样的帝国注定最后要在一场殊死的决斗中被打垮；恩

1　《马克思恩格斯选集》第 1 卷，人民出版社，2012，第 779 页。
2　《马克思恩格斯选集》第 1 卷，人民出版社，2012，第 779 页。

格斯认为脱离了闭关自守状态的国家更容易走向革命，被迫脱离闭关自守状态的中国正在走向革命。

一　闭关自守在清朝才形成为一种"政治原则"

闭关自守并非古代中国的常态，相反，历史上的中国曾经是一个十分注重对外交往的开放的国度。在清朝之前，中国不仅积极主动地与域外民族、国家和地区开展经济贸易活动，还注重相互间的文化交流与学习活动，因而彼时的中国也是走在世界前列的繁荣而富庶的东方大国。从汉代张骞出使西域，到唐代玄奘西天取经，再到明代郑和下西洋，古代中国在一千多年的时间里虽历经朝代更迭，但从来都是一个开放的国度。正因为此，以"四大发明"为代表的一系列划时代文明成果传到了亚洲、欧洲和非洲的多个国家，促进了整个人类社会的发展和进步。当然，这也并非意味着历史上的中华民族只管开放不管安全。早在先秦时期，儒家就提出了华夷观，华夷之辨的观念也由此萌生。因此，古代中国是有着强烈的中华民族意识的政治共同体。对于古代中国的这些情况，马克思显然是了解的，他说："仇视外国人，把他们排除在帝国之外，这在过去仅仅是出于中国地理上、人种上的原因，只是在满族鞑靼人征服了全国以后才形成为一种政治原则。"[1] 这里的"满族鞑靼人"指建立清朝的满族人，当时的欧洲人称满族人为鞑靼人，称清朝的皇帝为鞑靼皇帝；把外国人"排除在帝国之外"正是闭关自守的做法，马克思的意思是，中国把闭关自守上升为一种政治原则是从清朝开始的。

那么，清朝何以要将把外国人"排除在帝国之外"上升为一种政治原则？马克思指出："毫无疑问，17 世纪末竞相与中国通商的欧洲各国彼此间的剧

---

[1]　《马克思恩格斯选集》第 1 卷，人民出版社，2012，第 784 页。

烈纷争,有力地助长了满族人实行排外的政策。可是,更主要的原因是,这个新的王朝害怕外国人会支持一大部分中国人在中国被鞑靼人征服以后大约最初半个世纪里所怀抱的不满情绪。出于此种考虑,它那时禁止外国人同中国人有任何来往,要来往只有通过离北京和产茶区很远的一个城市广州。外国人要做生意,只限同领有政府特许执照从事外贸的行商进行交易。这是为了阻止它的其余臣民同它所仇视的外国人发生任何联系。"[1] 清朝是满族人入主中原建立起来的中国历史上最后一个大一统封建王朝。但是,清朝统治者们却对汉人采取了诸如"剃发易服"之类的高压政策和排他性的用人政策,这引起了汉人的严重不满,导致清朝在建立之初即面临着汉人反清复明运动的困扰。为防止外国人支持反清复明运动,清政府便采取了闭关自守的政策。当然,还存在马克思提到的另一个原因,即来华贸易的外国商人相互间的剧烈纷争,清朝政府担忧这种纷争会给中国带来麻烦。清朝统治者们认为闭关自守便可排除外来的一切干扰,便可实现"天朝帝国万世长存"。

二 闭关自守人为地维持了"过时的农业体系"

充当着中国封建社会制度基础的小农经济早在 17 世纪就已经成为一种"过时的农业体系",可是在中国却被"人为地维持着"。恩格斯指出,在中国,"同家庭工业结合在一起的过时的农业体系,是通过严格排斥一切干扰成分而人为地维持下来"[2]。这里的"无情地排斥一切干扰成分"指的就是清朝政府推行的闭关自守政策。根据唯物主义辩证法,联系是普遍存在的,不同事物之间以及同一事物的内部要素之间因为联系而相互作用,进而产生变化和发展。人类社会的发展亦是如此,不同民族、不同国家、不

---

1 《马克思恩格斯选集》第 1 卷,人民出版社,2012,第 784 页。
2 《马克思恩格斯全集》第 39 卷,人民出版社,1974,第 285 页。

同地区因而也是不同文化之间的交往和交流有助于在取长补短中相互促进。当然，交往或交流的方式并不一定是文明的、友好的，譬如战争、掠夺、奴役等是将一部分人的利益凌驾于另一部分人的利益之上的"海盗式"交往，这是阶级社会中的剥削阶级特别是资产阶级在政治统治中对外交往的惯用方式。也正是在这个意义上，马克思称不列颠在印度的殖民统治充当了历史的不自觉的工具，并提出只有从这种殖民统治的束缚下解放出来，印度人才能真正收获资产阶级在他们中间播下的新的社会因素所结的果实。

以欧洲为例，欧洲国家之所以能够在近代超越中国，其中一个重要的因素是借鉴吸收了中国的优秀文明成果。正是在这个意义上，马克思说"三大发明"预告了资产阶级社会的到来。如果没有东西方的交往，源于中国的"三大发明"就不会传到欧洲；如果欧洲不能以开放心态积极吸收中国文明成果，也就很难在短时间内实现技术上的突破。同理，暂时被欧洲国家超越的中国，要在短时间内赶上欧洲国家发展水平，也需要积极吸收西方国家最新的积极文明成果。然而，清朝时期的中国，客观上受外来势力干扰的影响，主观上受长期领先于世界产生的自大心理的影响，推行闭关自守的政策。由于闭关自守，促使中国"过时"的农业体系瓦解的因素即现代化大生产的因素特别是先进的科学技术成果，也被阻挡在国门之外。中国因此错失了将小生产转化为大生产的早期时机。正是从这个意义上，恩格斯说中国"过时"的农业体系是被"人为"地维持着的。如果清朝政府不是推行闭关自守政策，而是以开放性思维积极地吸收国外特别是欧洲国家优秀的现代文明成果，19 世纪的中国也许就不会成为半殖民地半封建社会。

所以，从社会新陈代谢或者说从社会发展的角度，中国闭关自守的状态被打破并非坏事，恩格斯持有这样的看法。1894 年 11 月 10 日，他在致德里希·阿道夫·左尔格的信中说："在中国进行的战争给古老的中国以致命的打击。闭关自守已经不可能了；即使是为了军事防御的目的，也必须敷设铁路，使用蒸汽机和电力以及创办大工业。这样一来，旧有的小农经济的经济制度（在这种制度下，农户自己也制造自己使用的工业品），以及可以容纳比较稠密的人口的整个陈旧的社会制度也都在逐渐瓦解。"[1] 只有在对外交往中积极吸收人类已经创造出来的优秀文明成果，才能大踏步赶上时代步伐。但对于已经遭遇西方列强殖民侵略的东方落后国家来说，要实现这种大发展必须首先从殖民主义的奴役下解放出来，实现民族独立。

三 闭关自守的国家注定 "要在决斗中被打败"

在清朝政府将闭关自守上升为政治原则即对外政策后，中国便被 "人为地隔绝于世"，站在了世界发展历史进程之外。乾隆二十二年（1757），清朝开始推行针对西洋人的 "一口通商" 政策，这一政策即马克思文中提到的造成中国 "闭关自守" "与文明世界隔绝" 状态的政策。这一政策的推行限制了中国与西方的交往。就生产力发展水平来说，乾隆时期的中国已经落在西方资本主义国家之后，但由于极大地减少了与西方国家的贸易往来和文化交流，清朝并不了解西方经济社会发展的具体状况，以致把英国使节马戛尔尼谋求商务利益的来访误认为进贡。同一时期的欧洲国家，以英国为例，不仅通过资产阶级革命结束了中世纪的专制统治，还在 18 世纪 60 年代率先开启了工业革命，从而在经济、政治、文化等方面均实现了从传统向现代的过渡。如此，在社会发展水平上，中国和欧洲资本主义国家间的差距不断拉大，直到 1840 年鸦片战争的爆发。当然，社会发展水平上的差距并不必然带来战争和奴役。问题是，在资本增殖逻辑下，"不断扩大产品销路的需要，驱使资产阶级奔走于全球各地"[2]，到处落户，到处开放，到处建立联系，迫使一切民

---

1 《马克思恩格斯选集》第 4 卷，人民出版社，2012，第 655 页。
2 《马克思恩格斯选集》第 1 卷，人民出版社，2012，第 404 页。

族采用资产阶级的生产方式。中国这个昔日的东方大国，给在全球范围内夺取新市场的资本家们带去无限畅想的国家，必然成为以英国为代表的西方列强觊觎的对象。

马克思指出，英国的"枪炮"使"天朝帝国万世长存的迷信破了产"[1]。本以为闭关自守便可万世长存的清朝皇帝，先是以"道义"来对抗西方的"利益"，即以禁烟来对抗鸦片走私，即马克思所指出的："中国皇帝为了制止自己臣民的自杀行为，下令同时禁止外国人输入和本国人吸食这种毒品，而东印度公司却迅速地把在印度种植鸦片和向中国私卖鸦片变成自己财政系统的不可分割的部分。"[2] 然而，在鸦片贩子的贿赂下，任何禁令都形同虚设，"帝国当局、海关人员和所有的官吏都被英国人弄得道德堕落"[3]。为了"制止自己臣民的自杀行为"，道光皇帝于 1839 年委任钦差大臣林则徐赴广东主持禁烟运动。严格执行禁烟令的林则徐，在广东开展了缴烟和销烟运动。结果，英国人却以此为借口发动了第一次鸦片战争。通过鸦片战争，清朝皇帝及其大臣第一次意识到中国和西方在技术上有差距。在英军的坚船利炮下，军备废弛的清军不堪一击。马克思指出："满族王朝的声威一遇到英国的枪炮就扫地以尽，天朝帝国万世长存的迷信破了产，野蛮的、闭关自守的、与文明世界隔绝的状态被打破，开始同外界发生联系，这种联系从那时起就在加利福尼亚和澳大利亚黄金的吸引之下迅速地发展起来。"[4] 英国的暴力入侵打破了中国与资本主义国家隔绝的状态，也就打破了清朝统治者以为闭关自守能够使封建王朝"万世长存"的幻想。

马克思提出，安于现状、闭关自守的国家注定要在一场殊死的决斗中被打垮。由于长期闭关自守，时至 19 世纪 40 年代，中国已经由领先于世

1　《马克思恩格斯选集》第 1 卷，人民出版社，2012，第 779 页。
2　《马克思恩格斯选集》第 1 卷，人民出版社，2012，第 804 页。
3　《马克思恩格斯选集》第 1 卷，人民出版社，2012，第 805 页。
4　《马克思恩格斯选集》第 1 卷，人民出版社，2012，第 779 页。

界的东方大国变成落后于西方的"最古老的帝国",不论在经济上还是在军事上都无力与这一时期的西方强国相抗衡。受资本支配的西方强国想要在中国获得"贱买贵卖的特权",即把中国变成它们的廉价原料来源地和工业品倾销地。从马戛尔尼访华到鸦片贸易再到两次鸦片战争,英国资本家尝试以各种手段打开中国市场,以满足资本无限增殖的欲求。马克思针对1858年中英《天津条约》所做的评论鲜明地刻画了西方列强的这种目的:"联军全权代表强迫中国订立新条约的消息,看来引起了以为贸易将有大规模扩展的狂想,同第一次对华战争结束后1845年时商人们头脑中产生的狂想完全一样。"[1] 正因为第一次鸦片战争未能使他们的"狂想"转化成为现实,英国资本家及其政府才蓄谋再次发动对华战争,直到在中国市场上实现其贸易大规模扩展的狂想。对于西方资本家来说,"它的商品的低廉价格,是它用来摧毁一切万里长城、征服野蛮人最顽强的仇外心理的重炮"[2]。只要能够迫使落后国家完全开放市场,他们就能够用"低廉的价格"占领这些市场,进而获得"贱买贵卖的特权"。很显然,19世纪40年代的中国与同时期的西方列强之间的较量是一场势不均力不敌的较量。马克思说,"一个人口几乎占人类三分之一的大帝国,不顾时势,安于现状,人为地隔绝于世并因此竭力以天朝尽善尽美的幻想自欺。这样一个帝国注定最后要在一场殊死的决斗中被打垮"[3]。

四　被迫脱离闭关自守状态的中国正走向革命

马克思指出,当中国与外界隔绝的状态被暴力打破时,接踵而来的必

1　《马克思恩格斯选集》第1卷,人民出版社,2012,第801页。
2　《马克思恩格斯选集》第1卷,人民出版社,2012,第404页。
3　《马克思恩格斯选集》第1卷,人民出版社,2012,第804页。

然是解体的过程。1840 年 6 月，蓄谋已久的英国政府以虎门销烟为借口发动了第一次对华战争即鸦片战争。通过战争，英国迫使中国开放广州、福州、厦门、宁波、上海五处为通商口岸，昔日的"一口通商"被"五口通商"取代；此外，与"一口通商"密切关联的"公行制度"也被废除，英商不必再经过广州十三行对华贸易，可以在华自由贸易。这就意味着，鸦片战争打开了"西洋"商品和"西洋"人进入中国的阀门，中国"与世隔绝"的状态被打破。资本主义因素入侵后，中国原有的封建社会形态就不可能照旧维持下去。针对这种必然要发生的变化，马克思以木乃伊做比喻，十分形象地指出："当这种隔绝状态通过英国而为暴力所打破的时候，接踵而来的必然是解体的过程，正如小心保存在密闭棺材里的木乃伊一接触新鲜空气便必然要解体一样。"[1] 鸦片战争后的中国，在外来资本主义的侵入下，小农业和家庭工业相结合的经济结构逐渐被打破，原有的封建经济体系逐渐半封建化。马克思分析了外国工业品对中国传统手工业造成的破坏作用，指出外国工业品的输入对中国工业发生了类似过去对小亚细亚、波斯和印度所发生的那种影响。以印度为例，1813 年，加尔各答还向英国输出价值 200 万英镑的棉布，到 1830 年，不但不出口，反而输入 200 万英镑的英国棉织品。[2] 时至 19 世纪 30 年代，本是棉织品故乡的印度却充斥着英国棉织品，印度传统棉纺织业遭到了英国致命的打击。经济基础决定上层建筑，作为经济基础的小农经济结构遭到破坏后，竖立其上的政治的文化的上层建筑也逐渐发生变化。当然，这种变化之于当时的中国而言，更多的是找出路、求生存，因为这种半封建化是在半殖民地化的情况下产生的，是一种毫无建设性的破坏过程。恩格斯晚年在给尼·弗·丹尼尔逊的信中谈及英国要在中国修建铁路一事时说："中国的铁路意味着中国小农经济和

1　《马克思恩格斯选集》第 1 卷，人民出版社，2012，第 780—781 页。
2　林承节：《印度史》，人民出版社，2004，第 242 页。

家庭工业的整个基础的破坏;由于那里甚至没有中国的大工业来予以平衡,亿万居民将陷于无法生存的境地。"[1] 这表明,在经典作家看来,西方资本主义虽然打破了旧中国原有的经济政治状态,使其有新生的可能性,但这种破坏对于中国人民来说是一种灾难。

恩格斯指出,被迫脱离了闭关自守状态的半野蛮国家都在进行革命。早在 1847 年,恩格斯的《共产主义原理》就从历史唯物主义的角度评价了机器劳动带来的革命性变革:"由于在世界各国机器劳动不断降低工业品的价格,旧的工场手工业制度或以手工劳动为基础的工业制度完全被摧毁。所有那些迄今或多或少置身于历史发展之外、工业迄今建立在工场手工业基础上的半野蛮国家,随之也就被迫脱离了它们的闭关自守状态。"[2] 因为机器劳动生产率比手工劳动生产率高,同样的商品在市场上可以低价出售。一旦这些工业品侵入以手工劳动为基础的国家,就会在市场上不断排挤这些国家手工劳动生产的商品,最终造成把"工场手工业工人置于死地"的情况。从历史唯物主义的角度看,机器劳动取代手工劳动是生产力上的变革,它能创造出更大的生产力,能够为促进人的发展和人的解放创造物质前提,因而这种变革是革命性的。正是基于这种意义,恩格斯说像印度这样一些几千年来没有进步的国家都已经进行了完全的革命,"甚至中国现在也正走向革命"[3]。实际上,不论对于印度还是中国来说,这种"革命"更多体现在"破"上,即原有的小农经济结构被外来资本主义暴力打破,一定程度上为新生产力的发展和新生产关系的形成提供前提。

由此可见,在马克思和恩格斯看来,在世界历史已经形成的时代,任何民族、国家或地区以闭关自守人为地隔断与外部世界的联系,都只会带

1　《马克思恩格斯文集》第 10 卷,人民出版社,2009,第 636 页。
2　《马克思恩格斯选集》第 1 卷,人民出版社,2012,第 299 页。
3　《马克思恩格斯选集》第 1 卷,人民出版社,2012,第 299 页。

来落后，只有脱离闭关自守的状态，以开放的姿态面向世界，才能与时代共进步。这也就能够解释恩格斯关于甲午战争对中国影响的评论："意味着古老中国的终结，意味着它的整个经济基础将会发生渐进的、但却是全面的革命"[1]。

1　《马克思恩格斯全集》第 39 卷，人民出版社，1974，第 288 页。

第五章
马克思主义经典作家对中国人民
反侵略反封建斗争的支持

在西方列强的入侵下，近代中国人民的民族民主意识逐渐觉醒，开展了一系列反对外国侵略和反对封建专制统治的斗争。以为人类求解放为己任的马克思、恩格斯和列宁，始终站在人民立场上，关注和评论中国人民的反侵略反封建斗争。恩格斯将中国人民群众自发的反对外国人的斗争称为"保卫社稷和家园"的人民战争；马克思论证中国军队对英国船只的"毁灭性的轰击"不是违背条约而是"挫败入侵"；列宁则为中国的新生欢呼，提出中华民国是"全世界劳动群众同情"的共和国。

第一节 "保卫社稷和家园" 的人民战争

第二次鸦片战争时期，恩格斯发现中国人特别是南方民众开始积极地参加反对外国人的斗争。当中国民众的斗争手段遭到英国报刊的非议、指责甚至污蔑时，恩格斯却将其定性为"保卫社稷和家园"的"人民战争"，并提出不应当根据任何抽象标准来衡量起来反抗的民族在人民战争中所采取的手段。

一　"人民战争"概念的内涵及其特征

"人民战争"这个概念由恩格斯在评论 1848—1849 年意大利革命问题时首先提出，指有人民群众广泛参与的正义战争。意大利曾是古罗马帝国的核心，但西罗马帝国灭亡后的意大利却陷入了四分五裂的状态。从 16 世纪开始，意大利更是遭到了西班牙、奥地利、法国等国家的入侵。如此，意大利便呈现出马克思所指出的情景：常常被征服者的刀剑压缩为各种大大小小的国家[1]。1815 年维也纳会议后，意大利被肢解为多个封建小邦国，除西北部的撒丁王国（即皮埃蒙特地区，也作"皮蒙特"）保持独立外，奥地利控制了其中的大部分地区，西班牙控制了由那不勒斯王国和西西里王国组成的两西西里王国，法国则在罗马地区驻军。为实现民族统一和独立，意大利人民同这些压迫者进行了长期的武装斗争。1848 年 1 月，西西里首府巴勒莫人民起义，揭开了意大利独立战争的序幕。随后，起义迅速向意大利其他邦国和地区扩展，米兰通过反奥起义宣布成立共和国，威尼斯也宣布建立独立的共和国。1848 年 3 月 23 日，撒丁王国在全国反奥运动的推动下也对奥宣战。意大利民主革命和民族解放运动的开展引起了马克思、恩格斯的高度关注。恩格斯在分析撒丁王国先后两次对奥地利战争失败的原因时指出："皮蒙特人一开始就铸下的一个大错误，就是他们只用正规军队来抵抗奥军，他们想进行最一般的、资产阶级式的、规规矩矩战争。一个想争取自身独立的民族，不应该仅限于用一般的作战方法。群众起义，革命战争，到处组织游击队——这才是小民族制胜大民族，不够强大的军队抵抗比较强大和组织良好的军队的唯一方法。"[2] 这里虽然没有使用"人民战争"这个概念，却已经表达出了

---

[1] 《马克思恩格斯选集》第 1 卷，人民出版社，2012，第 848 页。
[2] 《马克思恩格斯全集》第 6 卷，人民出版社，1961，第 461 页。

"人民战争"的基本特征。

首先，人民战争是反奴役求解放的战争，具有正义性。1848—1849 年的意大利战争，既有争取民主的一面，又有争取独立的一面。如，米兰和威尼斯都在反奥过程中宣布成立共和国，皮埃蒙特却以撒丁王国的名义发动对奥地利的战争。但不论是争取民主还是争取独立，对意大利人民来说都是在为自由和民主而战，为正义事业而战。所以，虽然战争由意大利人首先发起，却不影响战争的正义性。由此，恩格斯不仅将意大利伦巴第的起义称为"真正的民族战争"，还进一步提出这种战争"会把整个意大利都吸引到斗争中来并使罗马人和托斯卡纳人充满新的毅力"[1]。1854 年，马克思在评论克里木战争时提到了英国的"人民战争"问题，但他基于英国当时的状况明确指出"只有反俄战争才可能是这样的战争"[2]。19 世纪中期的英国是最大的殖民帝国，在世界上到处侵略落后国家，发动了一系列极端不义的战争，但克里木战争是个例外，对于英国来说这是阻止沙皇俄国南侵的战争。所以，马克思认为只有反俄战争才可能具有人民战争的性质。

其次，人民战争是群众广泛参与的战争，具有群众性。人民战争的主体是"人民"，也就说是人民群众广泛参与的战争，恩格斯的"群众起义""全民起义"强调的正是这一点。这也是人民战争区别于其他战争的一个显著特点。在人类发展史上，爆发了无数次的战争，但绝大多数战争都是少数政治野心家为"建立功勋"或"侵略扩张"而发动的非正义战争。这样的战争不仅不会吸引人民群众的广泛参与，反而会引发人民群众的强烈抗议。马克思、恩格斯、列宁就强烈谴责西方列强发动的各种侵略战争以及为争夺殖民利益而发动的非正义战争，列宁还号召俄国人民群众反对沙皇俄国的侵华战争，号召各国人民反对帝国主义战争。不过，一场战争要成为人民战争，除了具

---

1 《马克思恩格斯全集》第 6 卷，人民出版社，1961，第 463 页。
2 《马克思恩格斯全集》第 10 卷，人民出版社，1962，第 622 页。

备正义性这个前提外，还要看战争领导者能否动员人民群众广泛参与。1848—1849 年的意大利对奥地利的战争虽然是正义之战，但由于撒丁王国是君主国，国王查理·阿尔伯特"害怕热那亚和都灵的共和主义者甚于害怕奥地利人"[1]，根本不敢发动人民群众支持战争，正如恩格斯所揭露的："君主国当然决不敢进行革命的战争、决不敢发动全民起义和实行革命恐怖。它宁可跟自己的最凶恶的但出身相同的敌人讲和，而不愿同人民联合。"[2]

再次，人民战争是不限作战方法的战争，具有灵活性。恩格斯强调"一个想争取自身独立的民族，不应该仅限于用一般的作战方法"[3]，意味着人民战争在作战方法上有极大的灵活性，不像政府军之间那样采用"规规矩矩"的作战方法，而是根据人民群众自身的作战条件采用相应的作战方法。这除了与人民群众的作战条件有关，还有一个很重要的原因，即被压迫民族采用正规的作战方法很难战胜压迫民族。就 19 世纪被侵略国家来说，这些国家往往在经济上和军事上落后于入侵国，因而不论在军事组织上还是在军事装备上都达不到入侵军队的水平。以 19 世纪的波斯为例，波斯虽然移植了欧洲式军事组织，但由于波斯还是一个君主制国家，旧有的社会制度和思想观念使得欧洲式军事组织难以奏效，结果是波斯在与英国的战争中被打得"一败涂地"。所以，恩格斯认为"群众起义""组织游击队"等人民战争方法会比正规作战方法更有效。

最后，人民战争是能够以弱胜强的战争，具有决定性。人民群众是历史的创造者，能够获得人民群众支持的战争一定是正义的战争，反之，战争的非正义一方即便能够以欺骗等手段获得群众的支持，这种支持也是暂时性的，正所谓"得道者多助，失道者寡助"。在人民战争中，即便正规军的力量比

1　《马克思恩格斯全集》第 6 卷，人民出版社，1961，第 458 页。
2　《马克思恩格斯全集》第 6 卷，人民出版社，1961，第 463—464 页。
3　《马克思恩格斯全集》第 6 卷，人民出版社，1961，第 461 页。

较薄弱,有了广大人民群众的支持和参与,最终也会取得胜利。恩格斯指出:"群众起义,全民起义,这是使王室望而生畏的手段。这是唯有共和国才会采取的手段,——1793 年就证明了这一点。"[1] 1793 年春,法国国王路易十六被革命者处死的消息传到欧洲后,普鲁士、奥地利、西班牙、荷兰、萨丁尼亚、汉诺威和英国成立了反法同盟,开始武装干涉法国大革命。执掌政权的吉伦特派不仅不善于发动群众抵抗外国干涉,还因饥饿问题将人民群众推向了自身的对立面。巴黎人民愤而起义,推翻了吉伦特派的统治,建立起雅各宾专政。雅各宾派通过满足人民群众的基本要求,将人民群众紧密地团结在革命者周围,成功解除了法国革命政权遭到外来武装干涉的危机,保卫了法国革命的成果。所以,针对意大利革命问题,恩格斯指出:"假如在会战失败之后立即开始真正的革命战争,假如意大利残存的一部分军队立刻宣布自己是全民起义的核心,假如把军队的普通战争变为 1793 年法国人所进行的那种人民的战争,那末这种损失就根本算不了什么。"[2] 人民群众是"不可战胜的力量",获得人民群众广泛支持的正义战争一定能够取得胜利。

二 中国人普遍奋起反抗外国人的斗争是人民战争

第二次鸦片战争爆发后,中国人民特别是广州群众自发地以各种方式积极开展反抗外国人的斗争。恩格斯认为,这种局面是英国对中国实行的"海盗政策"即侵略政策造成的,中国人的反抗斗争是"保卫社稷和家园"的战争,是维护中华民族生存的"人民战争"。

恩格斯发现,中国民众至少是南方各省民众"积极地而且是狂热地参加

---

1 《马克思恩格斯全集》第 6 卷,人民出版社,1961,第 463 页。
2 《马克思恩格斯全集》第 6 卷,人民出版社,1961,第 463 页。

反对外国人的斗争"[1]。为进一步打开中国市场，英国联合法国于 1856 年 10 月以"亚罗号事件"为借口再次发动对华战争即第二次鸦片战争。侵略军先是炮轰和占领广州城外的防御炮台，后闯入广州城内炮轰城墙、劫掠店铺、烧毁民宅、滥杀无辜等。如，在 1857 年 1 月初的一场江面对阵战后，西马糜各厘决定烧毁商馆附近一带的房屋，并不管那些只是中国商民的货栈，连同其中货物，都是私人财产。他们"先焚所赁居之洋行，渐延渐广，自西濠至西炮台，一昼夜毁数千家"[2]。侵略军的各种暴行激起了广州人民的强烈愤怒。愤而反抗的人民群众自发地或秘密或公开地开展反对侵略者的斗争。如，在广州联军占领区内及香港等地方分散潜伏，秘密活动，随时随地进行破坏并袭击侵略者。[3] 恩格斯也根据相关资料罗列了中国人反对外国人斗争的一些事例：他们经过极其冷静的预谋，在供应香港欧洲人居住区的面包里大量地投放毒药；他们暗带武器搭乘商船，而在中途杀死船员和欧洲乘客，夺取船只；他们在移民船上起来暴动，夺取船只，宁愿与船同沉海底或者在船上烧死，也不投降；甚至国外的华侨也进行密谋，突然在夜间起事。[4] 这些是以秘密形式进行的分散斗争。还有一些群众集中起来有组织地开展反侵略斗争。在当时最为典型的是团练的反侵略斗争。团练是中国古代一种地方民兵组织，兴起于唐宋，鼎盛于清朝中后期，延续至民国初年。团练主要由地方士绅组织和领导，成员多为当地农民和手工业者，作用在于应对地方反叛势力和加强地方的御敌能力。1857 年底英法联军进攻广州的时候，各局团练均带领乡勇去援救，于 12 月 29、30 日先后到达广州，尽管在时任广州巡抚柏贵的阻挠下未能参与到官方的反侵略战争中去，他们还是以各种方式坚持开展"保卫社稷和家园"的反侵略斗争。1858 年 6 月，驻广州的联军调兵 1000

1　《马克思恩格斯选集》第 1 卷，人民出版社，2012，第 797 页。
2　参见蒋孟引《第二次鸦片战争》，中国出版集团、生活·读书·新知三联书店，2009，第 61 页。
3　魏建猷：《第二次鸦片战争》，上海人民出版社，1957，第 68 页。
4　参见《马克思恩格斯选集》第 1 卷，人民出版社，2012，第 797—798 页。

余名，出城攻击驻防白云山的乡勇，乡勇闻讯撤退，诱敌穷追，当时天气炎热，联军有 5 人受伤，但有 60 多人中暑死亡，最后只能撤退，乡勇则趁势反攻，砍杀 1 名军医。[1] 基于中国人民普遍反抗外国人的局面，恩格斯提出英国人在这一次的对华战争中陷入了窘境，并断言，"如果这种狂热延及内地的人民，那么这场战争对于英国人将是非常危险的"[2]。

恩格斯指出，中国人普遍奋起反抗外国人是英国政府的"海盗政策"造成的。中华文明具有突出的和平性，孕育其中的中国人民向来温和、友善，就连对中国古代文化持批判态度的孟德斯鸠也不否认这一点，他说中国人性格特别温和，表示不同意见时和颜悦色，反驳时也心平气和。这种"温和"在国家交往上体现为"亲仁善邻""协和万邦"的理念，主张国家之间和谐共生、友好相处。马克思主义经典作家，不论马克思、恩格斯还是列宁，都提到过中国人的性情温顺。既然如此，在 19 世纪 50 年代的中国，为何会形成人民群众普遍奋起反抗一切外国人的局面并使之表现为"一场灭绝战"？恩格斯说："是英国政府的海盗政策造成了这一所有中国人普遍奋起反抗所有外国人的局面，并使之表现为一场灭绝战。"[3] "海盗政策"指殖民政策，也就是说，英国对中国实行的殖民政策迫使温和的中国人奋起反抗。早在 19 世纪 40 年代，英国人已经发动过一起侵华战争即第一次鸦片战争。第一次鸦片战争如同第二次鸦片战争一样，都是英国资本家及唯资本家之命是从的政府以"站不住脚的借口"发动的、旨在打开中国市场和攫取中国财富的极端不义的战争。而且，战争并不局限于政府之间，侵略军在广州城内烧、杀、抢、掠，使得中国人权横遭侵犯。1841 年 5 月，占据广州四方炮台的英军到城北附近的一个小村庄即三元里掳掠，该村农民愤而反抗，击毙数名英军。随后，

1　参见魏建猷《第二次鸦片战争》，上海人民出版社，1957，第 71 页。
2　《马克思恩格斯选集》第 1 卷，人民出版社，2012，第 799 页。
3　《马克思恩格斯选集》第 1 卷，人民出版社，2012，第 798 页。

附近 100 多个村庄的人民自发地组织起来，组成民间抗英队伍，在四方炮台附近与英军激战一日，造成英军 200 多人死亡。半个世纪后，针对义和团运动即列宁在《对华战争》中提到的"遭到英国人、法国人、德国人、俄国人和日本人等等疯狂镇压的暴动"[1]，列宁也表达了与恩格斯同样的观点，指出中国人反对外国人的"暴动"是由欧洲各国资产阶级政府对中国实行的"掠夺政策"即"殖民政策"引起的。这也充分说明，中国人性情温和不代表中国人懦弱，不好战不代表怯战。面对侵略者倚仗坚船利炮在中国制造的各种暴行，广大人民群众毫不畏惧，勇敢斗争，体现了中华民族不畏强暴、勇于反抗的爱国主义精神。

恩格斯断定，中国人反抗外国人的"可怕暴行"是"人民战争"。英国报刊全然不顾英国侵略中国在先的事实，也不顾英国在中国制造的诸如"把炽热的炮弹射向毫无防御的城市、杀人又强奸妇女"等暴行，却把中国人在反抗外国人斗争中的绑架、偷袭和夜间杀人等行为说成是"卑劣行为"，并且"从道德方面指责中国人的可怕暴行"。恩格斯完全不同意英国报刊这种既"双标"又掩盖英国侵略中国真相的资产阶级做法，他强调指出："最好承认这是'保卫社稷和家园'的战争，这是一场维护中华民族生存的人民战争。"[2] 人民战争是人民群众广泛参与的正义战争，中国人反抗外国人的斗争是广大民众自发的反侵略战争，为保家卫国而战，为维护中华民族生存而战，符合人民战争的基本特征，因而是人民战争。为此，恩格斯进一步指出："虽然你可以说，这场战争充满这个民族的目空一切的偏见、愚蠢的行动、饱学的愚昧和迂腐的野蛮，但它终究是人民战争。"[3] 人民战争是能够以弱制胜的战争，如果清朝政府能够团结人民群众并依靠人民群众，将政府的正规反抗

1　《列宁全集》第 4 卷，人民出版社，2013，第 319—320 页。
2　《马克思恩格斯选集》第 1 卷，人民出版社，2012，第 798 页。
3　《马克思恩格斯选集》第 1 卷，人民出版社，2012，第 798—799 页。

力量与群众的非正规反抗力量结合起来，必定能够取得反侵略战争的胜利。问题是，清朝统治下的中国是君主制国家，君主制国家害怕群众起义尤其是全民起义，害怕进行真正革命的战争。所以，面对西方列强的强势入侵，清朝政府不仅不主动发动群众参与反侵略斗争，还强制解散群众自发形成的反侵略武装。诚如恩格斯在评价意大利的民族解放运动时所指出的："查理-阿尔伯特是不是个卖国贼，这无关紧要，只是他的一项王冠，只是一个君主制就足以把意大利引向灭亡。"[1] 由此看来，近代中国沦为西方半殖民地，不仅在于经济落后，还在于政治制度落后。

三 中国人反抗外国人斗争的手段不影响战争性质

在西方人看来，中国人反抗外国人斗争的手段是 "卑劣" 的，并从道德层面加以指责。恩格斯则认为，既然中国人采取通常的作战方法不能抵御欧洲式的破坏手段，就不应该妄议中国人用 "自己的手段" 进行斗争，而且也不应该以欧洲人公认的正规作战规则来衡量中国人在人民战争中所采取的手段。

恩格斯提出，中国人在人民战争中找到了一种 "有效" 的抵抗办法。第二次鸦片战争爆发后，经历过 1840—1842 年鸦片战争的中国南方民众特别是广州民众，早已认清英、法等外国侵略者的真实面目，所以他们不再像第一次鸦片战争那样 "抱着东方宿命论的态度屈从于敌人的暴力"[2]，而是积极地参加反对外国人的斗争。由于中国没有移植过欧洲式军事组织，且普通民众没有接受过正规军事训练，因而中国民众用 "自己的手段" 与欧洲人进行斗争。如，在供应外国人的面包中投放毒药，在搭乘商船的中途杀死欧洲人，国外的华侨在夜间密谋起事，等等。实践证明，中国民众自发的抵御方法是

---

1 《马克思恩格斯全集》第 6 卷，人民出版社，1961，第 464 页。
2 《马克思恩格斯选集》第 1 卷，人民出版社，2012，第 797 页。

有显著成效的。基于中国人民的积极抵抗，对于第二次鸦片战争的前景，恩格斯指出，如果这种狂热延及中国内地的人民，那么这场战争对于英国人是非常危险的。相比之下，移植了欧洲式军事组织的波斯军队却在与英国侵略者的战斗中被打得一败涂地。1856年11月1日，英国以保护正在被波斯攻击的阿富汗人为借口，宣布对波斯开战。面对英国军队（东印度公司派来的印度兵）的进攻，移植过欧洲式军事组织的波斯军队却毫无抵抗之力，在战争中节节溃败，使得英军在短时间内便占领了波斯在波斯湾的重要港口布什尔以及哈腊克岛、穆罕默腊市和阿瓦土市。在英军的进攻之下，波斯仅坚持两个月，国王沙赫便向英国人投降。这与波斯军队在此之前所进行的改革形成了鲜明的反差。按理来说，接受过欧洲教练训练并按照欧洲式军事组织进行编排的正规军队，在本土作战应该是有相当战斗力的，却被英军在短时间内打得一败涂地。为此，恩格斯指出："波斯人对英国侵略的抵抗和中国人迄今对英国侵略所进行的抵抗，形成了值得我们注意的对照。在波斯，欧洲式的军事组织被移植到亚洲式的野蛮制度上；在中国，这个世界上最古老国家的腐朽的半文明制度，则用自己的手段与欧洲人进行斗争。波斯被打得一败涂地，而绝望的、陷于半瓦解状态的中国，却找到了一种抵抗办法，这种办法实行起来，就不会再有第一次英国对华战争那种节节胜利的形势出现了。"[1]也就是说，中国人之所以能够在对英国侵略的抵抗中取得成效，是因为中国人使用了自己的斗争手段，而非盲目地照搬欧洲军事模式。为此，恩格斯进一步指出："这些把炽热的炮弹射向毫无防御的城市、杀人又强奸妇女的文明贩子们，尽可以把中国人的这种抵抗方法叫做卑劣的、野蛮的、凶残的方法；但是只要这种方法有效，那么对中国人来说这又有什么关系呢？"[2]中国人反侵略斗争的目的在于保家卫国，只要能够达成这一目的，不必在乎使用什么

1　《马克思恩格斯选集》第1卷，人民出版社，2012，第794页。
2　《马克思恩格斯选集》第1卷，人民出版社，2012，第798页。

样的斗争手段。

恩格斯进一步提出，不应当根据任何抽象标准来衡量人民战争的手段。人民在战争中不论采用什么样的手段或者方式都不改变战争的正义性，除非变反侵略战争为侵略战争。可是，以“文明”自居的欧洲人却以欧洲式的、资产阶级式的、规规矩矩的作战方法为衡量标准来评价中国人的斗争方式。与社会生产力发展程度相一致的是，19世纪时的欧洲军事组织也是世界上最为先进的，成了落后国家相继效仿的标准。为了提升军队的战斗力，土耳其、波斯、印度等东方落后国家都先后引进过欧洲式军事组织，对自己的传统军队进行现代化改革。以波斯为例，运用了欧洲式军事组织的波斯新式正规军，在战场上确实能够像欧洲军队那样按照规定列成方队。这表明，波斯人通过移植欧洲式军事组织学会了对自己的军队进行合理的、科学的编组。关于对军队进行科学编组的重要性，恩格斯在考察骑兵的队形问题时指出：“善于保持战术协调和队形严整的一方，必将大大优越于不能做到这一切的另一方，正因为如此，非正规骑兵无论怎样善战，数量怎样众多，也不能击溃正规骑兵。”[1] 为了说明这一点，恩格斯还举了拿破仑的龙骑兵在埃及作战的例子。拿破仑的龙骑兵是正规骑兵，但从个人骑术和刀法上来说却是当时最坏的正规骑兵，即便如此，它却总是能够打败最出色的非正规骑手——马木留克兵。拿破仑自己在谈法国兵与马木留克兵作战的问题时说，2个马木留克兵绝对能打赢3个法国兵，100个法国兵与100个马木留克兵势均力敌，300个法国兵大都能战胜300个马木留克兵，而1000个法国兵则总能打败1500个马木留克兵。[2] 由此可见，对军队进行合理的科学的编排也是提升军队战斗力的重要因素之一。问题是，19世纪50年代的中国根本没有受欧洲式军事组织的影响，而且以中国当时的社会发展水平，也不会从内部生成欧洲式军事组

1　《马克思恩格斯全集》第14卷，人民出版社，1964，第320页。
2　《马克思恩格斯全集》第14卷，人民出版社，1964，第320页。

织。所以，恩格斯说："既然英国人把他们当做野蛮人对待，那么英国人就不能反对他们充分利用他们的野蛮所具有的长处。"[1] 也就是说，既然在 19 世纪英国人的眼中中国是落后的、野蛮的国家，那就不应该指望中国人在反侵略斗争中采取符合他们标准的斗争方式，而是应该允许中国人使用他们自己的斗争手段。由此，恩格斯进一步提出："对于起来反抗的民族在人民战争中所采取的手段，不应当根据公认的正规作战规则或者任何别的抽象标准来衡量，而应当根据这个反抗的民族所刚刚达到的文明程度来衡量。"[2]

第二节　"挫败入侵" 的军人抗战

与皇帝和部分官员的怯懦和妥协退让不同，清朝军队在两次鸦片战争中都涌现出了许多英勇抗敌的官兵。其中，"鞑靼"士兵在第一次鸦片战争镇江之战中的表现引起了恩格斯的关注，"蒙古"军队在第二次鸦片战争大沽之战中的表现引起了马克思的关注。恩格斯称赞镇江之战中的"鞑靼"士兵"决不缺乏勇气和锐气"，并指出如果侵略者到处遭到同样的抵抗，他们绝对到不了南京；马克思称赞 1859 年大沽之战中的"蒙古"军队对英国舰队进行了"毁灭性的轰击"，并针对西方的无理斥责指出中国人这样做不是违背条约而是"挫败入侵"。

一　中国的"鞑靼"士兵"决不缺乏勇气和锐气"

马克思恩格斯时期的西方将清朝时期中国的满族和北方其他民族统称为"鞑靼"，所以经典作家文本中的"鞑靼"士兵指的是清朝士兵或者说中国士

1　《马克思恩格斯选集》第 1 卷，人民出版社，2012，第 798 页。
2　《马克思恩格斯选集》第 1 卷，人民出版社，2012，第 799 页。

兵。第一次鸦片战争期间，清军与北上进犯的英军先后开展了虎门之战、广州之战、厦门之战、定海之战、吴淞之战和镇江之战，虽然由于各种原因清军在这些战役中都未能获胜，但涌现出很多英勇抗战的士兵，特别是在镇江之战中。这引起了恩格斯的关注，他说英国人在克服溯江上驶的困难和逼近镇江城的时候才充分认识到，"这些中国的鞑靼士兵无论军事技术怎样差，却决不缺乏勇敢和锐气"[1]。

首先，恩格斯概括地叙述了镇江之战中清军殊死奋战的情况。镇江城是长江与大运河的交汇处，也是通往南京城的最后屏障。英军进犯镇江城的目的在于夺取大运河从而迫使清朝政府媾和。恩格斯分析指出："自南京顺流而下约 40 英里处，皇家运河流入并穿过大江，这条运河是南北各省之间的通商要道。采取这种进攻步骤的用意是，夺取这条重要通道就会置北京于死地，迫使皇帝立即媾和。"[2] 1842 年 7 月 17 日，英军舰队驶入镇江江面，随即封锁大运河的南北两口，截断大运河，切断漕运。7 月 20 日，英军舰队齐集镇江江面，准备攻城。当时驻守镇江城的是副都统海龄及其率领的 1600 名旗兵和 400 名绿营兵。在英军攻城之前，两江总督牛鉴、四川提督齐慎、湖北提督刘允孝、九江镇总兵李锜已经率兵赶到镇江以协助防守，但由于牛鉴一心谋求妥协，持有民族偏见的海龄又拒绝与齐慎、刘允孝等部合作，从而造成各自为政的局面，极大地削弱了清军的抵抗力。不过，从爱国主义精神看，作为满族军官的海龄无愧于抵抗英军侵略的英雄。在他的带领下，驻守镇江城的士兵抱定与城池共存亡的决心，誓死抵抗，严重打击了侵略者的嚣张气焰。虽然英军最终凭借其先进的枪炮打开了镇江城门，却也伤亡惨重。在侵略军攻入城内后，守城清军几乎无一溃散。海龄在与侵略军的激战中身负重

1　《马克思恩格斯全集》第 16 卷，人民出版社，2007，第 106 页。
2　《马克思恩格斯全集》第 16 卷，人民出版社，2007，第 105 页。

伤，不仅毫无惧色，还鼓舞士兵们宁可自杀，也绝不投降。[1] 这就是恩格斯所叙述的情景："这些鞑靼士兵总共只有 1500 人，但殊死奋战，直到最后一人。他们在应战以前好像就已料到战斗的结局，他们将自己的妻子儿女绞死或者淹死。后来从井中曾打捞出许多尸体。主将看到大势已去，就焚烧了自己的房屋，投火自尽。"[2] 这里提到的投火自尽的"主将"就是海龄。虽然在军事力量悬殊之下，镇江城最终失守，但镇江城守军英勇抗敌、誓死卫国的做法，充分展示了近代中国军人在反侵略战争中不屈不挠的斗争精神。

其次，恩格斯痛斥英军为报复清军的顽强抵抗而屠城的暴行。在镇江之战中，清军损失几千人，守城的清军更是全员牺牲。对于清军来说，这是一场十分悲壮的战争。仅仅损失了 185 人的英军，却为报复遭到的顽强抵抗而做出屠城的暴行，因为这是英军在第一次鸦片战争中投入兵力最多、损失最严重的一次战役。恩格斯也指出："在这次攻击中，英军损失了 185 人，他们为了报复，在劫城的时候进行了无比残忍的蹂躏屠杀。"[3] 不仅如此，英军还将昔日繁华的镇江城劫掠一空。英军在城内逐门挨户，进行劫掠，由西门桥至艮山门，无日不火，市镇为之一空，城乡尽遭蹂躏。英军还掠取和破坏了城中的武器和军需物质，抢走了价值 6 万元的纹银。[4] 针对英国犯下的暴行，恩格斯痛斥其"大发兽性"："英军此次作战自始至终大发兽性，这种兽性和引起这次战争的贩私贪欲完全相符。"[5] 以"文明"自居的欧洲资产阶级，却在侵略落后国家的过程中充分暴露了其"野蛮"本性，以致恩格斯无法将其行为与"人性"对接起来，而是用"兽性"一词来形容。这进一步反衬出清

1　参见张海鹏主编，江涛、卞修跃著《中国近代通史·第二卷　近代中国的开端（1840—1864）》（修订版），江苏人民出版社，2024，第 165—167 页。

2　《马克思恩格斯全集》第 16 卷，人民出版社，2007，第 106 页。

3　《马克思恩格斯全集》第 16 卷，人民出版社，2007，第 106 页。

4　张海鹏主编，江涛、卞修跃著：《中国近代通史·第二卷　近代中国的开端（1840—1864）》（修订版），江苏人民出版社，2024，第 167 页。

5　《马克思恩格斯全集》第 16 卷，人民出版社，2007，第 106 页。

军在抵抗英军侵略中的"勇气和锐气"。

最后，恩格斯提出如果侵略者到处都遭到同样的抵抗绝对到不了南京。这是恩格斯对镇江之战中守城清军的"勇气和锐气"的再一次肯定。就第一次鸦片战争来说，固然清军在武器装备、军事组织等方面与英军有较大的差距，但是清军是在本土作战，不论在地理上还是在人员数量上都有绝对优势。从地理优势看，驻守边防和各个城市的清军，对英军行驶的航道和进犯城市的地形地貌十分熟悉，完全可以提前做好充分的迎战准备。相比之下，远道而来的英军完全不熟悉中国的地理，基本上都是现场勘察。如，在进入长江的时候，由于不了解长江口的状况，英军遇到了极大的困难。恩格斯说："长江江口广阔，它的两岸在入海处半为泥滩，几乎很难辨认，因为海面在离岸许多里格内是一片黄浊，黄海即由此得名。打算驶入长江的船只不得不谨慎地沿南岸前进，不断地用水砣测量深度，以免碰上由流沙形成的堵塞江道的浅滩。"[1] 从人员优势看，第一次鸦片战争时期，英国政府派往中国的远征军总兵力不超过 2 万人，清军有总兵力 80 万人，参与作战的达到 20 万人。如此看，清军是有赢得战争胜利的可能性的。那么，失败的原因是什么？其实恩格斯已经给出了答案。他在谈到英军侵犯上海的情景时说："吴淞口岸边建有炮台，可是它们全被毫不费力地攻下了。接着一支入侵的军队向上海进发，上海未经任何抵抗就投降了。"[2] 之所以出现英军"毫不费力"就取胜的情况，主要的原因就在于道光皇帝的摇摆不定及妥协派官员们的怯懦和退让。道光皇帝虽在战事初期大有"将来犯之英夷全数剿灭"的决心，但他任命的钦差大臣和剿英将军从琦善到奕山都是贪生怕死的无能之辈，这些人身负重任却不认真备战，甚至一再谎报军情，导致清廷误判战况。到了战争后期，道光皇帝又转向求和，并且起用善于"安抚"英夷的伊里布。所以，虽然第

---

1 《马克思恩格斯全集》第 16 卷，人民出版社，2007，第 105 页。
2 《马克思恩格斯全集》第 16 卷，人民出版社，2007，第 105 页。

一次鸦片战争中的清军不乏英勇和锐气之士，但朝廷和手握重权官员的政策完全不利于反侵略战争的推进。恩格斯指出："如果这些侵略者到处都遭到同样的抵抗，他们绝对到不了南京。可是事实上不是这样。对岸的瓜州城投降了，并交出了 300 万元的赎金，英国海盗自然是分外高兴地将这笔钱放进了腰包里。"[1] 从恩格斯的话语中能够看出，虽然中国的军事技术差，但如果上下能够团结一致地抵抗侵略军，英军的侵华计划就不会得逞。

二　"蒙古"军队对英国舰队进行了"毁灭性的轰击"

1859 年大沽之战后，马克思撰写了《新的对华战争》一文，他在文中指出："6 月 25 日，英国人企图强行进入白河时，约有 2 万蒙古军队做后盾的大沽炮台除去伪装，向英国船只进行毁灭性的轰击。"[2] 这里的"蒙古军队"指僧格林沁的军队。僧格林沁是蒙古人，1858 年大沽炮战即第一次大沽之战之后被清廷任命为钦差大臣督办军务，《天津条约》签订后赴天津加强海防工事，并亲自率蒙古骑兵和八旗军驻防大沽口。所以，僧格林沁在大沽炮台的军队被马克思称为"蒙古军队"。

马克思指出，蒙古军队打得侵略者狼狈不堪。1858 年英法联军迫使清朝政府签订的《天津条约》规定，一年后正式换约，即清朝政府正式批准并履行《天津条约》中的各项条款，但并未约定具体换约地点。清廷希望英、法公使能够在上海换约。但是，英国政府在给新派遣的驻华公使普鲁斯的训令中指示，到中国后应坚持在北京换约，且必要时可以使用武力。因此，普鲁斯在与法国公使布尔布隆商议后执意进京换约。清廷在接到英、法公使执意进京换约的报告后，一面令桂良等兼程赶回北京，以便由他们亲自主持换约；

1　《马克思恩格斯全集》第 16 卷，人民出版社，2007，第 106 页。
2　《马克思恩格斯选集》第 1 卷，人民出版社，2012，第 827 页。

一面令直隶总督恒福照会普鲁斯、布尔布隆,指定他们在北塘登陆,由陆路经天津到北京,并要求随行人员不超过20人,不要携带武器。此外,清廷还命令恒福亲自到北塘接待英、法公使,并令沿途地方官备办供应,妥为照料。[1] 可见,清廷不仅没有拒绝英、法公使进京换约的要求,还对他们进京做了妥当安排。然而,英、法公使在美、俄公使的支持下,全然不顾清廷的安排,率远征队坚持从水路到天津即沿白河上驶至天津。马克思指出,远征队由海军将军贺布统率,包括由7艘轮船、10艘炮艇、2艘载运部队和军需品的运输船,以及几百名海军陆战队和皇家军工兵队士兵。可见,英、法公使是有备而来,根本没打算和平换约。所以,虽然在此之前清朝政府已明确告知白河口设防,英、法舰队还是硬要驶入白河。在威胁大沽守军三天内撤走白河口的防御设施无果后,英、法舰队在两国公使的命令下于1859年6月25日开始炮轰大沽炮台。在此之前,大沽守军对侵略军的各种挑衅一忍再忍,坚持清廷切勿轻举妄动的谕令。面对侵略军的开战,大沽守军坚决回击。马克思说,蒙古军队"陆战水战同时并举,打得侵略者狼狈不堪。远征队遭重创后只得退却。它损失了3艘英国船:鸬鹚号、避风号和小鸽号,英军方面死伤464人,参加作战的60名法国人当中死伤14人。英国军官死5人,伤23人,连贺布将军自己也是带伤逃命的"[2]。这里,马克思直接将英、法公使及其舰队称为"侵略者",说明中国军队"陆战水战同时并举"的行为是在抵抗侵略。既然西方列强侵略在先,中国军队就有反侵略的权利,不论在反侵略过程中给侵略者造成什么样的损失。

马克思提出,中国人这样做不是违背条约而是"挫败入侵"。与马克思将英、法公使及其舰队称为"侵略者"不同的是,英国帕麦斯顿政府及其报刊

1　参见张海鹏主编,江涛、卞修跃著《中国近代通史·第二卷　近代中国的开端(1840—1864)》(修订版),江苏人民出版社,2024,第543页。

2　《马克思恩格斯选集》第1卷,人民出版社,2012,第827页。

却将"白河惨案"归咎于中国违背条约，《泰晤士报》就硬说"北京朝廷存心背信弃义地破坏庄严的条约"，从而为实行大规模的报复制造借口。针对此，马克思从不同角度进行了驳斥。

一是从英国舰队强行驶入白河的角度进行论证，指出即使《天津条约》规定英国公使可以直接前往北京，中国政府也没有违背条约。马克思根据相关消息十分准确地指出，中国当局不是反对英国使节前往北京，而是反对英国武装船只上驶白河。为了说明中国政府反抗英国舰队的合理性，马克思还以法国公使驻留伦敦的权利为例进行类比："难道法国公使留驻伦敦的权利就能赋予他率领一支法国武装远征队强行侵入泰晤士河的权利吗？"[1] 英国政府肯定不会允许法国公使这样做，同理，中国政府也绝不允许英国公使这样做，因为这是侵犯一国主权的入侵行为。由此，马克思进一步指出："既然天津条约中并无条文赋予英国人和法国人以派遣舰队上驶白河的权利，那么非常明显，破坏条约的不是中国人而是英国人，而且，英国人是蓄意要刚好在规定的交换批准书日期之前向中国寻衅。"[2]

二是从条约关于英国公使驻留北京权利规定的角度进行论证，指出中国人根据条约的中文本行动不应该遭到"非难"。马克思通过翻阅英国女王特谕刊行的《关于额尔金伯爵赴华赴日特别使命的函件。1857—1859 年》发现，清朝政府准许英国公使进入北京并非发生白河冲突的时间而是在之后较晚的时候，且英国公使留驻北京的权利并非无条件而是附有各种条件。这表明，英国公使留驻北京的权利不仅尚未生效，而且生效后还需要遵照双方的约定条件行使。既然如此，英国公使在换约完成之前无权直接进京。此外，马克思还发现《天津条约》英文本中关于准许公使进入北京的专横条款根据中国政府的要求在中文本中作了修改，所以中国政府行动的依据是条约的中

1　《马克思恩格斯选集》第 1 卷，人民出版社，2012，第 828 页。
2　《马克思恩格斯选集》第 1 卷，人民出版社，2012，第 831 页。

文本。由此，马克思指出："中国人根据条约的中文本行动，而不是根据连额尔金勋爵都承认与'该项规定的正确含义'有些偏离的英文本行动——难道可以凭这一点对他们加以非难吗？"[1]

三是从白河冲突产生原因的角度进行论证，指出白河冲突由出自现任英国首相之手的"训令"造成。既然白河冲突不是中国政府违背条约所致，那么这一事件的发生仅仅是个偶然吗？马克思指出，"白河冲突并非出于偶然，相反，是由额尔金勋爵事先策划的"，额尔金勋爵则"遵照帕麦斯顿的秘密训令行事"[2]。马克思还进一步指出，这不是新的看法，早在英国议会辩论1856年的对华战争时，迪斯累里已经向下院做过这样的暗示，且为帕麦斯顿本人确认。马克思发现，关于6月25日的白河冲突事件，额尔金勋爵在3月2日就已经有所预示，即他事先就知道英国政府愿意用"一支大军护送"普鲁斯前往天津，意思是在必要时使用武力。因为，英国人都知道在条约没有批准前，他们无权进入中国的任何江河。这就表明，白河冲突是英国政府事先策划的，中国的行为仅仅是"挫败入侵"。

第三节　"全世界劳动群众同情"的共和国

马克思恩格斯时期的中国虽然有太平天国农民革命运动和地主阶级的洋务运动，且这两大运动对促进中国新生具有十分重要的作用，但终究未能改变中国的社会制度和社会性质。到了列宁时期，在国内外资本主义的作用下，中国人民的民族民主革命意识进一步增强，并于1911年爆发了中国完全意义上的近代民族民主革命——辛亥革命。列宁高度关注并积极支持中国革命的开展，认为孙中山纲领中充满了"战斗的""真诚的""完整的"民主主义，

1　《马克思恩格斯选集》第1卷，人民出版社，2012，第829页。
2　《马克思恩格斯选集》第1卷，人民出版社，2012，第839页。

并将辛亥革命建立起来的亚洲第一个共和国即中华民国称为"赢得全世界劳动群众同情的年轻共和国"[1]。俄国十月革命胜利后，列宁提出共产党人应该帮助中国等落后国家的"民族革命"，并帮助其"不经过资本主义发展阶段而过渡到苏维埃制度"[2]。

一　孙中山纲领中充满了"战斗的""真诚的""完整的"民主主义

列宁在 1912 年 7 月 11 日的《人民报》上读到了孙中山的文章《中国革命的社会意义》。该文是孙中山 1912 年 4 月 1 日《在南京中国同盟会会员饯别会的演说》的前半部分，被译成法文后以《中国革命的社会意义》为题发表在比利时工人党的中央机关报《人民报》上。列宁以该文为基础，撰写了《中国的民主主义和民粹主义》一文，随后连同俄文版的《中国革命的社会意义》一并刊登在 1912 年 7 月 15 日的《涅瓦明星报》上。在该文中，列宁给予孙中山和中国民主派高度的评价，称孙中山的文章是"伟大的中国民主派的纲领"，并指出这一纲领的字里行间充满了战斗的、真诚的、完整的民主主义。

孙中山纲领中的民主主义是战斗的民主主义。从理论层面看，民主主义是一种反对君主专制制度、谋求政治自由的学说；从实践层面看，民主主义是一种推翻君主专制制度、争取政治自由并使政治社会制度民主化的革命运动。辛亥革命前的中国是个"落后的、农业的、半封建"国家，广大人民群众遭受封建压迫和剥削，没有任何政治自由可言。列宁指出，封建剥削的政治代表是封建主，"以皇帝为整个制度首脑的封建主整体和单个的封建主"[3]。所以，对于这一时期的中国人民来说，只有推翻清朝的专制统治，变君主专

1　《列宁全集》第 23 卷，人民出版社，2017，第 29 页。
2　《列宁全集》第 39 卷，人民出版社，2017，第 236 页。
3　《列宁全集》第 21 卷，人民出版社，2017，第 429 页。

制为民主共和制，才能获得政治自由。基于这一历史任务，孙中山"高扬反
对封建专制统治的斗争旗帜，提出民族、民权、民生的三民主义政治纲
领"[1]。其中，民族主义的内容是"驱除鞑虏、恢复中华"，有反对清朝专制
统治和西方列强侵略的内涵，旨在通过种族革命实现民族独立和解放；民权
主义的内容是"创立民国"，有建立民主共和国的内涵，旨在通过政权革命
实现民主政治；民生主义的内容是"平均地权"，有发展资本主义经济和节
制资本的内涵，旨在通过社会革命实现国家富强、人民幸福。基于三民主义
思想，孙中山在《中国革命的社会意义》中指出，太平天国革命是单纯地反
对满洲人的种族革命，即便革命胜利，国家仍然处于专制政府的统治之下。
对此，列宁评价说："它充分认识到'种族'革命的不足，丝毫没有忽视政
治问题，或者说，丝毫没有轻视政治自由或容许中国专制制度与中国'社会
改革'、中国立宪改革等等并存的思想。"[2] 孙中山在《中国革命的社会意义》
中虽然没有提政治自由，却"丝毫没有"轻视政治自由，因为它明确提出了
反对清朝专制统治并实行共和制的主张。具体来说，孙中山的纲领"丝毫没
有"容许专制制度与立宪改革并存的思想，亦即没有改良主义的思想，而是
主张用革命的方式从根本上割除专制制度，所以是"战斗的"民主主义。

孙中山纲领中的民主主义是真诚的民主主义。辛亥革命能够在国内外反
动势力十分强大的情况下，推翻清朝政府，结束在中国延续几千年的君主专
制制度，在中华大地上建立起亚洲第一个共和制国家，根本的就在于孙中山
纲领中包含的真诚的民主主义。列宁说："没有真诚的民主主义的高涨，中国
人民就不可能摆脱历来的奴隶地位而求得真正的解放，只有这种高涨才能激
发劳动群众，使他们创造奇迹。在孙中山的纲领的每一句话中都可以看出这

1　习近平：《在纪念辛亥革命110周年大会上的讲话》，人民出版社，2021，第3页。
2　《列宁全集》第21卷，人民出版社，2017，第427页。

种高涨。"[1] 这里的"孙中山的纲领"仍然指孙中山的《中国革命的社会意义》一文，该文到处体现出对劳动群众生活状况的同情和对压迫者及剥削者的憎恨。如，在谈及社会革命的迫切性时指出："如果我们从中华民国存在之日起就不去考虑如何防止资本主义在最近将来的孳生崛兴，那么等待我们的就是比清朝专制暴政还要酷烈百倍的新专制暴政，要摆脱这种新暴政就必须用流血手段。"[2] 这种反对各种压迫人民的专制暴政甚至要防止资本主义在中国发展起来的思想，体现的正是对劳动群众的深切同情。这种思想激发了人民群众的革命情绪，早在辛亥革命爆发前全国各地人民群众就自发地掀起各种反抗斗争。据统计，1906—1911 年的 6 年间，全国共发生各类民变事件989 次，年均约 165 次。[3] 毫无疑问，这些民变事件为革命高潮的到来奠定了群众基础。列宁说："如果没有群众的革命情绪的蓬勃高涨，中国民主派不可能推翻中国的旧制度，不可能争得共和制度。这种高涨以对劳动群众生活状况的最真挚的同情和对他们的压迫者及剥削者的最强烈憎恨为前提，同时又反过来产生这种同情和憎恨。"[4]

孙中山纲领中的民主主义是完整的民主主义。列宁说孙中山纲领中的民主主义是"带有建立共和制要求的完整的民主主义"。列宁做出此判断的基本依据是孙中山在《中国革命的社会意义》中的相关话语，包括"中国宣告成立共和国""中华民国临时大总统""即令这次革命取得了胜利，国家仍然处于专制政府统治之下""前两个主义因清廷退位而付之实现"等。这些话语给读者传递的信息至少有三条：一是辛亥革命不是单纯地推翻清朝的统治，而是要结束中国的君主专制制度；二是辛亥革命不仅已经结束了中国的君主专制制度，还

1　《列宁全集》第 21 卷，人民出版社，2017，第 428 页。
2　《孙中山全集》第 2 卷，中华书局，1982，第 326 页。
3　张海鹏主编，张海鹏、李细珠著：《中国近代通史·第五卷　新政、立宪与辛亥革命（1901—1912）》（修订版），江苏人民出版社，2024，第 363 页。
4　《列宁全集》第 21 卷，人民出版社，2017，第 429 页。

建立了共和国；三是中华民国实行总统制（仅仅是在最初阶段——作者注）。可见，从孙中山的这篇文章中能够看出孙中山创建的是总统共和制国家。在总统共和制下，总统和议会都由选举产生，强调公共利益和多数人的意志，这与民主政治的核心价值观相吻合。列宁早期在谈到俄国社会民主党人领导无产阶级的阶级斗争有两种具体表现时，指出民主主义的表现是反对专制制度，目标是在俄国争得政治自由，并使俄国政治制度和社会制度民主化。根据这一阐释，带有建立共和制要求的民主主义在内容上是完整的，即既有结束专制制度的要求又有实行民主制度的要求，所以是完整的民主主义。

二　中华民国是 "赢得全世界劳动群众同情的年轻的共和国"

中华民国成立后，列宁 "怀着极大的热忱和深切的同情" 关注之，赞其是 "赢得全世界劳动群众同情的年轻的共和国"。然而，西方列强不仅不理会新生的中国，还力图 "削弱和破坏这个共和国"。基于此，列宁一面积极表达世界无产阶级对中国民族民主革命事业的同情，一面深刻揭露和批判西方列强对中国革命及其成果的破坏。

列宁在中华民国成立的最初阶段将其称为 "伟大的中华民国"。1913 年春，列宁先在《马克思学说的历史命运》中说："不管各种 '文明' 豺狼现在切齿痛恨的伟大的中华民国的命运如何，世界上的任何力量也不能恢复亚洲的旧的农奴制度，不能铲除亚洲式和半亚洲式国家中的人民群众的英勇的民主精神。"[1] 后又在《中华民国的巨大胜利》中指出："大家知道，亚洲人民群众中先进的民主派不惜重大牺牲建立起来的伟大的中华民国，最近遭到了极其严重的财政困难。"[2] 列宁将中华民国称为 "伟大的中华民国" 的原因

---

[1]　《列宁全集》第 23 卷，人民出版社，2017，第 3 页。
[2]　《列宁全集》第 23 卷，人民出版社，2017，第 29 页。

主要有三个：其一，中华民国是中国民主革命的产物，正如列宁自己所说，它是中国民主派不惜重大牺牲建立起来的，它的产生见证了中国人民伟大的斗争精神；其二，中华民国是中国民主主义思想的产物，列宁说孙中山的民主主义是真正伟大的人民的真正伟大的思想，它的产生标志着中国人民在思想观念上实现了由封建到现代的伟大转变；其三，中华民国是亚洲第一个共和制国家，激励着正在觉醒的数亿亚洲人"追求生活，追求光明，追求自由"，它的产生是亚洲人民群众反帝反封建的一次伟大胜利。可以说，这是列宁对中国民主革命及其成就的高度肯定，也是对中国新生的极大支持。

列宁还积极关注中华民国第一届国会的选举情况。1912 年 8 月，北京临时参议院通过了国会组织法以及议员选举法。国会由参议院和众议院组成，参议院 274 人，众议院 596 人，都由选举产生。然而，选举法对选举人和被选举人的资格提出了苛刻的要求。对选举人的要求是，年满 21 岁男性国民，小学以上毕业或相当资格，在选举区内居住满 2 年，有价值 500 元以上不动产，年纳直接税 2 元以上。对被选举人的要求是，参议员 30 岁以上，众议院 25 岁以上，其他条件同被选举人。在选举方法上，采用的则是复选制方法，即众议员以县为初选区，在初选区基础上形成复选区，再选出最初当选人；参议员由各省先行选出的省议会选出。[1] 列宁关注到了这一情况，他指出："采用的选举制既不是普选制也不是直接选举制。只有年满 21 岁、在选区内居住两年以上、交纳约合 2 卢布的直接税或拥有约合 500 卢布财产的人才有选举权。先选出复选人，再由复选人选举议员。"[2] 这样的选举法将成年女性、文盲男性、工农群众、部分工商业者等占全国人口绝大多数的人排除在了选举之外，且复选制法为少数人操控选举提供了便利。为此，列宁评价说：

1　参见张海鹏主编，汪朝光著《中国近代通史·第六卷　民国的初建（1912—1923）》（修订版），江苏人民出版社，2024，第 15—16 页。
2　《列宁全集》第 22 卷，人民出版社，2017，第 208 页。

"这样的选举制就已经表明，在没有无产阶级或无产阶级完全没有力量的情况下富裕农民和资产阶级结成了联盟。"[1] 不仅如此，列宁还注意到，虽然国民党在最终选出的众议院和参议院中占多数，但"愈来愈摆出一副独裁者架势"的袁世凯却通过一定的手段使自己的候选人当上了国会众议院议长。由此，列宁对孙中山的党能否战胜袁世凯的党以及共和国的命运表示担忧，并且为孙中山的党指明了发展方向——"吸引愈来愈广泛的中国农民群众参加运动和参加政治斗争"[2]。可见，列宁虽然支持中华民国，但仅仅支持真正的共和国，而非遭到袁世凯之流破坏的共和国。

此外，列宁还揭露和批判西方列强组成"黑帮银行团"削弱和破坏中华民国。中华民国成立初期，为进一步推进革命，孙中山代表革命党人向美、英、法、德等西方强国借款，可是没有一个强国愿意借款给孙中山的政府。不仅如此，他们还拒绝承认中华民国。与之形成鲜明对比的是，西方列强不仅积极为袁世凯掌权制造"非袁不可"的舆论，还通过向清廷施压、促成南北议和等方式暗中帮助袁世凯。袁世凯是什么样的人？列宁说："袁世凯的行径和立宪民主党人一模一样，昨天他是一个保皇派，今天革命民主派胜利了，他成了一个共和派，明天他又打算当复辟后的君主制国家的首脑，也就是打算出卖共和制。"[3] 因此，只有袁世凯这样的人成为中华民国的总统，西方列强才能在维护在华既得利益的同时谋求新的利益。在袁世凯成为中华民国总统后，西方银行团开始考虑借款给北京政府，但提出了十分苛刻的条件。1913 年 4 月，急于武力压制革命派的北京政府，不顾借款条件的苛刻性，与英、法、俄、德、日五个强国"银行团"签订了《善后借款合同》。针对西方列强支持袁世凯及北京政府的行为，列宁揭露道："为什么它要支持袁世凯

1　《列宁全集》第 22 卷，人民出版社，2017，第 209 页。
2　《列宁全集》第 23 卷，人民出版社，2017，第 130 页。
3　《列宁全集》第 23 卷，人民出版社，2017，第 128 页。

呢？因为这是一笔有利可图的生意。借款数目将近 25000 万卢布，但要按 100 卢布折合 84 卢布的行市计算。这就是说，'欧洲'资产者实际付给中国人 21000 万卢布；而他们向公众则要去 22500 万卢布。你看，在几星期内，一下子就赚得 1500 万卢布的纯利！这岂不确实是一笔很大的'纯'利吗？"[1] 可以说，列宁通过揭露"黑帮银行团"借款给中华民国北京政府的真相，进一步批判了西方列强对中国的掠夺和瓜分。

三　先进国家无产阶级帮助中国等落后国家建立"苏维埃制度"

正如列宁所指出的，孙中山的党与欧洲资产阶级和中国反动派结成的联盟进行斗争是很艰巨的，孙中山的党不惜重大牺牲建立起来的中华民国终究被袁世凯们扼杀。辛亥革命后的中国在经历短暂的西式民主后又陷入新的专制。第一次世界大战临近时，列宁的注意力转移到反对帝国主义战争的无产阶级革命运动。不久之后，俄国十月革命爆发，世界上第一个社会主义国家诞生，宣告落后国家完全可以先于西方发达国家走上社会主义发展道路。基于新的历史条件，列宁重新思考包括中国在内的尚未实现民族解放的落后国家的出路问题，提出建立苏维埃共和国联盟的思想，并主张先进国家的国家阶级帮助落后国家建立"苏维埃制度"。

列宁在世界革命视域下继续关注和支持中国革命。第一次世界大战结束之后，在欧洲几个强国的主导下，胜利了的协约国对战败了的同盟国签订了极具掠夺性的《凡尔赛和约》。然而，该和约无视战胜国中国人民的正义要求，将战前德国在中国山东的全部权益转交给日本。对此，列宁评价道："1914—1918 年的帝国主义战争，在一切民族和全世界被压迫阶级面前，特

---

[1] 《列宁全集》第 23 卷，人民出版社，2017，第 166 页。

别清楚地揭示了资产阶级民主词句的欺骗性,用事实表明,所谓'西方民主国家'的凡尔赛条约是比德国容克和德皇的布列斯特—里托夫斯克条约更加野蛮、更加卑劣地强加于弱国的暴力。"[1] 可见,第一次世界大战结束的仅仅是一场重新瓜分世界的战争,帝国主义的掠夺并未因此减弱。帝国主义者在本国,则武装起来对付革命无产者。这意味着,先进国家的无产阶级和落后国家的劳动群众有反对帝国主义的共同任务,先进国家反对帝国主义的国内战争和落后国家反对帝国主义的民族战争有必要结合起来。由此,列宁提出:"社会主义革命不会仅仅是或主要是每一个国家的革命无产者反对本国资产阶级的斗争。不会的,这个革命将是受帝国主义压迫的一切殖民地和国家、一切附属国反对国际帝国主义的斗争。"[2] 需要指出的是,列宁这里将被压迫民族反对帝国主义的斗争即民族解放战争与社会主义革命联系起来,是一种世界革命的视角,即各国劳动人民的革命相互呼应在世界范围内形成一支不可战胜的、打倒帝国主义的力量。1922 年,列宁在《庆祝〈真理报〉创刊十周年》中指出:"印度和中国的日益发展的革命现在正在卷入或已经卷入革命斗争,卷入革命运动,卷入国际革命。"[3] 此处的"国际革命"概念也表明列宁在世界革命视域下关注和支持中国反帝反封建革命运动的开展。

列宁提出,先进国家的无产阶级要帮助落后国家突破目前所处阶段,建立"苏维埃制度"。进入帝国主义时代后,西方资产阶级不仅在国内工人中间培养代理人,还极力在被压迫民族中培植改良主义运动。列宁指出:"剥削国家和殖民地国家的资产阶级已经有相当密切的关系,所以被压迫国家的资产阶级往往是,甚至可以说在多数场合下都是一方面支持民族运动,另一方面又按照帝国主义资产阶级的意志行事,也就是同他们一起来反对一切革命运动和革命阶

1　《列宁全集》第 39 卷,人民出版社,2017,第 164 页。

2　《列宁全集》第 37 卷,人民出版社,2017,第 326—327 页。

3　《列宁全集》第 43 卷,人民出版社,2017,第 180 页。

级。"[1] 如此，以马克思主义为思想武器的先进国家的无产阶级及其政党，就不能不加区分地支持殖民地半殖民国家的资产阶级解放运动。列宁强调指出："只有在殖民地国家的资产阶级解放运动真正具有革命性质的时候，在这种运动的代表人物不阻碍我们用革命精神去教育、组织农民和广大被剥削群众的时候，我们共产党人才应当支持并且一定支持这种运动。"[2] 所以，列宁代表民族和殖民地问题委员会在共产国际第二次代表大会上作的报告中，主张将"资产阶级民主"的提法改为"民族革命"。那么，共产党人以何种方式支持殖民地半殖民地国家的民族革命？这些国家未来的发展方向是什么？列宁创造性地提出了在这些国家里组织苏维埃的思想，他说："被剥削者必须奋起推翻剥削者，建立自己的苏维埃，这并不是十分复杂的道理。在有了我国的经验之后，在俄国建立苏维埃共和国两年半之后，在第三国际第一次代表大会召开之后，全世界亿万被剥削被压迫的群众都懂得了这个道理。"[3] 这是列宁在十月革命之后对殖民地半殖民地国家社会发展道路的新思考，即从支持一般的民主共和国转向支持建立苏维埃共和国。一定程度上说，列宁的这种转变也受中国的影响，他从中华民国的命运中看到落后国家很难走传统的发展道路，即先建立资产阶级共和国再走向社会主义共和国。相比之下，依靠劳动群众，建立苏维埃，可能更易于突破它们当前所处的阶段。由此，列宁提出了先进国家的无产阶级应当帮助落后国家走苏维埃道路的要求。他强调指出："毫无疑问，先进国家的无产阶级能够也应该帮助落后国家的劳动群众，只要各苏维埃共和国胜利了的无产阶级向这些群众伸出手来，并且能够支持他们，落后国家的发展就能够突破它们目前所处的阶段。"[4] 当时的中国正是这些落后国家之一，对落后国家的支持和帮助也是对中国的支持和帮助。

1　《列宁全集》第39卷，人民出版社，2017，第234页。
2　《列宁全集》第39卷，人民出版社，2017，第234页。
3　《列宁全集》第39卷，人民出版社，2017，第225页。
4　《列宁全集》第39卷，人民出版社，2017，第235—236页。

第六章
马克思主义经典作家对中国社会
发展前景的展望

马克思、恩格斯和列宁从近代中国人民日渐觉醒的民族民主意识和英勇斗争的精神中看到了中国新生的希望，进而历史唯物主义地展望了中国社会发展的前景。早在鸦片战争时期，马克思就表达出中国不会完全沦为西方殖民地的观点，但"旧中国"的"死亡"是必然的，马克思和恩格斯指出这个"死亡"时刻在迅速临近，并预见到"中国社会主义"这一新社会；新社会取代旧社会是一种革命性变革，马克思和恩格斯认为中国革命即将发生，列宁指出中国的旧式造反必然会转变成为自觉的民主运动，并提出中国革命将带有更多的"特殊性"；彻底的民族民主革命需要先进阶级的领导，列宁认为中国无产阶级才是最先进的阶级，并断定中国无产阶级一定会成立自己的政党。

第一节　对"中国社会主义"　的预见

1850 年初，基于德国在华传教士带回欧洲的有关中国有人提出要求消灭私有制的新闻，马克思和恩格斯敏锐地察觉到中国已经处在"一场必将对文明产生极其重要结果的社会变革的前夕"，提出中国有产生与欧洲社会主义不同的"中国社会主义"的可能，并为之起名"中华共和国"。俄国十月革命胜利后，列宁将中国与其他落后国家作为一个整体，创造性地提出了落后国家可以不经过资本主义发展阶段直接建立"苏维埃共和国"的思想，从而将马克思和恩格斯关于"中华共和国"的研判推进到一个新的高度。

一　"中国社会主义"产生的基本背景："半殖民地"国家

近代中国在西方列强的侵略下逐渐半殖民地化，政治上的独立自主被打破。马克思虽远在欧洲，但他通过对英、法、美、俄等西方强国入侵中国事实的分析，见证了中国由一个主权独立的封建"大帝国"逐渐沦为半殖民地半封建国家的过程。尽管马克思基于历史唯物主义的角度，对晚清时期中国社会发展状况持批判态度，认为这样一个不顾时势的封建"大帝国"必将在与西方列强的决斗中被打败，但他并不认为中国会像印度那样完全沦为西方列强的殖民地。时至列宁时期，中国不仅没有摆脱西方列强的侵略，还进一步半殖民地化。列宁针对中国等一些虽遭受西方列强入侵却尚未完全丧失主权的落后国家，首次提出了"半殖民地"概念，意在表明中国没有像印度那样已经完全沦为西方殖民地。

马克思明确指出，英国人未必能够在中国行使"最高地主"权。第一次鸦片战争后，中国被迫开放五个通商口岸。英国资本家对此欣喜若狂，认为已经打开了中国的市场。然而，令他们意外的是，"让出五个新口岸，并没有造成五个新的商业中心"[1]，"英国对中国的出口额在 1836 年是 1326388 英镑，在 1842 年下降到 969000 英镑"[2]。马克思深入分析了造成这一现象的原因，指出妨碍英国对华出口贸易迅速扩大的主要因素是中国小农业和家庭工业相结合的社会经济结构。为了证明这个分析，马克思还援引了印度的例子。

---

[1]　《马克思恩格斯选集》第 1 卷，人民出版社，2012，第 819 页。
[2]　《马克思恩格斯选集》第 1 卷，人民出版社，2012，第 809 页。

他说："正是这种农业与手工业的结合，过去长期阻挡了而且现时仍然妨碍着英国商品输往东印度。"[1] 众所周知，历史上的印度与古代中国一样是一个繁荣的东方大国，公元前后的几个世纪曾盛极一时，特别是被称为印度 "黄金时代" 的笈多帝国时期，其疆域直抵西亚。然而，繁荣并没有在印度一直持续下去，随着西方列强的相继入侵，昔日的大帝国逐渐衰落。在经历了一场长达 92 年的征服战之后，英国人于 1849 年 3 月最终完成了对印度的征服，成为印度的 "最高地主"。1858 年，英属东印度公司向维多利亚女王移交权力，英国政府开始直接统治印度。这就意味着，印度不论在经济上还是在政治上都成了英国的一部分，英国殖民者完全可以凭借其在印度的政治统治权按照他们自己的意图开发古老的印度。但对于英国殖民者来说，要使建立在小农经济基础之上的印度满足资本主义生产关系已经相当成熟的英国的发展需求，必须打破印度传统的农业与手工业相结合的经济结构。印度这种农业与手工业的结合，是建立在封建主占有土地这一所有制基础上的。因此，要想打破这种经济结构就要破坏原有的土地所有制。这对于已经成为印度最高统治者的英国人来说，并非难事。所以，马克思指出："在东印度，那种农业与手工业的结合是以一种特殊的土地所有制为基础的。而英国人凭着自己作为当地最高地主的地位，能够破坏这种土地所有制，从而强使一部分印度自给自足的公社变成纯粹的农场，生产鸦片、棉花、靛青、大麻之类的原料来和英国货交换。"[2] 所谓的 "最高地主"，是指侵略者已经成为殖民地的最高统治者。掌握了殖民地政治统治权的殖民者，能够将政治权力直接作用于殖民地的经济生产活动，从而使其完全服从于殖民者的利益需求。即如马克思所说："在印度，英国人曾经作为统治者和地租所得者，同时使用他们的直接

1　《马克思恩格斯选集》第 1 卷，人民出版社，2012，第 847 页。
2　《马克思恩格斯选集》第 1 卷，人民出版社，2012，第 847 页。

的政治权力和经济权力，以图摧毁这种小规模的经济公社。"[1]

那么，同样的现象会不会在中国上演？英国殖民者能否完全破坏中国的封建土地所有制，从而彻底打破中国的小农经济结构在对华贸易方面形成的障碍呢？马克思明确指出："在中国，英国人还没有能够行使这种权力，将来也未必能做到这一点。"[2] 这里的"这种权力"就是指"最高地主"权。马克思虽然没有使用"殖民地""半殖民地"等概念，但表达的意思却很明确，即英国人难以将中国变成完全的殖民地。马克思之所以在鸦片战争时期就能够作出这样的论断，与他对中国国情和印度国情的分析是分不开的。偌大的印度帝国最终沦为英国殖民地，除了自身的封建落后外，最主要的原因是印度内部封建割据势力间的争斗给英国人制造了机会。针对印度的情形，马克思曾形象地指出："大莫卧儿的无上权力被它的总督们摧毁，总督们的权力被马拉塔人摧毁，马拉塔人的权力被阿富汗人摧毁；而在大家这样混战的时候，不列颠人闯了进来，把他们全都征服了。"[3] 这种情况在当时的中国并未出现，尽管太平天国农民革命运动给清朝的封建统治造成了严重的打击，但并未从根本上动摇之。换言之，清朝统治下的中国依然是一个专制主义中央集权国家，没有出现能够被西方列强利用的四分五裂状况。为此，马克思在《资本论》第三卷中再次谈及英国人未能成为中国"最高地主"的事实。他指出，英国人在印度同时使用"直接的政治权力和经济权力"以摧毁经济公社，即便这样，这个解体过程还是进行得极其缓慢，而"在中国，那就更缓慢了，因为在这里没有直接政治权力的帮助"[4]。

列宁则明确把当时的中国纳入"半殖民地"范畴。列宁时期的中国不仅未能摆脱西方列强的侵略，相反其半殖民地化程度还在进一步加深，特别是

1 《马克思恩格斯文集》第 7 卷，人民出版社，2009，第 372 页。
2 《马克思恩格斯选集》第 1 卷，人民出版社，2012，第 847 页。
3 《马克思恩格斯选集》第 1 卷，人民出版社，2012，第 856 页。
4 《马克思恩格斯文集》第 7 卷，人民出版社，2009，第 372 页。

八国联军侵华战争后的清朝政府竟沦为西方列强的在华代理人。然而,在中国各阶级先进分子的积极探索和民族意识日渐觉醒的广大人民群众的共同斗争之下,近代中国也只是个半殖民地国家,西方列强始终未能将贫弱的中国在政治上变成完全的殖民地。基于此,列宁将中国纳入半殖民地国家的范畴。1916 年初,列宁在《社会主义革命和民族自决权》一文中将当时的国家分为三大类,其中第三类国家是半殖民地和殖民地,中国和波斯、土耳其等国被纳入半殖民国家的范畴,即"第三,中国、波斯、土耳其等半殖民地国家和所有殖民地。"[1] 这是列宁首次使用"半殖民地"这一概念。在随后创作的《帝国主义是资本主义的最高阶段》中,列宁阐释了"半殖民地"的具体内涵:"至于'半殖民地'国家,它们是自然界和社会一切领域常见的过渡形式的例子。"[2] 那么,"半殖民地"具体是哪个领域的过渡形式呢?在帝国主义时代,金融资本成了支配一切的力量,它不仅在国内居于统治地位,而且能够支配其他一些政治上完全独立的国家。因此,列宁进一步指出:"对金融资本最'方便'最有利的当然是使从属的国家和民族丧失政治独立这样的支配。半殖民地国家是这方面的'中间'形式的典型。"[3] 由此可见,半殖民地国家就是已经遭到帝国主义的经济支配但尚未完全丧失政治独立性的国家。

二　"中国社会主义"产生的重要前提:"旧中国的死亡"

鸦片战争后的中国之所以半殖民地化,除了西方列强的入侵外,最主要的还在于自身经济发展的落后和封建统治的腐败。从根本上讲,这是由过时的社会制度造成的。时至 19 世纪 40 年代,中国的封建主义社会制度早已过

1　《列宁全集》第 27 卷,人民出版社,2017,第 263 页。
2　《列宁全集》第 27 卷,人民出版社,2017,第 394 页。
3　《列宁全集》第 27 卷,人民出版社,2017,第 395 页。

时，成为制约整个社会发展的桎梏。因此，恩格斯在谈及中国社会制度时使用了"旧中国""古老中国整个传统的制度""整个陈旧的社会制度"等话语，意在说明它已经过时。这就意味着，"旧中国的死亡"已成一种必然趋势。

第二次鸦片战争时，恩格斯提出"旧中国的死亡时刻"正在迅速临近。第一次鸦片战争不仅暴露了清朝政府的懦弱无能，还暴露出了整个国家和社会制度的落后。因此，战争之后，中国当时社会中的两个最主要阶级即地主阶级和农民阶级都逐渐意识到旧中国的弊端及面临的危机，进而从各自的立场出发寻求摆脱危机的出路。其中，农民阶级作为中国漫长的封建社会中一直被压迫和奴役的对象，在鸦片战争后的中国已经无法照旧生活下去。与此同时，封建地主阶级也难以照旧统治下去。因此，从鸦片战争结束到太平天国运动爆发这十年间，中国没有一年不发生民乱，最终演变成一场声势浩大的太平天国农民革命运动。早在 1850 年初，马克思、恩格斯就根据德国传教士郭士立从中国带回去的新闻分析指出："这个国家现在已经接近灭亡，已经面临着一场大规模革命的威胁。"[1] 虽然太平天国革命运动实质上还是一场改朝换代式的农民运动，但它足以说明中国人民反抗封建压迫的民主意识开始觉醒。

恩格斯有关中国南方民众在两次鸦片战争中的不同态度的分析则显示出中国人的民族危机意识已经觉醒。第一次鸦片战争时虽有广州三元里民众抗英的佳话，但总体上看南方民众的反抗斗争并不积极，用恩格斯的话说："那时人民保持平静，让皇帝的军队去同侵略者作战，失败之后，则抱着东方宿命论的态度屈从于敌人的暴力。"[2] 而在第二次鸦片战争时，中国南方民众则表现出了完全不一样的反抗态度。他们自发地通过各种方式反抗外国人，以

1　《马克思恩格斯全集》第 10 卷，人民出版社，1998，第 277 页。
2　《马克思恩格斯选集》第 1 卷，人民出版社，2012，第 797 页。

至于英国政府派报刊称中国人的抵抗方法为"卑劣的、野蛮的、凶残的方法"。但在恩格斯看来，这种普遍反抗外国人的斗争恰恰意味着中国民众民族意识的觉醒，他们是在进行"一场维护中华民族生存的人民战争"[1]。基于此，恩格斯指出，新的中英战争形势极为复杂，使人根本无法预料它将如何发展，但"有一点是肯定无疑的，那就是旧中国的死亡时刻正在迅速临近"[2]。这里虽没有明确说明"旧中国"到底是什么，但不难理解"旧中国的死亡"就是指中国旧的、传统的、封建的社会制度的瓦解。如果说"旧中国的死亡"是一种必然趋势，为何这个时刻正在"迅速临近"？恩格斯正是从中国南方民众的觉醒中看到了希望，他说："中国的南方人在反对外国人的斗争中所表现的那种狂热本身，似乎表明他们已觉悟到旧中国遇到极大的危险；过不了多少年，我们就会亲眼看到世界上最古老的帝国的垂死挣扎，看到整个亚洲新纪元的曙光。"[3]

对马克思和恩格斯而言，历史唯物主义是他们评价某种社会形态进步抑或落后的根本视角。因此，在他们的思想上，期待"旧中国的死亡"好比期待欧洲社会主义革命的发生。所以，在恩格斯晚年的最后岁月中，他仍持续关注中国社会发展问题，并多次表达中国传统经济制度和社会制度将逐渐瓦解的观点。1892年9月22日，恩格斯在致尼·弗·丹尼尔逊的信中指出，"最后一个新的市场是中国，这一市场的开辟可以使英国的贸易暂时恢复繁荣。因此，英国资本极力要修建中国的铁路。但是，中国的铁路意味着中国小农经济和家庭工业的整个基础的破坏"[4]。1894年9月下旬恩格斯又在致劳拉·拉法格的信中说："不管这次战争的直接后果如何，有一点是必不可免

1 《马克思恩格斯选集》第1卷，人民出版社，2012，第798页。
2 《马克思恩格斯选集》第1卷，人民出版社，2012，第800页。
3 《马克思恩格斯选集》第1卷，人民出版社，2012，第800页。
4 《马克思恩格斯文集》第10卷，人民出版社，2009，第636页。

的：古老中国整个传统的经济体系将完全崩溃。"[1] 随后在 11 月 10 日致左尔格的信中谈及中日战争对古老中国的打击问题，恩格斯再次指出中国小农经济制度和整个社会制度都在逐渐瓦解，他说："这样一来，旧有的小农经济的经济制度（在这种制度下，农户自己也制造自己使用的工业品），以及可以容纳比较稠密的人口的整个陈旧的社会制度也都在逐渐瓦解。"[2] 期待"旧中国的死亡"也是对中国新生的期待，只有中国实现新生，中国人民才能从封建主义和殖民主义的奴役下解放出来。

三　"中国社会主义"的具体形态：从"中华共和国"到"苏维埃共和国"

"旧中国"死亡后，取而代之的将是一个什么样的新国家？早在太平天国农民革命爆发前夕，马克思和恩格斯就基于德国传教士从中国带回去的新闻提出了"中国社会主义"的看法，并为之起名为"中华共和国"。俄国十月革命胜利后，列宁则为包括中国在内的殖民地半殖民地国家提出了建立"苏维埃共和国"的思想。

德国传教士郭士立曾在 1831 年至 1851 年间七次到中国游历，可谓 19 世纪上半叶研究中国问题的专家。1850 年初，马克思和恩格斯正是从郭士立带回欧洲的新闻中了解到中国当时处于一种革命爆发前封建统治者和人民群众之间矛盾异常尖锐的状态。马克思和恩格斯还特别注意到这样一种现象：在造反的平民当中有人萌发了反对私有制的意识，他们指出一部分人贫穷和另一部分人富有的现象，要求重新分配财产，甚至要求完全消灭私有制。而在欧洲，消灭私有制正是科学社会主义学说所主张的内容。因此，当回到欧洲

1　《马克思恩格斯全集》第 39 卷，人民出版社，1974，第 285 页。
2　《马克思恩格斯选集》第 4 卷，人民出版社，2012，第 655 页。

的郭士立听人们谈论社会主义时惊呼自己"到哪儿也躲不开这个害人的学说"。实际上,就当时中国的发展水平和对外交往的状况而言,中国人不可能提出科学社会主义思想,他们萌发的仅仅是朴素的反封建主义压迫的意识。对此,马克思和恩格斯也明确指出:"当然,中国社会主义之于欧洲社会主义,也许就像中国哲学与黑格尔哲学一样。"[1] 这句话意在强调,虽然表面上都是"社会主义",但实质上两者是不一样的。尽管马克思和恩格斯认为当时的中国不可能走上欧洲的社会主义革命道路,他们还是从郭士立带回欧洲的新闻中敏锐地察觉到中国即将发生社会变革,并且认为有诞生"共和国"的可能性。他们指出:"当我们欧洲的反动分子不久的将来在亚洲逃难,到达万里长城,到达最反动最保守的堡垒的大门的时候,他们说不定就会看见上面写着:中华共和国——自由,平等,博爱。"[2] 众所周知,"自由、平等、博爱"正是后来的中国资产阶级革命派领袖人物孙中山先生所推崇并致力于在中国实现的社会理想。

虽然中国辛亥革命建立的"共和国"最终被国内外反动势力扼杀,但列宁认为中国传统的亚洲式的旧的农奴制度不可能再恢复。1911 年辛亥革命的爆发,不仅引起了清朝统治者的恐慌,还引发了西方列强的"深度担忧",因为它们害怕中国一旦真正走上资产阶级共和国的发展道路就会脱离它们的控制。列宁揭露道:"中国革命在欧洲资产阶级中间所引起的不是对自由和民主事业的热忱,而是掠夺中国、开始瓜分中国、攫取中国领土的野心。"[3] 因此,尽管孙中山早在革命初期就积极地与英、法、德、美等国家商谈,希望他们不要贷款给清朝政府,并寻求他们对革命政府的帮助,但最终还是没能获得西方强国的帮助,甚至孙中山任职期间的中华民国也未能得到他们的承认。相反,西方列

1　《马克思恩格斯全集》第 10 卷,人民出版社,1998,第 277 页。

2　《马克思恩格斯全集》第 10 卷,人民出版社,1998,第 277 页。

3　《列宁全集》第 23 卷,人民出版社,2017,第 29 页。

强积极支持保守派头目袁世凯，并促成有利于袁世凯方面的南北议和。所以，辛亥革命虽然结束了中国两千多年的封建帝制，却未能建立起真正的"共和国"。尽管如此，作为中国近代史上的第一次资产阶级民主革命，辛亥革命的影响是十分深远的，特别是给深受封建思想钳制的中国人民带来了一次重大的民主洗礼。自此以后，任何试图在中国恢复封建帝制的做法都不会得逞。所以，列宁说："不管各种'文明'豺狼现在切齿痛恨的伟大的中华民国的命运如何，世界上的任何力量也不能恢复亚洲的旧的农奴制度，不能铲除亚洲式和半亚洲式国家中的人民群众的英勇的民主精神。"[1]

俄国十月革命胜利后，列宁将中国与其他落后国家作为一个整体，创造性地提出了落后国家可以不经过资本主义发展阶段直接建立"苏维埃共和国"的思想。俄国十月革命的胜利开辟了人类历史的新纪元，无产阶级掌握政权的新型国家——苏维埃共和国——诞生了，而且是在经济文化落后的国家首先诞生。基于俄国经验，列宁认为在帝国主义已经将全世界划分为被压迫民族和压迫民族的时代，落后国家的劳动群众完全可以在先进国家特别是苏维埃国家无产阶级的帮助下，突破当前所处的阶段。1920年，针对共产国际中的一些代表提出的关于"目前正在争取解放、而战后已经有了进步运动的落后民族的国民经济必然要经过资本主义发展阶段这种说法究竟对不对"的问题，列宁说，"我们对这个问题的回答是否定的"，他进一步指出："在先进国家无产阶级的帮助下，落后国家可以不经过资本主义发展阶段而过渡到苏维埃制度，然后经过一定的发展阶段过渡到共产主义。"[2] 这里的"落后国家"当然包括中国在内，因为列宁这段话来自他为共产国际民族和殖民地委员会起草的报告，民族和殖民地委员会由包括中国、印度、伊朗等落后国家在内的18个国家的20个代表组成。可以说，这是列宁在十月革命胜利和

1　《列宁全集》第23卷，人民出版社，2017，第3页。
2　《列宁全集》第39卷，人民出版社，2017，第236页。

第一次世界大战结束后，基于国际形势特别是世界革命运动的新发展，针对中国等落后国家的社会发展道路问题提出的一个新观点，将马克思、恩格斯关于中国有可能成立资产阶级共和国的研判，推进到有可能直接成立苏维埃共和国这一新的研判。

第二节　对中国革命的多重展望

"革命是历史的火车头"[1]，"旧中国的死亡"和新中国的诞生都不可能自行实现，而是要通过革命来推动。然而，在近代之前，中国虽经历了数十次的改朝换代，却始终没有爆发过现代意义上的革命，这也是中国封建帝制延续两千年之久的一个重要原因。也正是从这个意义上，恩格斯称中国是一个"一千多年来一直抗拒任何发展和历史运动的国家"[2]。即便如此，经典作家还是对中国革命寄予殷切期望，他们在不同历史时期从不同角度科学展望了中国革命的发生和发展，列宁还在与俄国革命的对比中提出东方国家的革命会带有更多的特殊性。

一　在批评旧式农民运动的局限性中展望中国革命

1850 年初，马克思和恩格斯根据郭士立带回欧洲的新闻断定中国"已经面临着一场大规模革命的威胁"[3]。这场"大规模革命"正是之后爆发的太平天国农民革命。然而，随着革命的推进以及马克思对革命情况更多的了解，马克思发现这场革命仍属于改朝换代式的旧式农民起义。毫无疑问，太平天国运动作

1　《马克思恩格斯全集》第 10 卷，人民出版社，1998，第 214 页。
2　《马克思恩格斯全集》第 42 卷，人民出版社，1979，第 472 页。
3　《马克思恩格斯全集》第 10 卷，人民出版社，1998，第 277 页。

为"无产阶级产生以前的历史上的一次最伟大的农民革命运动"[1]，加速了晚清封建社会的崩溃。然而，它毕竟是一场农民运动，其最主要的领导人洪秀全也是受封建思想文化影响的旧知识分子。这就注定这场革命运动不会产生真正新的东西。所以，早在1854年马克思就用"汉族造反者""宗教战争""新的中国王朝"等话语来评论太平天国运动。[2]"汉族造反者"指太平军，揭示太平天国运动实质上是一场旧式造反运动；"宗教战争"指太平军用拜上帝教反对清朝皇帝信奉的佛教，揭示太平天国运动的指导思想是宗教思想；"新的中国王朝"指太平天国政权，揭示太平天国运动只是在改朝换代。

1862年7月，马克思在维也纳《新闻报》上发表了《中国记事》一文，这是继1853年的《中国革命和欧洲革命》一文之后，再次也是最后一次专门评论太平天国农民革命的文章。如果说，《中国革命和欧洲革命》重在从"两极相联"的角度探讨太平天国农民革命的外在影响，后者则重在剖析这场革命的内在缺陷。通过剖析，马克思揭开了这场革命"惊心动魄"表面下的平淡无奇。虽受研究资料的影响，马克思对某些细节问题的阐述未必完全符合实际，却也客观地反映了旧式农民运动存在的不容忽视的阶级局限性和历史局限性。

马克思指出，太平天国革命运动带有宗教色彩。鸦片战争后，在外来资本主义的入侵下中国南方传统的小农经济结构逐渐遭到破坏，加之清朝政治统治的日益腐化，南方民众特别是贫苦农民已经无法在既有的社会条件下继续生活下去。如此，在太平天国革命爆发前，南方各地的农民造反就已经此起彼伏。洪秀全作为太平天国革命运动主要发起人和领导人，其独特之处在于找到了宗教这一号召和组织农民起义的工具。"对世世代代沉溺于愚昧之中的千百万小农来说，宗教语言是最容易理解的语言，神秘的力量是最可信赖

1　胡绳：《从鸦片战争到五四运动》（上），人民出版社，2010，第92页。

2　参见《马克思恩格斯全集》第13卷，人民出版社，1998，第117页。

的力量。"[1] 所以，太平天国运动作为农民革命，具有宗教色彩也是一种必然。此外，洪秀全作为在封建主义教育体制下培养出来的旧知识分子，在认知上也有很大的局限性。在 19 世纪四五十年代的中国，虽然魏源、林则徐等人已经"开眼看世界"并提出"师夷长技以制夷"，但他们远没有意识到资产阶级的思想文化相较于封建地主阶级的思想文化所具有的进步之处。所以，这一时期学习西方也只是停留在器物层面，且影响力主要局限于封建地主阶级内部。洪秀全作为农民子弟，虽有机会入私塾，但所学也都是封建礼教，不可能在思想上有新的认识和新的突破。因此，为号召和组织农民起来推翻旧王朝建立新王朝，将西方的宗教与中国传统政治思维中的神学因素结合起来也就成了最佳的选择。对于太平天国运动所具有的宗教色彩，马克思并不感到意外，反而认为这是前资本主义国家中的农民运动所共有的特征。说白了，这是落后社会的产物。实际上，这不是东方运动独有的特征，在西方，连早期的资产阶级运动也带有宗教色彩。关于这一点，恩格斯曾解释说："中世纪的历史只知道一种形式的意识形态，即宗教和神学。"[2] 所以，借助宗教反宗教是革命动员的一种手段。后来，资产阶级意识形态逐渐形成和完善，资产阶级力量也不断壮大，欧洲资产阶级民主革命也就逐渐脱离了宗教的色彩，并且正式向宗教开战，最终将国家从宗教的束缚下解放出来。但是，19 世纪 40 年代末 50 年代初的中国尚未产生资产阶级，更谈不上资产阶级意识形态。所以，对于以洪秀全为代表的那个时代的旧知识分子来说，借助宗教发动农民革命可谓最有效的方式。

马克思指出，太平军除了改朝换代不知道自己负有什么使命。如果说宗教色彩只是资产阶级尚未形成或虽已形成但力量还很薄弱时期的政治革命带有的一种特征，那么改朝换代则是一切旧式农民革命所固有的局限性。自中

1　陈旭麓：《近代中国社会的新陈代谢》，中国人民大学出版社，2012，第 67 页。
2　《马克思恩格斯全集》第 28 卷，人民出版社，2018，第 343 页。

国进入封建社会以后，农民就在地主的压迫下不断地起义，如秦朝的大泽乡农民起义、两汉时期的绿林赤眉农民起义和黄巾农民起义、唐朝的黄巢农民起义，等等。但是，封建社会中农民的社会地位和生产生活方式，注定他们眼界狭小，产生不了先进的思想认知。由于缺乏先进思想的指导，历史上的农民起义无不局限于改朝换代。而且，处于封建主义生产关系中的农民，天生向往和追求更多的土地并希望有朝一日能成为地主那样的人。所以，推翻现有的王朝并建立一个新的王朝，成为农民起义跳不出的窠臼。具体到太平天国农民革命，虽然在促进近代中国社会的新陈代谢方面起了很大的作用，但从性质上来说它依然是一场旧式农民战争。作为太平天国试图改造地主土地占有制的纲领性文件《天朝田亩制度》，勾画的只不过是一幅反映农民大同理想的平均主义的蓝图，在当时的社会实践中根本无法落实。相反，在太平天国的具体实践中，推行的依然是封建主义的生产关系和社会制度。究其原因，取代封建主义社会形态的新的社会因素在当时的中国尚处于不被人发觉的萌芽状态，处在旧的生产方式之下的小农及其知识分子不可能找到替代封建社会制度的更好的社会制度。所以，针对太平军们思想认识上的局限性，马克思不无批判地指出："除了改朝换代以外，他们不知道自己负有什么使命。他们没有任何口号。他们对民众说来比对老统治者们说来还要可怕。"[1]

马克思进一步指出，太平军好像在用毫无建设的破坏来与停滞腐朽对立。由于局限于改朝换代，加之洪秀全们的政治思想不够成熟，太平天国运动在实际生活中造成的更多的是破坏作用。在经济方面，正常的商业活动遭到严重的破坏，尤其是太平军在破城时对商铺的焚烧抢掠，使得商人们无法正常经营；正常的农业生产活动也因地主的出逃和被杀而受到严重的影响；在政治方面，太平天国建立的是一个远不及清朝政权成熟的封建政权，在几年时间里封王

---

[1] 《马克思恩格斯论中国》，人民出版社，2015，第122页。

2700 多个，丞相 10000 多个，将军 20000 多个，几乎人人都是大官，这种臃肿的政治机构是中国历来的封建王朝所不能比的；在文化方面，大搞群众性的反孔运动，大规模地搜集和烧毁孔孟思想文化的书籍，以此来排斥孔子在中国思想文化上的地位并以"上帝"取而代之；在社会生活方面，强制改变民众传统的祭祀、丧葬等仪式，以汉服取代清朝服装，禁止男性剃发，禁止女性穿裙子，等等。最重要的是，它在破坏现有的东西之后，却未能以新的进步的东西取而代之。正因为此，马克思说："他们的使命，好像仅仅是用丑恶万状、毫无建设性的破坏来与停滞腐朽对立。"[1]

　　马克思还进一步分析了上述局限产生的社会原因："停滞的社会生活的产物。"[2] 中国封建社会十分漫长，欧洲国家早在 17 世纪 40 年代就开启了资本主义时代，中国直到 19 世纪 40 年代还在封建社会中盘旋。虽然在最后一个封建王朝即清朝也出现过广为世人赞誉的康乾盛世，但盛世之下早已隐藏着重大的危机，一方面旧的社会形态已过度成熟，另一方面新的社会因素尚未发展起来。所以，在康乾盛世之后，中国不论在经济上还是在政治、文化上都陷入了一种几乎停滞的状态。在当时的中国，"成千上万胼手胝足、辗转沟壑的小农背负着一代一代歌讴唐虞盛世，高谈名物考据或性心理义的士人"[3]。这与同一时期西方国家在社会生产力方面发生的巨大变革和政治思想文化方面产生的巨大进步形成了鲜明的对比。在这种情况下，一种新的社会形态是不可能产生的。所以，马克思对于太平天国运动局限于改朝换代并不感到奇怪。他分析指出："这种现象本身并不含有什么特殊的东西，因为在东方各国我们总是看到，社会基础停滞不动，而夺得政治上层建筑的人物和种族却不断更迭。"[4] 虽然在阶级矛盾、种族矛盾抑或民族矛盾的作用下，国家

1　《马克思恩格斯论中国》，人民出版社，2015，第 122 页。
2　《马克思恩格斯论中国》，人民出版社，2015，第 125 页。
3　陈旭麓：《近代中国社会的新陈代谢》，中国人民大学出版社，2012，第 2 页。
4　《马克思恩格斯论中国》，人民出版社，2015，第 122 页。

的最高统治权在不同人的手中转换，但整个社会的性质依然如故，这就是改朝换代。

从马克思对太平天国运动局限性的分析中，我们能够看到的是，虽然马克思在最初将太平天国运动称为"中国革命"，但他期待的"中国革命"绝不是改朝换代式的造反或者起义，而是那种能够从根本上颠覆旧社会，建立新社会的革命。

二 在考察社会经济结构的变化中展望中国革命

特定历史条件下的社会革命包括经济、政治和文化三个层面，其中经济革命是指社会经济结构的变革，是社会革命的基础。经典作家时期的中国社会经济结构在外来资本主义的侵蚀下逐渐发生变化，不再是纯粹的小农经济结构。鸦片战争后，中国在对外贸易方面由之前的"一口通商"变为"五口通商"，西方各国争相把资本主义工业品输往中国。资本主义生产是大生产，不仅分工明确，生产技术也先进，因而劳动生产率高。18世纪下半叶开始的工业革命更是进一步推动了资本主义生产方式的变革。因为生产效率高，西方工业品在世界市场上具有价格优势。低廉的价格正是资产阶级"用来摧毁一切万里长城、征服野蛮人最顽强的仇外心理的重炮"[1]。外国工业品的这种作用在鸦片战争后的中国虽然缓慢但也不可避免地表现出来，洋火、洋烛、洋油、洋布、洋线、洋皂等"洋货"不断排挤着中国人生产的同类商品，在中国居民的生活中渐趋普及。外国工业品的大量输入使中国传统手工业遭到严重损害，依靠小农业与家庭工业相结合的中国经济结构也相应地遭到破坏，经济变革由此产生。

---

1 《马克思恩格斯选集》第1卷，人民出版社，2012，第404页。

恩格斯提出，中国在购买比较便宜的英国商品中走向革命。1847年10月，恩格斯在《共产主义原理》中谈及工业革命的影响时说："由于在世界各国机器劳动不断降低工业品的价格，旧的工场手工业制度或以手工劳动为基础的工业制度完全被摧毁。所有那些迄今或多或少置身于历史发展之外、工业迄今建立在工场手工业基础上的半野蛮国家，随之也就被迫脱离了它们的闭关自守状态。这些国家购买比较便宜的英国商品，把本国的工场手工业工人置于死地。因此，那些几千年来没有进步的国家，例如印度，都已经进行了完全的革命，甚至中国现在也正走向革命。"[1] 很显然，这里的"革命"指的是社会生产领域特别是生产方式的变革亦即经济革命。恩格斯此处用"正走向革命"来表述英国工业对中国经济造成的影响，实际上讲的是一种趋势，而非像印度那样"已经革命"，因为这种影响是一个过程，诚如马克思所指出的，"英国起先是把印度的棉织品挤出了欧洲市场，然后是向印度斯坦输入棉纱，最后就使英国棉织品泛滥于这个棉织品的故乡"[2]。具体到1847年时英国工业品对中国的影响，此时"五口通商"虽已有5年时间，英国对中国的出口额也在1842—1845年间迅速增长，从1842年的969000英镑激增到1845年的2395000英镑，然而1846年便降到了1836年的水平以下。为了说明这种情况的真实性，马克思还援引了《泰晤士报》驻广州和上海的通讯员的话："1843年、1844年和1845年，当北方各通商口岸刚刚开放的时候，我们国内的人兴奋若狂。设菲尔德一家有名的商行向中国运去了大批餐刀和餐叉，并表示它准备给全中国供应此类餐具……这些商品的卖价几乎抵不上运费……曼彻斯特在各通常口岸开放的时候盲目地做了一番巨大的努力，这种努力归于失败。"[3] 可见，1847年时的英国工业品尚未真正打开中国市场。不过，这并非意味着英国工业品对中国没有影响，相反

1　《马克思恩格斯选集》第1卷，人民出版社，2012，第299页。
2　《马克思恩格斯选集》第1卷，人民出版社，2012，第852页。
3　《马克思恩格斯选集》第1卷，人民出版社，2012，第810页。

它的影响正在逐渐产生。从 1846 年英国出口到中国的棉纱看，这一年出口的棉纱额相当于 1845 年的两倍，达到 532 万英镑。这说明，中国手工纺纱业已经遭到了英国棉纱的排挤。纺纱是棉纺织业的重要组成部分，纺纱业遭到排挤和破坏，整个棉纺织业也就遭到破坏，尽管在最初阶段表现得不那么明显。"正走向革命"揭示的正是中国传统社会经济结构在外来资本主义的破坏下将发生革命性变革的一种趋势。

恩格斯还指出，中日战争促使中国整个经济基础逐渐革命化。1894 年 7 月 25 日，日本海军突然袭击北洋舰队，挑起蓄谋已久的侵华战争。这引起了恩格斯的关注，他在 1894 年 9 月至 11 月写给友人的三封信中都提到了中日战争问题，而且都从经济变革的角度断定中日战争将导致"古老中国"的终结。如，恩格斯在 1894 年 9 月 23 日致卡尔·考茨基的信中说："中日战争意味着古老中国的终结，意味着它的整个经济基础全盘的但却是逐渐的革命化，意味着大工业和铁路等等的发展使农业和农村工业之间的旧有联系瓦解，因而中国苦力大批流入欧洲。"[1] 战争才刚爆发两个月，恩格斯何以能够作出这样的判断？历史唯物主义认为，经济基础决定上层建筑，上层建筑反作用于经济基础。虽然中国社会经济结构在鸦片战争之后便开始半封建化，但直到中日战争爆发还处于半封建状态，资本主义经济虽有所发展却很不充分，处处遭到封建主义生产关系的阻碍和外来资本主义的排挤。经济基础决定上层建筑，国家政权依然掌握在清朝皇帝手中。这也决定地主阶级主导的洋务运动终究无法达成自强的目的。相比之下，日本却通过明治维新成功走上了资本主义发展道路。从经济层面看，这场中日战争是亚洲新兴资本主义与没落封建主义的一场较量，结果可想而知。所以，中国经济基础逐渐革命化既是一种必然趋势，也是恩格斯的期待。

三　在把握革命的理论与运动的辩证关系中展望中国革命

"没有革命的理论，就不会有革命的运动。"[1] 19 世纪三四十年代欧洲三大工人运动失败的首要原因就是缺乏科学理论的指导。列宁还进一步指出："没有革命的理论，就不可能有被压迫阶级的即历史上最革命的阶级的世界上最伟大的解放运动。"[2] 同理，没有民主革命的理论，也就没有民主革命的运用。在率先开展民主革命的欧洲，如果没有文艺复兴运动和启蒙运动带来的思想解放和对自由主义的宣传，资产阶级革命运动就不会发生，更不会取得成功。在中国，受传统社会经济结构的制约，直到 19 世纪 60 年代才产生民族资产阶级，直到 19 世纪八九十年代少数先进知识分子才在接触"西学"的过程中开始传播民主革命的思想，其中最具有代表性的人物是孙中山。在孙中山的带领下，民主革命先驱们以各种方式在 19 世纪末 20 世纪初的中国传播民主革命思想。1900 年 1 月，在孙中山的筹办下，中国第一份革命报《中国日报》在香港诞生。之后，革命出版物风起云涌，民主革命思想通过报纸、杂志、书籍在 20 世纪初的中国得到了广泛传播，从而为各种革命团体的建立和民主革命运动的开展奠定了重要的思想基础。

这一时期，远在日内瓦侨居的列宁关注到了中国革命运动的新迹象，从革命思想在中国的广泛传播中预见到"自觉的民主运动"。1908 年 7 月，他在《世界政治中的易燃物》一文中说："在中国，反对中世纪制度的革命运动近几个月来也强有力地开展起来了。的确，对这个运动还不能作出明确的估计，因为关于这个运动的消息很少，而关于中国各地造反的消息却很多，但是，'新风'和'欧洲思潮'在中国的强有力的发展，特别是在日俄战争

1　《列宁全集》第 2 卷，人民出版社，2013，第 445 页。

2　《列宁全集》第 27 卷，人民出版社，2017，第 15 页。

以后，是用不着怀疑的，所以中国的旧式的造反必然会转变为自觉的民主运动。"[1] "造反"主要指阶级社会中被统治阶级对旧社会、旧统治者的一种反抗，表现为自发的武装暴动或谋反。不同于革命的是，造反往往停留于改朝换代，而不是通过斗争建立起一种新的社会制度。在人类社会发展史上，造反的主体主要是奴隶、农奴和农民。从这个意义上说，中国封建社会中的农民起义或农民革命包括声势浩大的太平天国运动在内，都是农民造地主的反，是农民反对现有王朝的斗争。列宁所谓的"旧式的造反"就是指中国这种旧式的斗争。不论造反的结果怎样，它都反映了农民与地主之间的阶级矛盾，有一定的积极意义，一方面能够促进旧社会的瓦解，另一方面也能够促进群众斗争精神的发展。一旦这种"旧式的造反"有先进革命理论的指导，有先进阶级的领导，它就能够转化为自觉的民主革命运动。在20世纪初的中国，民主革命理论属于先进的革命理论，资产阶级也是尚且能够代表进步的阶级。在以孙中山为代表的资产阶级民主派的领导下，武装起义在广东、广西、云南和湖南等省份相继开展起来。这种革命势头与波斯、土耳其、印度等落后国家的民族民主革命运动一起形成了"世界政治中的易燃物"。在列宁看来，这是"新风"和"欧洲思潮"在中国强有力发展的必然结果。"新风"即新的革命风潮，"欧洲思潮"即民主革命思潮，二者的相互作用，促使中国民主革命高潮的到来。

俄国十月革命胜利后，列宁进一步思考落后国家的革命问题，提出中国等落后国家的革命会比俄国具有更多的"特殊性"。第一次世界大战时期的俄国不论在经济发展还是在政治制度上都落后于同时期的西欧国家，但是这种落后并没有阻碍俄国无产阶级及其政党的成长，以及马克思主义在俄国的广泛传播。在多种因素的共同作用下，俄国无产阶级革命运动具有了与西方

1　《列宁全集》第17卷，人民出版社，2017，第160页。

无产阶级革命运动不一样的特征，诸如无产阶级领导民主革命，工人革命同农民战争联合，无产阶级先夺取政权后发展经济，等等。然而，东方落后国家的情况更为复杂。同时期的中国、朝鲜、印度、土耳其等东方国家不仅经济上落后于俄国，还不同程度地遭受西方列强的殖民入侵，民族矛盾和阶级矛盾交织在一起，矛盾更加尖锐。这就预示着东方国家的革命将会带有更多的特殊性。所以，早在 1916 年列宁就指出："一切民族都将走向社会主义，这是不可避免的，但是一切民族的走法却不会完全一样，在民主的这种或那种形式上，在无产阶级专政的这种或那种形态上，在社会生活各方面的社会主义改造的速度上，每个民族都会有自己的特点。"[1] 遗憾的是，当时的苏汉诺夫们只知道资本主义在西欧的发展这条固定道路，坚持认为任何其他与之不一样的道路都是错误的，从而在革命道路问题上犯了庸俗马克思主义错误。为此，列宁在《论我国革命》中批判地指出："我们的苏汉诺夫们，更不必说那些比他们更右的社会民主党人了，做梦也没有想到，不这样就根本不能进行革命。我们的欧洲庸人们做梦也没有想到，在东方那些人口无比众多、社会情况无比复杂的国家里，今后的革命无疑会比俄国革命带有更多的特殊性。"[2] 这里虽然没有明确提"中国"，但文本中的"东方国家"是包括中国在内的，甚至是以中国为代表的。所以，提出东方国家今后革命会带有更多的特殊性，也是断定中国革命会比俄国革命带有更多的特殊性，后来的事实也证明了列宁的预判。

第三节　对中国无产阶级成长的期待

彻底的民主革命需要先进阶级的领导。中国无产阶级虽然先于资产阶级

1　《列宁全集》第 28 卷，人民出版社，2017，第 163 页。
2　《列宁全集》第 43 卷，人民出版社，2017，第 376 页。

诞生于 19 世纪四五十年代的外资企业中，但无产阶级的成长需要一个过程，直到 1919 年才作为一支独立的政治力量登上历史舞台。所以，虽然中国无产阶级在 19 世纪八九十年代也局部地开展过反对剥削和压迫的斗争，但未能引起远在欧洲的马克思和恩格斯的关注。20 世纪初，中国 "旧式的造反" 终于转变成 "自觉的民主运动"，并且在 "孙中山的党" 即资产阶级民主派的领导下，爆发了具有世界意义的辛亥革命。然而，辛亥革命的失败暴露了中国资产阶级民主派的弱点。基于此，列宁十分期待中国无产阶级的成长，并坚信它一定会建立自己的政党。

一　"孙中山的党" 的弱点是不能充分吸引广大人民群众参加革命

1911 年辛亥革命的爆发引起了列宁的注意，他将 "孙中山的党" 定性为中国资产阶级民主派，充分肯定其是还能从事历史上进步事业的亚洲资产阶级。与此同时，列宁也发现了 "孙中山的党" 存在脱离群众的弱点。

列宁首先提出，农民是中国资产阶级民主派的主要社会支柱。第一次鸦片战争后，中国逐渐成为半殖民地半封建国家，资本—帝国主义和中华民族之间的矛盾、封建主义和人民大众之间的矛盾十分尖锐。在中国资产阶级登上历史舞台之前，中国农民包括城市平民和广大城乡劳动者反帝反封建的斗争从未间断过，只是由于阶级局限性，未能提出明确的科学的运动纲领，加之组织涣散，两次规模宏大的农民运动都被国内外反动势力镇压。换言之，农民阶级虽积极开展反帝反封建的斗争，但缺乏先进理论的指导和先进阶级的领导。时至 20 世纪初年，中国民族资本主义有了一定程度的发展，但小农经济还是在全国范围内占统治地位，农民占全国人口的绝大多数。所以，不论从革命意愿还是从阶级力量上来看，近代中国农民都是资产阶级民主派应该联合的对象。列宁明确指出中国农民对于 "孙中山的党" 的社会支柱作用。1912 年 7 月，他在《中国的民主主义和民粹主义》一文中说："这个还能从事历史上进步事业的亚洲资产阶级的主要代表或主要社会支柱是农民。"[1] 之后，又在《新生的中国》一文中说："'国民党'的主要支柱是广大的农民群众。"[2] 遗憾的是，中国资产阶级民主派并没有真正意识到农民的支柱作用。

列宁进一步指出，"孙中山的党"的弱点是还不能充分地吸引中国广大人民群众参加革命。脱离群众是中国资产阶级民主派无法将民主革命进行到底的主要原因。孙中山等民主革命先驱虽然在一定程度上意识到农民是民主革命的主力军，并通过一定的方式将部分农民吸引到革命中来，但这个工作做得很不充分。首先，他们倾向于精英革命，对农民的主力军作用认识不充分，从未深入劳动群众做宣传和组织工作，这与后来的中国共产党深入工农群众做工作形成了鲜明的对比；其次，他们没有意识到农民是可靠的同盟者，仅把农民当作一种可供驱使的力量，因而没有依靠农民搞革命的意识；最后，部分省份的革命者在掌握政权后，转向压制农民群众的革命运动，防止他们深入下去，反映出部分民主革命者对人民革命存有戒备心理。此外，在南京临时政府陷入严重的财政危机时，孙中山不是首先从争取广大人民群众的支持中找出路，而是命令各地商会认捐款项，在认捐无望的情况下又转向帝国主义国家借款，甚至打算以国有大企业作为抵押。与此相应的是，资产阶级民主派制定的革命纲领体现不出中国农民对土地的迫切需求，如民生主义虽然提出"平均地权"的主张，却没有将土地分配给农民的内容。所以，列宁说："这个党的弱点是什么呢？弱点是它还不能充分地吸引中国广大人民群众参加革命。"[3] 之所以存在这样的弱点，是由"孙中山的党"的资产阶级性质

1　《列宁全集》第 21 卷，人民出版社，2017，第 428 页。
2　《列宁全集》第 22 卷，人民出版社，2017，第 209 页。
3　《列宁全集》第 23 卷，人民出版社，2017，第 129 页。

决定的。无论哪一个国家的资产阶级都害怕工农革命的矛头最终转向资产阶级，因而不敢广泛地发动工农群众参加革命。

列宁还以选举权问题为例，批评中国资产阶级民主派在吸引人民群众支持中华民国方面的工作做得很差。中华民国成立后，为维护共和制度，孙中山领导南京临时参议院制定了《中华民国临时约法》，并于 1912 年 3 月 11 日公布实施。该约法规定召集国会并由参议院制定国会组织法和选举法。随后，南京临时参议院制定了《国会组织法》《参议院议员选举法》和《众议院议员选举法》。然而，该选举法对选举权作了种种限制，以致广大工农群众基本上被排除在外。针对此，列宁指出："虽然革命推翻了旧的腐朽透顶的君主制，虽然共和制取得了胜利，但是中国却没有普选权！国会选举是有资格限制的，只有那些拥有将近 500 卢布财产的人才有选举权！由此也可以看出，吸引真正广大的人民群众来积极支持中华民国这件事还做得很差。如果没有群众的这种支持，没有一个有组织的、坚定的先进阶级，共和国就不可能是巩固的。"[1]

基于上述分析，列宁为"孙中山的党"提出了解决问题的方案："孙中山的这个党只要能吸引愈来愈广泛的中国农民群众参加运动和参加政治斗争，它就能逐渐成为（与这种吸引程度相适应）亚洲进步和人类进步的伟大因素。不管那些依靠国内反动势力的政治骗子、冒险家和独裁者可能使这个党遭到什么样的失败，这个党的工作是永远不会徒劳无功的。"[2] 然而，这仅仅是理论上的解决方案，在实践中，"孙中山的党"始终未能广泛发动人民群众参加革命，在蒋介石成为领袖后的国民党更是走上了反人民的反动路线，一心为大地主大资产阶级谋取利益。

---

1 《列宁全集》第 23 卷，人民出版社，2017，第 129 页。
2 《列宁全集》第 23 卷，人民出版社，2017，第 130 页。

二 成长中的中国无产阶级是能够将民主革命进行到底的先进阶级

辛亥革命时期的中国无产阶级尚未作为一支独立的政治力量登上历史舞台，所以列宁指出，中国没有一个能够将民主革命进行到底的先进阶级。但是，基于"孙中山的党"的弱点和农民阶级的落后性，列宁对中国无产阶级的成长充满着期待，他坚信中国无产阶级必将建立自己的政党，中国无产阶级政党必将能够在克服"孙中山的党"的弱点同时吸收孙中山纲领的革命民主主义内核。

列宁提出，中国无产阶级是能够将民主革命斗争进行到底的先进阶级。无产阶级作为大工业本身的产物，其先进性早已为马克思、恩格斯肯定过。辛亥革命时期的中国资本主义已经有了一定程度的发展，但是像上海这样拥有较多大工业企业的发达城市却屈指可数，这就决定了中国产业工人的数量总体上还比较少，辛亥革命前中国产业工人的数量仅有五六十万。当然，无产阶级不仅仅指产业工人，可是产业工人是无产阶级的核心，他们的数量和质量决定着整个无产阶级的斗争能力。所以，辛亥革命时期的中国无产阶级还不足以作为一支独立的政治力量登上历史舞台，而且也还没有建立自己的政党。正是基于此，列宁在《中国各党派的斗争》一文中指出："中国无产阶级还很弱小，所以没有一个能够坚决而又自觉地将民主革命的斗争进行到底的先进阶级。"[1] 这句话也表明，在列宁看来，只有中国无产阶级才能够将民主革命进行到底，才能够完成辛亥革命未竟的革命事业。然而，辛亥革命前后的中国无产阶级尚未发展壮大起来，还不能领导民主革命。

列宁分析了中国革命由于缺乏无产阶级的领导而存在的各种问题。毫无

---

1 《列宁全集》第 23 卷，人民出版社，2017，第 129 页。

疑问，反帝反封建的民族民主革命运动是替资本主义的发展清扫道路，但它对无产阶级的发展和社会主义革命运动的开展同样具有重要的意义，因此无产阶级应当支持民族民主革命运动，并使之朝着有利于本阶级利益的方向发展。在 20 世纪初的中国，虽然"孙中山的党"的纲领具有真诚的、战斗的民主主义性质，但是"孙中山的党"脱离群众，加之自身的妥协性，所以难以将民主革命进行到底。而此时的中国无产阶级尚处于发展中，不足以领导农民进行民主革命运动。基于此，列宁分析了当时中国革命存在的若干问题。其一，中华民国的选举制不能体现出真正的民主。就中华民国第一届国会选举时采用的有财产限制条件的选举权，列宁评论说："这样的选举制就已经表明，在没有无产阶级或无产阶级完全没有力量的情况下富裕农民和资产阶级结成了联盟。"[1]　其二，农民的革命立场不坚定，随时都可能向右转。中国农民阶级虽然有迫切的反帝反封建的欲望，但是它作为小私有者阶级，具有保守的一面，亦即其革命立场不坚定。所以，列宁说："农民民主派与自由派资产阶级的联盟使中国争得了自由。没有得到无产阶级政党领导的农民究竟能否坚持民主主义立场对付那些伺机向右转的自由派，——这在不久的将来便会见分晓。"[2]　实际上，在列宁写这段话时，袁世凯的独裁专制统治已在紧锣密鼓的策划中。其三，中国农民对资产阶级民主革命不够关心。虽然早在辛亥革命前中国各地的农民起义运动就风起云涌，但农民的政治觉悟并不高，他们在思想上没有民主革命的理念，他们行动上的反帝反封建活动仅仅是为了改善生活条件。所以，列宁指出："由于没有无产阶级这个领导者，农民非常闭塞、消极、愚昧、对政治漠不关心。"[3]

基于中国当时的发展状况，列宁展望中国无产阶级将日益成长起来。既

1　《列宁全集》第 22 卷，人民出版社，2017，第 209 页。
2　《列宁全集》第 22 卷，人民出版社，2017，第 209 页。
3　《列宁全集》第 23 卷，人民出版社，2017，第 129 页。

然无产阶级是大工业本身的产物，那么随着资本主义工业的发展，无产阶级的人数会不断增加，它的力量也会日渐增强。对于 20 世纪初的中国而言，无产阶级也将伴随着中国资本主义的发展而日益成长。1912 年 4 月，列宁在阅读了孙中山的《中国革命的社会意义》一文后，作出了中国无产阶级也将日益成长起来的论断。孙中山在《中国革命的社会意义》中谈到按地价收税的必要性问题时，以上海外滩和其他地方的农场为例进行了说明。他指出，外滩的土地和一般农场缴纳同样的税是很不合理的，应该消除这一不合理现象，使税和地价相称。言外之意，上海在当时的中国是发达的城市，其土地价格要高于其他一般地区土地的价格，因此上海的土地所有者应该向政府缴纳更多的税。孙中山还进一步指出，中国处在大规模的工业发展的前夜，商业也将大规模地发展起来，再过五十年将会有许多上海。列宁正是从孙中山的这篇文章中了解到，上海是中国工商业最为发达的城市。既然是工商业发达城市，那么上海的产业工人数量也会很多。他据此提出："由于在中国将出现更多的上海，中国无产阶级也将日益成长起来。"[1] 事实也如此，19 世纪末 20 世纪初的上海是中国拥有产业工人最多的城市。如，1894 年除矿工以外的全国产业工人总数的 80%，集中在上海、汉口、广州、天津这四个城市，而上海就占了 47%。[2] 所以，随着中国资本主义工商业的发展，像上海这样发达的城市会越来越多，产业工人也就会越来越多。

　　列宁还进一步展望中国无产阶级政党并对其寄予厚望。辛亥革命犹如俄国 1905 年革命，它不仅通过革命实践锻炼了人民，还充分暴露了各阶级各党派的立场及其对待革命的态度。1912 年，为迎接国会选举，中国原有各政党团体基于特定的阶级立场进行了联合，组成了几个大的政党，诸如国民党、共和党、民主党等。其中，国民党是在同盟会的基础上组建的，列宁称为

1　《列宁全集》第 21 卷，人民出版社，2017，第 432 页。
2　胡绳：《从鸦片战争到五四运动》（上），人民出版社，2010，第 311 页。

"孙中山的党"，并在性质上将其定性为民主派政党。列宁指出，"孙中山的党"依靠的是中国工商业最发达、受欧洲影响最大、最先进的南方，因此它具有民主革命性。共和党和民主党则在 1913 年进一步联合成为进步党，以对抗在国会中占多数席位的国民党。由于这一党派拥护的是袁世凯，列宁称为"袁世凯的党"，并在性质上将其定性为保守派政党。列宁指出，"袁世凯的党"依靠的是中国落后的北方，代表着封建官僚、地主和大资产者的利益。显然，相比较"袁世凯的党"，"孙中山的党"是革命的、先进的政党。然而，由于"袁世凯的党"不仅掌控了旧政府，还获得了欧洲列强的贷款，最终占了上风。当然，这与"孙中山的党"本身存在着弱点也是分不开的。在农民占人口大多数的国家，要想取得革命的胜利，必须获得农民的广泛支持。所以，只要"孙中山的党"能够克服脱离群众这个弱点，把愈来愈广泛的中国农民群众吸引到革命斗争中来，它就能逐渐成为亚洲进步和人类进步的伟大因素。但是，列宁不能确定"孙中山的党"是否一定能够克服这个弱点，因为它虽然是这一时期中国最为进步的政党，但毕竟是依靠工商业的政党，具有资产阶级属性。相比之下，依靠工农群众的无产阶级政党更值得信任。所以，尽管中国无产阶级政党尚未建立，列宁还是对其寄予厚望：中国无产阶级"一定会建立这样或那样的中国社会民主工党，而这个党在批判孙中山的小资产阶级空想和反动观点时，大概会细心地挑选出他的政治纲领和土地纲领中的革命民主主义内核，并加以保护和发展"[1]。这里表达了三层意思：一是中国无产阶级一定会建立自己的政党；二是中国无产阶级政党能够克服"孙中山的党"的弱点；三是中国无产阶级政党能够辩证对待"孙中山的党"的纲领。

1　《列宁全集》第 21 卷，人民出版社，2017，第 432 页。

第七章

科学把握马克思主义经典作家 "论中国"

　　马克思主义经典作家不论马克思、恩格斯还是列宁，始终站在无产阶级或者说人民的立场上分析和评论有关中国的问题，不仅向世界人民揭露西方列强侵略中国的真相，还提出了一系列对当代中国和当代世界的发展仍具有重要价值的思想和观点。不过，科学把握经典作家 "论中国" 的观点，还需要厘清两个问题：一是如何看待经典作家 "论中国" 文本中存在的某些细节信息与真实情况不完全相符的问题，二是如何看待国内外读者和研究者就经典作家 "论中国" 问题提出的一些颇具争议的观点。当然，经典作家留给后人的不是教义而是方法，科学把握经典作家 "论中国" 还需要深入总结他们分析和研究中国问题的方法，从而在新的社会实践中不断书写 "马克思主义行" 的新篇章。

第一节　科学把握经典作家 "论中国" 的立场

　　马克思、恩格斯和列宁之所以能够在研究资料基本上都来源于西方的情况下，对有关中国的问题作出科学研判，其中一个十分重要的原因就是他们始终站在人民立场上研究问题，既站在中国人民立场上揭露和批判西方列强对中国的侵略并为中国的新生指明出路，又站在西方人民立场上从西方列强对中国的侵略中进一步批判资本主义，进而教育西方人民推翻一切压迫人和剥削人的社会制度，不断推进人类解放。

一　人民立场及其在"论中国"中的重要性

"立场"在研究社会发展问题中至关重要，立场不同对同一问题的看法也就不同。在阶级社会中，立场问题具体表现为代表哪个阶级的利益说话和做事。如前文所述，经典作家研究中国问题的资料基本上都来源于西方，这些资料的提供者从早期的启蒙者孟德斯鸠到19世纪中期的传教士古伯察再到20世纪初的俄国报刊，除了为列宁提供孙中山演讲内容的布鲁塞尔的《人民报》，都站在资产阶级立场上分析和评论与中国有关的问题。不可否认，资产阶级相对于封建地主阶级也是进步的阶级，它的产生和发展极大地促进了人类社会的发展。然而，"资本来到世间，从头到脚，每个毛孔都滴着血和肮脏的东西"[1]，资产阶级的存在和发展以剥削工农群众特别是无产阶级为前提。如此，站在资产阶级立场上分析问题，必然带有严重的阶级局限性。如，孟德斯鸠虽然看到了中国文化和整个社会发展落后的一面并加以批评，却忽略了中国传统文化中的优秀成分，以致他简单地否定掉了中国整个传统文化；19世纪的西方主流媒体特别是英国资产阶级报刊在报道有关中国的问题时，总是以"英国人高中国人一等"的姿态对待中国的一切，在权利问题上持双重标准，无视西方侵略者的海盗式战争给中国人民带来的灾难，不惜篡改事实为英国政府的对华政策制造舆论；鸦片战争之后来华的西方传教士们，虽目睹中国发生的一切，却回避西方侵略者给中国造成的各种破坏影响，并试图用西方文化奴役中国人。

马克思、恩格斯和列宁则站在无产阶级的立场观察和研究中国问题。无产阶级立场亦即人民立场，是马克思主义观察、分析和解决问题的根本立足

---

[1] 《马克思恩格斯全集》第42卷，人民出版社，2016，第777页。

点和出发点，是马克思主义政党区别于其他政党的显著标志。无产阶级是阶级社会发展到资本主义阶段的产物，虽与最先进的生产力直接打交道，却只能在资本家的支配下劳动，且劳动成果归资本家占有。马克思和恩格斯指出："无产阶级，现今社会的最下层，如果不炸毁构成官方社会的整个上层，就不能抬起头来，挺起胸来。"[1] 所以，无产阶级的历史使命是谋取自身的解放和全人类的解放。由于各个资本主义国家中的无产阶级都遭受资本的压迫，都处于社会最底层，无产阶级失去了民族性，世界各国的无产阶级应该联合起来，而不应该被资产阶级的民族主义蒙骗。如此，发达资本主义国家的无产阶级应当关注和支持被殖民主义奴役的落后国家人民的反侵略斗争。所以，在对待中国问题上，与西方资产阶级报刊只关注如何使本国利益最大化不同的是，马克思、恩格斯和列宁关注的则是中国的发展问题以及西方各国与中国之间发生冲突的是非曲直问题。

二　经典作家"论中国"中的中国人民立场

人民群众是历史的创造者，可是近代中国人民创造历史的活动却深受外来资本—帝国主义的和国内封建主义的束缚和阻碍。马克思、恩格斯和列宁深切同情中国人民的遭遇，他们站在中国人民的立场上，重新分析西方有关中国问题特别是西方强国与中国之间产生冲突的资料，得出了完全不同于西方各国政府及其报刊的结论，在一边倒的国际舆论中独树一帜，为中国人民伸张正义；他们还深入剖析近代中国社会的症结，为中国人民求得真正的解放指明出路。

1　《马克思恩格斯选集》第 1 卷，人民出版社，2012，第 411—412 页。

（一）经典作家"论中国"为中国人民伸张正义

马克思指出英中冲突的全部责任在英国人。马克思重点关注了第二次鸦片战争中的两个十分关键的事件，一是"亚罗号事件"，二是"白河事件"。"亚罗号事件"是英国发动第二次鸦片战争的借口，但是帕麦斯顿政府及其报刊却将其渲染为"侮辱英国国旗事件"。马克思通过研究中英当局之间往来的公函发现，全部事件的错误在英国人方面，进而撰写《英中冲突》《英人在华的残暴行动》等文章将真相公之于众，揭露和批判英国侵略中国的真相，为中国人民伸张正义。"白河事件"则是第二次鸦片战争中第二个阶段的开端，英法联军火烧圆明园就是这一事件导致的。在该事件发生后，与英国政府及其报刊怒吼着要"对中国实行大规模的报复"形成鲜明对比的是，马克思则指出该事件是额尔金勋爵遵照帕麦斯顿的秘密训令事先策划的，从而揭开了这一表面看起来似乎是偶然事件背后的必然性，再次为中国人民伸张正义。

恩格斯指出英国的"海盗政策"导致了中国人的"暴行"。关于英军在两次鸦片战争中对中国人犯下的暴行，以及旅居中国的外国人在英国庇护下所干的各种恶行，英国主流媒体闭口不谈，却将中国人反对外国人的斗争渲染成"可怕的暴行"。马克思曾公开斥责英国军人在中国"只是为了取乐"而犯下"滔天罪行"。在恩格斯看来，即便中国人反抗外国人的斗争方式是"可怕的暴行"，也不应该从道德方面进行指责，因为中国人的行为是由英国对中国推行的殖民政策即"海盗政策"引起的，中国人的反抗是正义之举。此外，由于此时的英国等欧洲国家在军事组织和武器装备上比中国先进，中国人采用欧洲式作战方式，根本无法抵抗殖民者的入侵，所以只能采用所谓的"可怕的暴行"这样的斗争方式。这是恩格斯对中国人民反侵略斗争的正义性所做的辩护，体现了恩格斯的人民立场。

列宁指出中国人民从来没有压迫过俄国人民。八国联军侵华战争爆发后，向沙皇政府和大财主"摇尾乞怜"的记者们在报刊上大肆攻击中国人，以挑起俄国人民对中国人的仇恨，从而转移国内人民对沙皇政府的不满情绪。虽然此时的俄国对外推行殖民扩张政策，但在政治制度上依然是一个君主专制国家，人民没有政治自由。随着资本主义在俄国的发展，俄国人民对沙皇的专制统治愈加不满。所以，沙皇政府对外推行殖民扩张政策既可以满足资本的需求，又可以转移人民的不满情绪。列宁在《对华战争》中戳穿了沙皇政府及其报刊的谎言，并告诉俄国人民，中国人民从来没有压迫过俄国人民，因为中国人民的处境比俄国人民的处境还艰难，他们不仅遭受到专制政府的压迫，还遭受到侵入中国的西方资本的压迫。列宁的发声，不仅表达了马克思主义者的人民立场，还有利于在揭露事实真相中维护中国人民的形象。

（二）经典作家"论中国"为中国人民谋求解放

马克思主义学说是为全人类谋解放的学说，遭受封建主义和殖民主义双重奴役的中国人民该如何走向解放？相比较于早已走上资本主义发展道路且已经将社会主义革命提上日程的西方国家，中国人民的解放之路十分艰难。经典作家的"论中国"处处包含着为中国人民谋解放的价值诉求和理论指导。

一是在否定小农经济中为中国人民谋求解放。人的解放的最终实现需要以社会化大生产及普遍交往为之创造物质前提和社会力量。然而，时至19世纪中期，在机器大生产通过工业革命在西方主要资本主义国家已经普及之时，以小生产和自给自足为基本特征的传统小农经济仍然充当着中国整个陈旧社会制度的基础。相比之下，此时的中国小农经济已经过时，即恩格斯所说的"过时的农业体系"。如此，不论中国传统的小农经济在历史上曾发挥过什么样的积极作用，也改变不了其在19世纪中期成为阻碍中国社会进步和人类解放进程的落后因素的事实。正是从这样的高度出发，马克思和恩格斯在"论中国"中表达了对中国小农经济的否定，他们期待中国能够由农业文明过渡到工业文明，进而为中国人民的解放创造物质基础。

二是在揭露腐朽政治中为中国人民谋求解放。从马克思在1842年的著作中首次提及中国到列宁关注的1911年辛亥革命，在这长达70年的时间里，君主专制在中国"腐而不败"，一直被人为地延续着。早在1853年专门论述中国问题的文章《中国革命和欧洲革命》中，马克思就通过鸦片走私注意到了清朝的吏治腐败问题——"受贿"和"贪污"，正是官吏们经受不住鸦片贩子们的行贿才使得鸦片走私泛滥。恩格斯又在1858年的文章中用"很衰败""很腐败"来形容这一时期的中华帝国。如此，中国人民要实现解放首先需要推翻"摇摇欲坠的满族王朝"的专制统治，从封建主义的束缚下解放出来，实现政治上的解放。这是经典作家共同的期待。也正因为如此，当列宁得知中国人民通过辛亥革命推翻君主专制制度和清朝政府时，他给予了高度的评价。

三是在批评闭关自守中为中国人民谋求解放。交往是人类实践活动的重要组成部分，交往不仅能够促进生产力的发展，还能促进生产关系的进步，进而为人的解放创造条件。清朝统治者却把外国人"排除在帝国之外"并将其上升为一种政治原则即对外政策，人为地阻断了中国与外部的交往，使中国处于与外界隔绝的状态。马克思认为，这种与外界隔绝的状态是保存旧中国的首要条件。这意味着，只有变闭关自守为对外开放或者说对外交往，使中国在开放中发展，才有助于中国破旧立新，才有助于中国人民从各种旧的生产关系的束缚下解放出来，并逐步走向解放。所以，马克思和恩格斯虽然否定英国以暴力的方式迫使中国开放，却并不否定开放本身。也就是说，在马克思和恩格斯看来，中国的问题不在于要不要开放，而在于怎样开放。

四是在批判殖民主义中为中国人民谋求解放。纵然西方资本在全球的暴力扩张"充当了历史的不自觉的工具"，将一切"野蛮"民族（处在前资本主义发展阶段的民族）卷入"文明"（资本主义文明），加速了"野蛮"民族旧制度的瓦解，但批判殖民主义却是马克思主义经典作家"论中国"的一个核心内容，因为经典作家并不认同资产阶级主导下的这种"用头颅做酒杯才能喝下甜美酒浆"式的社会进步。从批判鸦片贸易给中国人造成的精神和肉体上的双重毒害，到斥责侵华战争对中国人权的严重侵犯，再到揭露西方列强同中国反动派勾结起来扼杀中国人民的革命成果，经典作家全方位地揭露和批判殖民主义从外部给中国人民带来的奴役。当然，批判的武器不能代替武器的批判，十月革命胜利后的列宁领导第三国际成立民族和殖民地问题委员会，积极制定帮助中国等落后国家摆脱殖民主义奴役的方案并付诸实践。

五是在肯定新式革命中为中国人民谋求解放。对于近代中国人民来说，要实现解放，首先要摆脱资本—帝国主义和封建主义的奴役，因而需要开展民族民主革命。马克思和恩格斯时期的中国，由于新兴无产阶级和资产阶级的力量还弱小，反帝国主义反封建的革命由农民发起，然而农民的阶级局限性使得这种革命未能摆脱改朝换代的窠臼。所以，通过马克思对太平天国式农民革命局限性的分析，能够看出马克思期待的是能够给中国人民带来"自由、平等、博爱"的新式革命。列宁则明确提出了这个问题，认为中国的旧式造反必然会转变成为自觉的民主运动。辛亥革命爆发后，列宁在为中国人民终于结束君主专制制度而感到十分欣慰的同时，也看到了中国新式革命由于缺乏无产阶级领导而存在的问题，进而期待中国无产阶级及其政党领导的彻底的民主革命。

三 经典作家"论中国"中的西方人民立场

经典作家在"论中国"中通过分析西方列强与中国发生各种冲突的真实原因，让西方人民了解西方列强侵略中国的真相，使之不受西方各国政府及其刊物编造的各种谎言的欺骗；同时也让西方人民进一步看清资本主义的本质，进而打破对资产阶级的幻想，将谋求自身解放乃至全人类解放的革命斗争进行到底。

马克思通过批判帕麦斯顿内阁在对华问题上僭越宪法的行为来揭露政治解放的局限性。作为人类解放的一个重要环节，政治解放虽然使人在政治生活中获得了自由、平等、财产、安全等权利，但这些权利是利己主义的人的权利，处处打着资产阶级狭隘性的烙印。正因为如此，在资产阶级掌握了政治统治权的西方国家，却出现了将政府权力凌驾于议会之上的首相独裁现象，以及将本国的发展建立在掠夺和奴役落后国家之上的殖民现象。其中，19 世纪的英国最具代表性。英国是人类历史上第一个推翻封建专制王权并以君主立宪取而代之的国家，也是 19 世纪中期时资本主义生产关系最为成熟的国家，马克思因此以英国为现实样本写作《资本论》。然而，正是这样一个资本主义生产关系最为成熟的、标榜自由和民主的国家却在对华问题上上演了首相独裁的一幕。1856 年 10 月，在时任首相帕麦斯顿的秘密训令下，英国未经议会批准直接发动了第二次鸦片战争。在战争初期，马克思就了解到这是一次僭越英国宪法和惯例、破坏民主的军事行动，并提出"世界上的文明国家"未必赞同帕麦斯顿政府的做法。为揭露帕麦斯顿政府在对华问题上的反民主行为及资本主义民主的虚伪性，马克思先后撰写了《议会关于对华军事行动的辩论》《帕麦斯顿内阁的失败》《英国即将来临的选举》《英国的政治》等文章。1857 年 2 月，在第二次鸦片战争已经进行了四个月之后，帕麦斯顿内阁才将对华方案付诸议会讨论。马克思较为详尽地考察了英国议会在对华军事行动问题上展开的激烈辩论。关于上院的辩论，马克思说："上院的辩论给帕麦斯顿内阁以沉重的打击，使它只得到 36 票比较微弱的多数。"[1]上院主要质疑英国在"亚罗号事件"上是否有充分的理由。如，英国世袭贵

1　《马克思恩格斯全集》第 16 卷，人民出版社，2007，第 61 页。

族首领爱·德比勋爵指出，"亚罗号"船归中国人所有，且该船在被捕获前，已经有六天没有挂英国国旗。这就意味着，英国人挑起英中冲突的法律依据不成立，保护荣誉的问题也不成立。为此，德比痛斥英国海军炮轰广州的行动，称其为"不光彩的军事行动"和"卑劣的行径"，进而对帕麦斯顿内阁的对华军事行动持反对意见。此外，马克思还列举了约·林德赫斯特勋爵、亨·乔·格雷勋爵等人从其他方面提出的谴责对华军事行动的议案。尽管在上院遭到质疑和反对，帕麦斯顿内阁最终还是获得了微弱多数的支持。然而，下院直接给帕麦斯顿内阁的对华方案投了不信任票。马克思说："下院关于中国问题的辩论，经过四个夜晚的激烈争吵以后，终于以通过对帕麦斯顿内阁不信任案而平静下来。"[1] 可是，面对这样的结果，帕麦斯顿不是重新考虑对华军事行动的正当性，而是直接以解散议会的方式来表达其对议会的不满。在资产阶级民主政治下，这是将政府行政权凌驾于议会立法权之上的僭越行为。尽管如此，帕麦斯顿内阁的僭越行为并未到此结束。在 1859 年的白河口冲突事件发生后，"帕麦斯顿勋爵不是召开议会，而是致书路易·波拿巴，同这个独裁者商谈派一支新的英法远征军去打中国"[2]。不仅如此，他们还声称在中国问题上，政府征求议会的意见是一个纯粹的形式上的问题。为此，马克思反问道："那么，英国的议会和法国的立法团还有什么区别呢?"[3] 根据英国宪法特别是《权利法案》，议会是最高立法机关，内阁由议会产生并对议会负责，然而在对华问题上议会的宪法职权却被内阁僭越，从而使议会成为一种摆设。这是对资产阶级民主的最大讽刺，充分凸显了政治解放的局限性。所以，尽管政治解放对于前资本主义国家来说是一种进步，但它本身还不是人类解放，无产阶级必须在此基础上为人类解放而斗争，实现真正的

1　《马克思恩格斯全集》第 16 卷，人民出版社，2007，第 68 页。
2　《马克思恩格斯全集》第 19 卷，人民出版社，2006，第 47 页。
3　《马克思恩格斯全集》第 19 卷，人民出版社，2006，第 51 页。

民主。

　　列宁批判沙皇政府对中国实行的殖民政策不仅侵犯俄国人民的利益还毒害俄国人民的政治意识。尽管沙皇政府善于利用其他强国与中国之间的矛盾进行"渔利",但并不代表它在侵略中国的过程中完全可以"不费一兵一力"。相反,在八国联军侵华期间,沙皇政府为了侵占中国东北地区,以"护路"为名派 10 万名侵略军入侵中国东北,并且在入侵的过程中制造了骇人听闻的"海兰泡惨案"和"江东六十四屯惨案"。这 10 万名侵略军基本上都来自俄国普通工人和农民家庭。能够参军打仗的基本上都是健康的青壮年男子,是普通家庭中最为重要的劳动力。如此,很多农业和手工业家庭就会因缺乏主要劳动力而走向破产。此外,沙皇俄国与同时代的欧美国家相比,虽然资本主义在俄国工业中已经发展起来,但其发展程度远远落后于其他资本主义国家,因为 1900 年时的俄国在政治上仍处于沙皇专制统治之下,也就是说它在社会制度上还是一个封建落后的大帝国。所以,政府的财政收入有限,远不抵战争的消耗。列宁指出:"有消息说,政府按照一项没有公布的指令,一次就拨出军费 15000 万卢布,而目前的战费开支每三四天就要耗掉 100 万卢布。"[1] 这导致的结果是,俄国在 1900 年 1 月 1 日以前,国库闲置的现款 25000 万卢布,到 1900 年底的时候就已经没有了,全部投入了战争。为了给侵华战争筹措经费,沙皇政府采用各种剥削手段,如加重捐税,克扣给饥饿农民的救济金,减少国民教育的投入,榨取工人的血汗钱,等等。为此,列宁说:"成千上万个家庭因劳动力被拉去打仗而破产,国债和国家开支激增,捐税加重,剥削工人的资本家的权力扩大,工人的生活状况恶化,农民的死亡有增无减,西伯利亚大闹饥荒,——这就是对华战争能够带来而且已经带来的好处。"[2] 意思是说,沙皇政府对中国实行的殖民政策不仅没有给俄国人

1　《列宁全集》第 4 卷,人民出版社,2013,第 322 页。
2　《列宁全集》第 4 卷,人民出版社,2013,第 322 页。

民带来好处，而且是以侵犯俄国人民的利益为代价的。

关于毒害俄国人民的政治意识这一罪行，列宁批判沙皇政府通过侵华战争转移国内人民对政府的不满情绪。早在 18 世纪末，俄国贵族知识分子拉吉舍夫就开了反对俄国农奴制和专制制度的先河。1861 年农奴制改革后的俄国走上了资本主义发展道路，但是国家政权长期掌握在以沙皇为首的农奴主——地主阶级手中，在政治上依然是个封建农奴制国家。随着俄国资本主义的进一步发展，不论是旧式的农民阶级，还是新生的资产阶级和无产阶级，与沙皇专制制度之间的矛盾都日趋尖锐。沙皇专制统治的经济基础和阶级基础日趋崩溃。另外，在经历了 19 世纪 90 年代的十年工业高涨期后，俄国于 1900 年爆发了工业经济危机，并引发了 20 世纪的第一场世界性经济危机。这对原本就混乱不堪的俄国来说，无疑是雪上加霜。在这样的国内形势下，沙皇政府煽动国内人民仇恨他国人民，不仅能够转移人民的不满情绪，而且能够实现既定的侵略计划。对此，列宁也分析指出："凡是只靠刺刀才能维持的政府，凡是不得不经常压制或遏止人民愤怒的政府，都早就懂得一个真理：人民的不满是无法消除的，必须设法把这种对政府的不满转移到别人身上去。"[1] 早在八国联军侵华之前，沙皇政府就曾在国内煽动对犹太人的仇恨，列宁说："卑鄙的报纸中伤犹太人，说犹太工人似乎不像俄国工人那样受资本和警察政府的压迫。目前报刊上又大肆攻击中国人，叫嚣黄种人野蛮，仇视文明，俄国负有开导的使命，说什么俄国士兵去打仗是如何兴高采烈，如此等等。向政府和大财主摇尾乞怜的记者们，拼命在人民中间煽风点火，挑起对中国的仇恨。"[2] 实际上，中国人民从来也没有压迫过俄国人民，因为中国人民也生活在苦难之中，不仅遭受封建专制政府的压迫，还遭受入侵资本的压迫。

---

[1] 《列宁全集》第 4 卷，人民出版社，2013，第 322—323 页。
[2] 《列宁全集》第 4 卷，人民出版社，2013，第 323 页。

　　基于上述批判，列宁提出一切觉悟的工人有责任全力起来反对沙皇政府。尽管 20 世纪初的俄国仍处在沙皇的专制统治之下，但它早在 1861 年农奴制改革时就已经走上了资本主义发展道路。随着资本主义在俄国工业中的发展，工人阶级人数激增。在资本家的压迫和剥削下，工人与资本家之间的直接对抗日益加剧，罢工斗争接连不断。为了促进马克思主义与工人运动相结合，在列宁等人的筹划下，俄国工人阶级政党即社会民主工党于 1898 年建立。有了科学理论的指导和无产阶级政党的领导，俄国工人阶级的政治觉悟日渐提高，不再局限于一般的经济斗争，而是在开展经济斗争的同时也注重政治斗争。对此，列宁也评论道："俄国工人阶级已经开始从人民群众所处的那种政治上的愚昧无知中挣脱出来。"[1] 所以，不跟着沙皇政府以及奉承它的报纸一起欢呼俄罗斯"文明使者"在远东（中国）的新成就，恰是俄国工人阶级有政治觉悟的表现。在列宁等俄国马克思主义者的科学指引下，俄国工人阶级已经明白以沙皇为首的地主阶级和与专制政府存有千丝万缕联系的资本家阶级都是剥削和压迫阶级，都是工人阶级应该反对的对象。这使得俄国工人成为劳动群众中最有觉悟的阶级。在列宁对沙皇政府殖民政策的揭露与批判之下，俄国工人阶级必然会进一步认识到沙皇政府不仅奴役国内人民，还奴役他国人民，是全世界劳动人民共同的敌人。为此，列宁号召："一切觉悟的工人就有责任全力起来反对那些煽起民族仇恨和使劳动人民的注意力离开其真正敌人的人们。"[2]

　　列宁还进一步提出，应该召开人民代表大会以结束沙皇政府的专制统治。对于 20 世纪初的俄国人民来说，革命的首要任务是变专制制度为民主制度。早在《黑格尔法哲学批判》中马克思就分析指出："君主制中，整体，即人民，从属于他们的一种存在方式，即政治制度。在民主制中，国家制度本身

---

[1] 《列宁全集》第 4 卷，人民出版社，2013，第 323 页。
[2] 《列宁全集》第 4 卷，人民出版社，2013，第 323 页。

只表现为一种规定，即人民的自我规定。在君主制中是国家制度的人民；在民主制中则是人民的国家制度。民主制是一切形式的国家制度的已经解开的谜。”[1] 沙皇俄国实行的正是君主制，且是君主专权的专制君主制。在这样的政治制度下，俄国人民毫无权利可言，享受不到自由、民主和平等，完全被束缚住了手脚。也正是处在这样的政治环境下，列宁等俄国马克思主义者不得不秘密地从事革命活动，即便如此还是不时遭到警察政府的破坏，大量的俄国革命者被流放、驱逐出境甚至被绞杀。不仅如此，沙皇政府为了一小撮富人和显贵的利益出兵掠夺别国人民，把国内劳动人民的子弟送到前线当炮灰，迫使他们去枪杀别国无辜的群众，并到处镇压别国人民争取自由的运动。沙皇政府 1900 年发动的侵华战争，不仅给中国人民造成了巨大的灾难，还极严重地侵犯了俄国人民的利益，是一场极端不义的战争。在列宁看来，对于侵略中国这样的战争，俄国人民不应该支持，而应该反对。要彻底打碎战争加在俄国劳动人民身上的新枷锁，就必须推翻沙皇的专制统治。为此，列宁强调指出：“要想打碎战争强加在劳动人民身上的新的枷锁，唯一的办法就是召开人民代表大会，以结束政府的专制统治，迫使政府不要光照顾宫廷奸党的利益。”[2] 在这里，列宁使用了“人民代表大会”这个词，这在马克思主义史上是第一次。尽管列宁没有进一步阐释“人民代表大会”的内涵，但作为“专制统治”的取代物并与之并列使用，即表明“人民代表大会”是一种人民掌权的国家机关或者国家制度。这与 1905 年革命时期列宁对人民代表会议的阐述是一致的，如：“为了建立共和制，就绝对要有人民代表的会议，并且必须是全民的（按普遍、平等、直接和无记名投票的选举制选出的）和立宪的会议。这也是代表大会的决议接着就肯定了的。可是，这个决议并不以此为限。为了建立‘真正代表民意’的新制度，单是把代表会议叫做立宪会议

1　《马克思恩格斯全集》第 3 卷，人民出版社，2002，第 39 页。

2　《列宁全集》第 4 卷，人民出版社，2013，第 323 页。

是不够的。必须使这个会议拥有'立'的权力和力量。"[1] 由此可见，召开"人民代表大会"，则意味着沙皇专制制度的覆灭和人民掌握国家政权的开始，意味着民主制度的诞生。

第二节　科学把握经典作家"论中国"的观点

科学把握经典作家"论中国"的观点，除了系统化地梳理和阐释经典作家在"论中国"中提出的重要观点外，还需要正确看待经典作家论述中国问题的文本在细节问题上存在的几处偏差，积极回应国内外学者在有关经典作家"论中国"问题上提出的几个颇具争议的论点，以及深入挖掘经典作家重要观点所包含的现实启示。

一　经典作家"论中国"文本中的几个细节问题及其成因

不论是马克思、恩格斯还是列宁都没有到过中国，也没有直接接触过中国学者或政治家，他们研究中国问题的资料主要来源于欧洲知名学者的著述、西方报刊的报道、在华传教士或者其他来华人士的见闻等，因而难免出现细节资料失真的问题。考察这个问题并非苛求经典作家，而是为了弄清楚为什么会产生这样的问题以及这些问题有没有影响到经典作家对相关问题的研判。这有助于我们科学把握经典作家"论中国"的观点。

（一）经典作家"论中国"文本中的几个细节问题

1. 关于中国对外国人的态度问题。马克思在《俄国的对华贸易》中谈到

1　《列宁全集》第 11 卷，人民出版社，2017，第 9 页。

中国对外国人的态度时，说了这样一段话：

> 中国人自古以来就对从海上来到他们国家的一切外国人抱有反感，而且并非毫无根据地把他们同那些看来总是出没于中国沿海的海盗式冒险家相提并论。[1]

这里值得斟酌的是"中国人自古以来就对从海上来到他们国家的一切外国人抱有反感"这句话。实际上，中国人并非自古以来就对从海上来的人抱有反感，也并非对从海上来的一切外国人抱有反感。

首先，古代中国虽有"夷夏大防"观念，但很早就通过海上通道与外国开展海上贸易。从秦朝统一六国开始，中国就是一个中央集权的封建君主专制的国家，一直延续到清朝末代皇帝爱新觉罗·溥仪退位。在鸦片战争之前，中国是一个以自给自足为特征的小农经济国家，小农业与家庭工业相结合的经济结构抑制了商品经济的发展。由于全国上下对商品的需求不大，商人和商业在古代中国的地位也是相对较低的，素有"士农工商"之说。尽管如此，古代中国并没有忽略海外贸易，且早在秦汉时期就有了海上交通路线。据《新唐书·地理志》记载，东南沿海有一条通往东南亚、印度洋北部诸国、红海沿岸、东北非和波斯湾诸国的海上航道，即"广州通海夷道"[2]。该通道以广州为起点，全长 1.4 万公里，是当时世界上最长的远洋航线，途经100 多个国家和地区。这应该就是最早的海上丝绸之路。与陆上丝绸之路一样，中国通过海上丝绸之路输往国外的主要是茶叶、丝绸、瓷器、铜铁器以及其他一些手工制品，输入中国的主要是花草、香料、玻璃及奇珍异宝。最初，海上丝绸之路仅仅是陆上丝绸之路的补充，直到隋唐时期由于西域长期

1　《马克思恩格斯选集》第 1 卷，人民出版社，2012，第 786—787 页。

2　葛岩：《海上丝路的千年沉浮录》，《中国贸易报》2018 年 1 月 25 日。

战争阻碍了正常的贸易往来，海上丝绸之路才真正发展起来，在促进中国海外贸易中起着非常重要的作用。

其次，清朝时期的中国在西方强韧持久的进取攻势下对外国人的态度逐渐发生变化。在西方人开辟新航路之前，中国政府和人民对来到中国的外国人十分友好，并且在处理矛盾方面能够一视同仁。以唐朝为例，据史料记载，在唐朝时期的中国取得合法居住权的外国人有3000多人，这些在华外国人被称为"化外人"。不论朝廷官员还是平民百姓都能够友好地接纳这些"化外人"。当然，这些"化外人"也会有违法乱纪之事，也会与他人产生矛盾和冲突。唐朝在处理"化外人"问题上遵循的规则是，如果发生矛盾的双方来自同一国家，就按照他们国家的法规来处理，如果发生矛盾的双方不是同一国家，则按照中国法规来处理。然而，伴随着新航路的开辟，越来越多的西方人开始接近和窥视中国。早在1517年，葡萄牙人就驾船来到了广东海面，并于1553年在澳门取得居住权；1575年，西班牙人开始出现在福建；1637年，英国船只来到中国。从1655年荷兰使节到北京请求通商开始到1816年，西方使节到北京要求通商和传教不下十数次。这些带着要求而来的西方人，逐渐引发了朝廷的戒备和抗拒心理。特别是在明嘉靖朝之后，私人海上贸易的急速发展，进一步引发了朝廷的焦虑。后来，西方宗教与中国礼仪之间的矛盾，又致使雍正皇帝下令禁止传教。雍正皇帝说："中国有中国之教，西洋有西洋之教。西洋之教，不必行于中国，亦如中国之教，岂能行于西洋?"[1]

借用列宁的话："中国人憎恶的不是欧洲人民，因为他们之间并无冲突，他们憎恶的是欧洲资本家和唯资本家之命是从的欧洲各国政府。"[2] 中国人对从海上来的外国人渐生反感，源于部分外国人对中国的觊觎以及对中国传统文化的冒犯，换句话说，这是由西方早期资本主义文明进犯东方传统文明造成的。

[1]　转引自陈旭麓《近代中国社会的新陈代谢》，中国人民大学出版社，2012，第31页。
[2]　《列宁全集》第4卷，人民出版社，2013，第320页。

2. 关于河流名称的问题。恩格斯在《英人对华的新远征》中提到一条与吴淞同名的小河：

> 1842 年 6 月 13 日，英军在亨利·璞鼎查爵士率领下逼近了吴淞，到达与此地同名小河的河口。这条河由南流来，在紧靠长江注入黄海的地方流入长江口。吴淞口是位于它南面不远的上海的港口。吴淞口岸边建有炮台，可是它们全被毫不费力地攻下了。[1]

中国确实有与吴淞同名的小河即吴淞江（现苏州河），这是一条源头在太湖、自西向东的河，而在与黄浦江汇流的地段则转成由南向北。早在明朝，黄浦江就取代了吴淞江，成为长江汇入东海之前的最后一条支流，吴淞江则成为黄浦江的支流。而且，黄浦江的主干是由南向北的。由此推断，1842 年英军达到的小河确切地说是黄浦江。不过，这个问题丝毫不影响恩格斯评论英国侵略军在第一次鸦片战争中对中国的侵略。

3. 关于中英《南京条约》中是否有禁止鸦片贸易条款的问题。马克思在《鸦片贸易史》中说中英《南京条约》有禁止鸦片贸易的条款：

> 尽管英国在结束这场为保护鸦片贸易而发动和进行的战争时所签订的条约禁止鸦片贸易，可是从 1843 年以来，鸦片贸易实际上却完全不受法律制裁。……作为帝国政府，它假装同违禁的鸦片贸易毫无关系，甚至还订立禁止这种贸易的条约。[2]

实际上，中英《南京条约》中没有禁止鸦片贸易的条款。1842 年签订的

1　《马克思恩格斯全集》第 16 卷，人民出版社，2007，第 105 页。
2　《马克思恩格斯选集》第 1 卷，人民出版社，2012，第 807 页。

中英《南京条约》共十三款内容，涉及"鸦片"的是第四款，原文是："因大清钦差大宪等于道光十九年二月间经将大英国领事官及民人等强留粤省，吓以死罪，索出鸦片以为赎命，今大皇帝准以洋银六百万圆偿补原价。"这里的"偿补原价"对象是被钦差大臣"索出"的鸦片，说白了，六百万圆洋银是赔偿被中国政府收缴和销毁的鸦片款。在当时的中国，鸦片贸易是非法的，所有海外输入中国的鸦片都属于走私鸦片，因此理当收缴。可是，英方却要求赔偿鸦片，并且写进了条约。如此，条约中虽然未提鸦片贸易是否合法化的问题，从此以后，清朝政府也不敢再查鸦片走私的问题。

当然，对于鸦片贸易的道德问题，英国人心知肚明。英国历史学家和统计学家蒙哥马利·马丁在其出版于1847年的著作《论中国的政治、商业和社会》中，把鸦片贸易与奴隶贸易作比较，认为鸦片贸易比奴隶贸易还罪恶，因为奴隶贸易至少还需要保持奴隶们的生命，而且也并未因买卖他们而败坏他们的品格、腐蚀他们的思想、毁灭他们的灵魂。"可是鸦片贩子在腐蚀、败坏和毁灭了不幸的罪人的精神存在以后，还杀害他们的肉体；每时每刻都有新的牺牲者被献于永不知饱的摩洛赫之前，英国杀人者和中国自杀者竞相向摩洛赫的祭坛上供奉牺牲品。"[1] 对于这种人所共知的道德败坏的贸易，马克思甚至认为没有必要再详细论述，因此他在评论鸦片贸易的道德问题时只援引了马丁的观点。所以，关于鸦片贸易对中国造成的各种伤害，英国政府及英国鸦片贩子们十分清楚。正因为此，伪善的英国政府在《南京条约》中要求赔偿鸦片款是以隐晦的方式表达的，即"清钦差大宪"对英国商人采取了"强留粤省，吓以死罪"的方式收缴鸦片，换言之，清朝政府是以"挟持人质"这种"非法"的方式收缴鸦片的。这就造成了清朝政府必须赔偿非法侵夺英国人财产的假象。

1　《马克思恩格斯选集》第1卷，人民出版社，2012，第802页。

如此看来，马克思关于英国"订立禁止这种贸易的条约"的说法是不准确的，但是英国"假装同违禁的鸦片贸易毫无关系"是真实的。不过，这并不妨碍马克思通过鸦片贸易问题揭露和批判英国资产阶级文明伪善的一面。

4. 关于《虎门条约》是否有同中国协同处理贩运鸦片船只的规定。马克思在《中国和英国的条约》中提到《虎门条约》时说：

> 这一补充条约曾规定：驻香港和驻五个为英国贸易开放的中国口岸的英国领事，如遇装载鸦片的英国船只驶入其领事裁判权所辖地区，应与中国当局协同处理。这样，英国商人在形式上被禁止输入这种违禁的毒品，而且英国政府在某种程度上充当了天朝帝国的一个海关官吏角色。……可是，如果我们以为英国正式放弃它对鸦片贸易的假惺惺的反对，不会导致与预期完全相反的结果，那就大错特错了。中国政府请英国政府协同取缔鸦片贸易，也就是承认了自己依靠本身的力量不能做到这一点。南京条约的补充条约是为了借助外国人的帮助来取缔鸦片贸易而作的最大的、也可以说是绝望的努力。[1]

根据马克思在前文提到的"善后旧约并通商章程"，这里的"补充条约"指《五口通商附粘善后条款》，即《虎门条约》。《虎门条约》是中英双方代表于1843年10月8日在广东虎门签订的。该条约共十六款，另附小船则例三款。从条款内容看，涉及"与中国当局协同处理"的条款是第十款和第十二款。根据第十款规定，五个通商口岸必须始终有一艘英国官船停在湾内，负责管理来自英国货船上的商人和水手，如果该官船要离开，必须有另一艘官船来替代，并且要向中国地方官报备，以免造成疑问和矛盾；根据第十二

1　《马克思恩格斯选集》第1卷，人民出版社，2012，第815—816页。

款规定，如果英国管事官发现走私案件，需向中国地方官通报，以便及时查处。据此推断，马克思关于"遇装载鸦片的英国船只驶入其领事裁判权所辖地区，应与中国当局协同处理"的说法应该源自第十二款。既然中英《南京条约》中没有将鸦片贸易合法化，那么贩运鸦片来华的行为仍属于走私行为。既然是走私，各港口的英国管事官发现后就应当通报中国官方。但是，能不能由此说《虎门条约》中的这一条款是清朝政府想借助外国人的帮助来取缔鸦片贸易，不能下定论。不过，马克思的说法阐明了两个问题：一是清朝政府在主观上始终坚持禁烟；二是鸦片战争后的清朝政府已经部分丧失了维护国家利益的权力。

5. 关于太平军是否以奇装异服制造恐惧的问题。马克思在《中国记事》中根据夏福礼先生的信件内容指出：

> 制造恐惧的一大法宝就是太平军身上穿的五颜六色的丑角式衣着。此等装束只能使欧洲人觉得好笑，而对中国人来说却有神奇的作用。因此，这种丑角式衣着在作战的时候给叛乱者带来的优势比线膛炮还要大。况且，他们还有一头又长又黑或者染黑的乱发，目露凶光，发出凄厉的号叫，装出狂怒的样子——这就足以把古板的、温顺的、循规蹈矩的中国老百姓吓死。[1]

实际上，太平军穿五颜六色的衣着不是为了制造恐惧，而是有着特定的原因。首先，太平天国力行易服。太平天国运动的矛头直指清王朝，它要推翻满族人对汉族人的统治。为了标榜自身与清朝统治者的不同，太平军做的第一件事便是易服，即穿与满族人不一样的服装。太平军将领杨秀清和萧朝

---

[1]　《马克思恩格斯论中国》，人民出版社，2015，第124页。

贵在早期的行军中就发了多篇檄文号召汉民留发易服，如："夫中国有中国之形象，今满洲悉令削发，拖一长尾于后，是使中国之人变为禽兽也。中国有中国之衣冠，今满洲另置顶戴，胡衣猴冠，坏先代之服冕，是使中国之人忘其根本也。""本军师又实情救尔等，尔等多是中国人民，既是中国人民，何其愚蠢，剃发从妖，胡衣胡服，甘做妖胡奴狗，足上首下，尊卑颠倒。"[1] 在古代中国，中原汉人通常把北方的游牧民族称为"胡人"，该檄文中的"胡衣胡服"即指清朝统治者满族人的服饰。另，太平天国运动的口号是"斩妖除魔"，即认为推翻清朝皇帝的统治是斩妖除魔、替天行道的行为。所以，太平军身着不同于清朝服饰的衣服实际上是与清朝划清界限的重要标志之一。其次，太平天国早期无力生产统一服饰。虽然力行易服，但是到底什么样的服饰才是区别于清朝的服饰，对于这群从农村出来的、没有多少见识的造反者来说很难把握。加之早期忙于战争，无暇设计和生产统一化的服饰，太平军们便就地取材，采用了戏服。清廷最初在强迫汉人易服的时候，有"妓从优不从"的规定，梨园戏班因而保留有明代衣冠。[2] 因此，太平天国此时的官服主要源于戏班行头，每攻克一个城市，就地取材，按职衔高低穿戴不同的冠服。这种状况一直延续到定都天京初期。[3] 众所周知，戏服是用来表演的，不论在款式上还是在色彩上都比较夸张，这就出现了太平军身穿五颜六色且款式不统一的服饰的一幕。最后，红色、黄色等鲜艳色彩是中国传统的喜庆色彩。在南京定都后，太平天国的领导者开始按照严格的等级标准设计服装，甚至为此专门设立了"典衣衙"这一机构来负责此事。领导层基本上都是穿戴有刺绣的红袍马褂和黄袍马褂，官帽等头饰也是红布覆以金箔和刺绣制成的。但是，普通士兵的着装很随便，没有形成统一的标准。总的来说，

---

1 《太平天国印书》（上），江苏人民出版社，1979，第109、112页。
2 夏春涛：《太平天国服饰制度探微》，中国社会科学院近代史研究所青年学术论坛2000年卷。
3 夏春涛：《太平天国服饰制度探微》，中国社会科学院近代史研究所青年学术论坛2000年卷。

太平天国的服装，用到过太平天国统治区的法国公使布尔布隆的话说是"绚烂夺目"的。

此外，为了与清朝相区别，太平军还主张蓄发。太平天国对发型的规定是，"蓄发不剪，编成辫子，用红丝绒扎住，盘在头上，状如头巾，尾端成一长穗，自左肩下垂"[1]。那么，在头发不够长或者没有时间梳理头发的情况下，不少人的头发就会成披头散发的凌乱状，即马克思在文中所指出的"一头又长又黑"的乱发。

尽管太平军的装束不是为了制造恐惧，但他们对所到城市造成的破坏作用，给其他城市的官民造成了极大的恐惧，以至于只要听说太平军来了，人们便闻风丧胆。

由此看来，夏福礼对太平军的了解仅仅浮于表面，且对太平军的描述存在夸大其词、故意贬低的成分。而对这种一般性的描述，远在欧洲的马克思是很难考证其真实程度的，因而受夏福礼信件的影响对太平军装束的评论存在一定的误差。

6. 关于民国时期中国政党名称的问题。列宁在《新生的中国》中分析了辛亥革命后中国的三个主要政党：

（1）"激进社会"党。这个党实际上同我国的"人民社会党"（以及十分之九的"社会革命党人"）一样，丝毫没有社会主义的思想。这是一个小资产阶级民主派的政党。……（2）第二个政党是自由派。它与"激进社会"党联合，共同组成"国民党"。这个党很可能在中国第一届国会中占多数。它的领袖就是著名的孙中山博士。……（3）第三个政党叫做"共和派联盟"。这是一个在政治上招摇撞骗的典型！事实上它是保

1　〔英〕呤唎：《太平天国革命亲历记》（上），王维周译，中华书局，1961，第52页。

守党，主要依靠中国北方也就是中国最落后地区的官僚、地主和资产者。"国民"党则主要依靠有较多工业的、较先进、较发达的中国南方。[1]

辛亥革命爆发后，原来属于革命派和立宪派的各种政治团体经过各种分与合之后形成了十多个政党，一时间政党林立，诸如：统一共和党、同盟会、国民共进会、国民公党、共和党、共和统一党、共和俱进会、共和促进会、共和建设讨论会，等等。清帝退位后，为了在国会中发挥重要作用，这些政党又进行了合并，最终形成了国民党和进步党这两个大党。《新生的中国》一文是列宁于 1912 年 11 月初完成的，这一时期进步党尚未形成，但作为其前身的三个政党即统一党、共和党和民主党已经形成。列宁在文中提到的三个政党的名称在中国当时的政党里是没有的，但根据他对这三个政党的描述，基本上能够找到相对应的政党。

首先是"激进社会党"，列宁认为这个党是一个小资产阶级民主派政党，并且指出这一政党的要求同俄国民粹派和社会革命党人的用语类似。而在之前即 1912 年 7 月发表的《中国民主主义和民粹主义》一文中，列宁直接把孙中山称为中国的民粹主义者。在谈第二个党派即自由派的时候，列宁指出它与"激进社会党"联合组成了"国民党"，并指出孙中山是国民党的领袖。由此，可以断定，列宁笔下的"激进社会党"指的是同盟会。同盟会在清帝退位前是一个秘密革命团体，是在孙中山的倡导和组织下成立的。孙中山的"三民主义"思想就是以同盟会纲领为基础阐发而来的。清帝退位后，同盟会发生分化，章炳麟等人分离出去形成中华民国联合会，孙武等人分离出去组建了民社，但同盟会的主体还是孙中山和黄兴领导下的一个革命党。虽然是革命党，但同盟会不是无产阶级政党，而是一个资产阶级性质的政党。同

---

1 《列宁全集》第 22 卷，人民出版社，2017，第 209 页。

盟会虽主张民生，追求的却是一个没有剥削的资产阶级共和国，所以列宁把它归类为小资产阶级革命党。

其次是自由派，关于这个政党，列宁只说它与"激进社会党"即同盟会联合，组成国民党。组成国民党的政党除了同盟会之外，还有统一共和党、国民公党、共和实进会和国民共进会这四个党。当时，除了统一共和党，其他三个党都是小党，影响力不大。统一共和党是 1912 年 4 月在南京成立的，它在北京临时参议院中有二十五个议席，而当时颇有影响力的同盟会和共和党分别各有四十余席，所以它在当时是最重要的第三党。如此，统一共和党是最可能为国际所关注的一个政党。另外，从统一共和党的宗旨[1]看，它是一个致力于实现民主共和的资产阶级政党。所以，列宁笔下的"自由派"应该就是统一共和党。

最后是"共和派联盟"，列宁说它是一个保守党，并认为它是一个在政治上招摇撞骗的典型。从名称上看，1912 年 10 月成立的民主党与之是对应的。民主党是由国民新政社、共和俱进会、共和促进会、共和统一党以及共和建设讨论会合并而成的，这五个政党中有四个在名称上有"共和"二字，所以称民主党为"共和派联盟"完全符合情理。另外，民主党的领袖是梁启超，梁启超主张君主立宪，并且主张改良反对革命，那么由他领导的政党必然站在袁世凯一边，而且民主党的主体也都属于君主立宪派。所以，这一政党是拥护袁世凯的党，与列宁关于"保守党"的评价是完全一致的。

由此我们看到，虽然受可获得的有关中国政党资料的制约，列宁未能准确说出辛亥革命时期中国各个政党的名称，但是他对这些党派的划分与实际政党的状况还是高度吻合的，因而他对这几个党派的评价也是科学的。

1　统一共和党的宗旨是：巩固全国统一，建设共和政治，循世界之趋势，发展国力，力图进步。

（二）经典作家"论中国"文本中几个细节问题的成因

虽然上述疑点属于次要的细枝末节型问题，并未影响经典作家对相关问题从整体上作出科学研判，但我们还是有必要探讨这些疑点形成的原因，以便于了解经典作家在当时的历史条件下研究中国问题所面临的困境。

前文已提出，经典作家依据西方有关中国问题的资料来研究中国问题。马克思、恩格斯和列宁不仅是伟大的理论家更是伟大的实践者，他们不仅研究革命理论还领导革命实践。其中，马克思和恩格斯活动的主阵地是 19 世纪 40 年代至 90 年代的西欧，列宁活动的主阵地是 19 世纪末至 20 世纪 20 年代的俄国。一方面，当革命导师们在西欧和俄国孜孜以求通向社会主义的道路时，中国还在半殖民地半封建社会中沦陷，能够领导无产阶级践行马克思主义理论的中国工人政党尚未诞生，科学社会主义之于中国还是很遥远的事情。另一方面，直到马克思和恩格斯都逝世，欧洲无产阶级革命也尚未完成；直到 1917 年 10 月俄国无产阶级才取得革命的胜利，然而随之而来的又是保卫无产阶级政权的国内战争，1921 年春才进入相对和平的经济建设时期。简言之，马克思、恩格斯和列宁主要忙于欧洲革命问题，没有时间过多关注欧洲之外的问题。这决定着经典作家们不可能亲自到落后的中国考察，同时落后的中国尚未产生能够与马克思、恩格斯和列宁对话的知识分子。但是，中国作为一个亚洲乃至全球人口最多的国家，既然已被殖民主义卷入世界市场，成为世界历史的一部分，它的变化和发展就必然对整个世界产生重要的影响。所以，当中国沦为西方列强侵略的对象后，必然引起经典作家的关注和研究，尤其是马克思和恩格斯所在的西欧与列宁所在的俄国是侵略和瓜分中国的主要国家。要研究中国问题，必须借助一定的参考资料。这些参考资料是否全面、是否准确、是否客观，对借助这些资料进行研究的人来说构成一定的影响。根据马克思、恩格斯和列宁"论中国"文本中存在的疑点，以及他们在文本中提到的一些人名、刊物、书信、著作等，可以推断他们使用的参考资料存在以下几个问题。

一是参考资料对中国社会的介绍不够全面。一国社会状况包括经济、政治、文化、社会、环境等方方面面，尤其是近代中国正处于社会转型之中，国内外各种关系错综复杂、各种问题相互交织，很难有人能够面面俱到地去研究。纵然西方国家在鸦片战争后向中国派遣了一批又一批的传教士以及各种办事人员，这些人员中也有不少人对中国问题感兴趣，甚至出现了郭士立这样的研究中国问题的专家，但毫无疑问的是，他们所研究和反映的问题都是基于各自立场和兴趣点，无法反映中国的全貌。当然，有人会说，把所有资料加在一起就能全面反映中国状况。问题是，马克思、恩格斯和列宁是否有可能获取到西方国家所有的与中国有关的研究资料？

首先，经典作家并非一开始就关注和研究中国问题，也就没有专门搜集关于中国问题的研究资料，他们对中国的最初印象主要来源于阅读他人著作中一些零散的论述。前文已提到，孟德斯鸠、亚当·斯密、黑格尔、托尔斯泰等这些政治、经济、哲学、文学领域中极具影响力的人物都关注过并在他们的文本中论述过中国问题。这些人的著作不同程度地对马克思、恩格斯和列宁产生过影响。其次，经典作家评论的主要是中国新近发生的或正在发生的一些事件，说白了，对中国的研究主要是作为一种时事政治研究，这就需要获取最新的关于中国问题的资料，而这些资料主要来自西方主流报刊的报道。这些主流报刊对中国的关注要么是一些趣闻，要么是一些与资产阶级利益密切相关的经济和政治问题，即如马克思所指出的："按照精明和谨慎的原则不宜讨论那些不能带来钱财的问题。"[1] 在当时，从英国最大的《泰晤士报》到一些不起眼的小报，都密切关注中英双方之间的冲突以及英国人在华的利益问题，至于中国其他的一些问题即便有所提及，也不会很详细。这就

1　《马克思恩格斯全集》第16卷，人民出版社，2007，第93页。

给马克思、恩格斯深入研究中国问题带来了困难。最后，经典作家当时所处的境况妨碍他们获取更为丰富的关于中国问题的研究资料，这一问题在列宁身上表现得最为突出。俄国在 1917 年二月革命前，一直处于沙皇的专制统治之下，人民没有政治自由，革命者只能搞秘密的地下活动，列宁也因此被迫长期流亡海外。在 1905 年俄国革命爆发的时候，列宁曾在文章中公开抱怨在日内瓦赶不上俄国事态的发展，他说："当然，我们在日内瓦，在这该死的远方，要赶上事态的发展是无比困难的。"[1] 由于自身的处境，要了解自己国家的情况都如此困难，何况是远在亚洲的中国的情况？中国辛亥革命爆发时，列宁在巴黎；1912 年中国第一届国会召开前后，列宁在波兰的克拉科夫。但是，正如列宁自己所说的，作为政论家，必须关注当前的各种政治事件。所以，要在有关中国问题上发表马克思主义的看法，只能通过所能获得的有限资料了解相关问题。

二是参考资料对中国事件的记载不够准确。不论从革命家还是从政论家抑或理论家的角度看，马克思、恩格斯和列宁都是十分严谨的人。这从马克思对俄国问题的态度就可以看出来。1881 年 2—3 月间，马克思回复俄国革命家维·伊·查苏利奇的来信，四易其稿，最终形成一个简短的复信寄给了查苏利奇。那么，查苏利奇到底向马克思提出了什么问题使得马克思如此谨慎？问的是一个在当时俄国知识分子中争论不休的问题，即俄国农村公社的命运问题，具体而言就是俄国到底能不能在村社基础上直接过渡到社会主义社会的问题。关于俄国与西欧相比所具有的特殊性，马克思早在《资本论》中就提及过，但由于时间、精力和语言等问题，马克思写作《资本论》时没有深入研究俄国的社会发展问题。1877 年，俄国民粹主义者米海洛夫斯基公开发文表示，《资本论》中关于资本主义起源的观点适用于一切国家。马克思认

---

[1] 《列宁全集》第 9 卷，人民出版社，2017，第 190 页。

为这种看法是错误的，对此做了回应，明确否定了米海洛夫斯基的说法。如今，面对同为俄国民粹主义者的查苏利奇的发问，马克思觉得自己没有深入研究过俄国的历史与现状，不想就某些问题轻易下结论，可以说这是他五易其稿的最重要原因。可见，马克思是一个十分严谨的人。

既然经典作家都是十分严谨的政论家，他们对中国问题的分析和评论需要占有一定的材料。关于中国问题材料的来源，前文已经多次指出，这里就不再赘述。尽管马克思、恩格斯和列宁具备敏锐的洞察力和深刻的分析力，能够在材料对比中厘清中国与西方列强之间各种冲突的原委，但是对于一些客观事实性资料的正误问题是很难判断的。西方报刊文章在涉及中国与西方列强之间签订的各种不平等条约的具体内容、英国对华贸易额、中国某条河流的名称、中国资产阶级政党的名称等内容时虽无造假的必要，但并不排除提供这些材料的作者本就对这些内容把握得不准确。马克思和恩格斯在研究英国对华贸易状况时，就利用了英国蓝皮书、英国驻华领事的报告书、《经济学家》等提供的相关数据。因此，如果这些客观性的内容本身不够准确的话，在经典作家利用其分析和研究中国问题时，就会产生我们列举出来的那些疑点。这是一个无法避免的问题，因为经典作家在有限的时间和有限的条件下无法考证其准确性程度，他们能够排除的仅仅是那些因意识形态偏见而被歪曲的或故意抹掉的内容。当然，更重要的是这些细节性资料不影响整体研判。所以，我们不能因为个别疑点的存在而否定经典作家在研究中所持的严谨态度。

三是参考资料对中国问题的评价不够公正。经典作家时期的中国在社会发展上确实落后于西方资本主义国家，即便与1917年二月革命前的沙皇俄国相比也是落后的。然而，落后不该成为嘲讽的理由。可是，当西方人一度被《马可·波罗游记》所激起的那种对中国的无限美好幻想被眼前的事实打破后，昔日的向往转变成了鄙夷。在近代，来到中国的西方传教士、外交家、商人、旅行家等往往以敌对的态度观察中国，反映在文字上则是透露着各种鄙夷与嘲讽。如，对于中国农民起义，德国传教士郭士立称起义的农民为"暴民"；驻宁波的英国领事夏福礼称太平军为"强盗们"，并且对太平军五颜六色的衣着做了嘲讽式的解读，认为是笑话，是制造恐惧。他们不去深入探究中国太平天国农民运动爆发的原因，就看不到太平军奇装异服下的背后原因，更看不到这一运动有何积极作用。如，夏福礼在给驻北京的英国公使普鲁斯的信中指出："宁波落入革命太平军之手已经三个月了。这里同这些强盗们统治所及的任何地方一样，破坏是唯一的结果。难道他们还追求别的目的吗？在他们看来，使自己拥有无限的胡作非为的权力实际上同伤害别人生命一样重要。"[1] 马克思的《中国记事》一文是根据夏福礼的信写成的，由于不了解真实情况，马克思在这篇文章中采纳了夏福礼关于太平军破坏作用和制造恐惧的说法。当然，在绝大多数情况下，经典作家都能够识破带有偏见的、有失公正的关于中国问题的报道和评述。如，在第二次鸦片战争问题上，马克思两次阐述应该从公正无私的角度分析英中冲突原因的思想。1857 年 3 月，他在《英中冲突》中说："我们认为，每一个公正无私的人在仔细地研究了……一定会得出这样的结论：在全部事件过程中，错误是在英国人方面。"[2] 1859 年 9 月，他在《新的对华战争》中说："如果翻阅一下《女王陛下特谕刊行的关于额尔金伯爵赴华特别使命的函件》，每个不存偏见的人都会深信……"[3]

此外，在西方出版物的渲染下，清朝时期的中国似乎成了"落后"的代名词。在 19 世纪，西方人习惯用"野蛮"一词来定性中国的人和事。如，称清朝统治者为"天朝的野蛮人"，称清朝的社会制度为"野蛮制度"。中国落

1　《马克思恩格斯论中国》，人民出版社，2015，第 122—123 页。

2　《马克思恩格斯全集》第 16 卷，人民出版社，2007，第 17 页。

3　《马克思恩格斯选集》第 1 卷，人民出版社，2012，第 829 页。

后是事实，但一经渲染，就会给西方民众造成西方人优越于中国人的假象，完全忽视了不同民族的差异性和文化的多样性。受这种话语体系的影响，马克思和恩格斯在有关中国问题的论述中也多次使用"野蛮"一词形容旧中国的统治者和社会制度。如，"天朝的野蛮人当时拒绝征收一项随着人民堕落的程度而必定会增大的税收"[1]。顺着西方人的评价性话语，恩格斯甚至还在信件中使用过"可憎"一词："其后果将是出现世界上从未有过的大规模移民，可憎的中国人将充斥美洲、亚洲和欧洲"[2]。更何况，马克思和恩格斯专门论述中国问题的文章基本上都是以美国《论坛报》驻伦敦通讯员的身份撰写的，《论坛报》虽然在当时属于进步报纸，但它代表的是英国工业资产阶级的利益，所以马克思和恩格斯要在文章中或多或少地以美国资产阶级知识分子的口吻发表言论，否则文章根本发不出来，马克思曾在与恩格斯的通信中多次提及此事并表达他的不满。

二　经典作家"论中国"引发的几个论争

马克思、恩格斯和列宁在论述中国问题的过程中，有对旧中国故步自封的无奈，更有对西方列强侵华行为的批判，他们十分期待中国的新生。这应该是我们从经典作家"论中国"中形成的共同看法。然而，却有人借助马克思的"殖民主义双重使命"理论为鸦片战争"正名"，从而给人造成马克思对西方列强侵略中国持支持态度的假象；有人从对比《中国革命和欧洲革命》与《中国记事》中得出结论说马克思对太平天国运动的态度前后矛盾；还有人认为列宁对孙中山及其纲领的评价失之偏颇；等等。

1　《马克思恩格斯选集》第 1 卷，人民出版社，2012，第 806 页。
2　《马克思恩格斯文集》第 10 卷，人民出版社，2009，第 636 页。

（一）关于马克思恩格斯如何评价西方列强入侵中国的问题

　　长期以来，国内外学界在探讨马克思和恩格斯对西方列强入侵落后国家态度的问题上一直存有争议。姑且不谈西方国家在这一问题上的观点，即便是社会主义国家也有不少人认为在马克思和恩格斯的思想上，西方的入侵给亚细亚社会带来了进步。早在 20 世纪 20 年代，苏联亚细亚派学者 A. I. 罗曼金就指出："（民众革命）是东方社会保持平衡的根本原因，并使这些社会处于静止的、停滞的状态。只有帝国主义的入侵才能打破这种状态。"[1] 回顾罗曼金等人观点的 M. 索尔在 20 世纪 70 年代末发表的文章中进一步指出："马克思和恩格斯同十九世纪大多数政治经济学家一样，相信亚细亚生产方式的特点是停滞不前，只有西方的入侵才能带来进步的因素。"[2] 这给人造成的假象是，马克思和恩格斯对西方入侵落后国家持肯定态度，从而将马克思和恩格斯变成"殖民有功论"抑或"侵略有功论"的鼻祖。

　　在中国，也有人颂扬"殖民有功论"。近代中国在西方列强入侵下逐渐成为半殖民地半封建社会，中国经济社会的发展遭到极大破坏，中国人民因此而遭受深重的灾难。尽管如此，还是有人不时地为鸦片战争"正名"，颂扬"殖民有功论"。在香港回归前，有人荒谬地认为香港之所以有今天的繁荣是因为被英国殖民了一百多年，中国要达到香港的繁荣程度至少要被殖民三百年。进入 21 世纪，与日本右翼团体两次在编写的初中历史教科书中大肆鼓吹"侵略有功"的做法形成呼应的是，国内有人在网络上公开提出应该换一种眼光读清史，借机颂扬"侵略有功论"。基于此，他们将鸦片战争爆发的原因归咎于林则徐无视西方世界的"丛林法则"，认为领事裁判权等不平等条约对中国社会进步的促进意义是巨大的，并得出结论说西方列强对晚清中国

1　〔英〕M. 索尔：《苏联对亚细亚生产方式的讨论》，洪历建译，《国外社会科学》1981 年第 3 期。
2　〔英〕M. 索尔：《苏联对亚细亚生产方式的讨论》，洪历建译，《国外社会科学》1981 年第 3 期。

的侵略对中国社会进步具有非常积极的意义。还有人说，鸦片战争前的中国在对外贸易上极不平等，英国人发动鸦片战争只不过是为了实现这种贸易上的平等，是英国人的鸦片战争使中国在对外贸易方面步入了正轨。很显然，上述种种观点实质上都是对近代中国人民反侵略斗争史的否定，是历史虚无主义的表现。

要破除形形色色的"殖民有功论"和"侵略有功论"，我们必须回到马克思和恩格斯论述中国问题的文本，看提出"殖民主义双重使命"理论的经典作家是如何评论西方列强侵略中国的。

在清朝时期的中国，小农经济作为一种过时的经济体系，被人为地维持下来。之所以说是"被人为地维持下来"，主要在于清朝政府推行闭关自守的政策，这一政策人为地隔断了中国与外部世界特别是西欧国家的联系，墨守成规，沉浸于"天朝大国万世长存的迷信"中。根据历史唯物主义，社会交往的扩大可以促进社会生产的发展。也就是说，如果清朝时期的中国一如既往地保持同海外的交往，并注重向其他国家学习先进的文明成果，就能够在对外交往的过程中为自身的发展注入新的活力。否则，一旦小农经济已经成为一种过时的社会经济结构，无论怎样祥和无害，它都不能推动社会生产的发展。正如马克思在评价印度农村公社时所指出的："这些田园风味的农村公社不管看起来怎样祥和无害，却始终是东方专制制度的牢固基础，它们使人的头脑局限在极小的范围内，成为迷信的驯服工具，成为传统规则的奴隶，表现不出任何伟大的作为和历史首创精神。"[1] 既然从内部产生不了革命性因素，就要从外部吸收新的社会因素，在他国先行发展起来的同时快速实现自身的发展。也正是基于这样的思路，马克思在谈论俄国有可能不通过资本主义制度的"卡夫丁峡谷"从而在农村公社土地

1　《马克思恩格斯选集》第1卷，人民出版社，2012，第853—854页。

公有制的基础上直接进入社会主义时，特别指出实现这样的“跨越”需要占有资本主义制度所创造的一切积极的成果。从变革中国过时的生产方式看，西方列强的入侵确实起到了打破原有的社会经济结构从而为新生产方式的产生和发展提供一个前提条件的作用。然而，西方列强对中国的入侵，起到的仅仅是一个破坏作用，它在打破旧的经济体系之后，却不能促进新的经济体系的形成。恩格斯在晚年书信中多次表达了这样一种看法：中国小农经济体系遭到西方破坏之后，会有大量破产的小生产者向其他国家特别是欧洲移民，从而加剧欧洲的危机。如，恩格斯在 1894 年 9 月 23 日给卡·考茨基的信中说：“那时，中国苦力将比比皆是——欧洲、美洲和澳大利亚都有。他们将试图把我们工人的工资和生活水平降到中国的水平。那时我们欧洲工人的时刻也就会到来。英国人将首先起来，他们身受这种渗入之害，就会起来斗争。”[1] 根据恩格斯的分析，中国之所以会有大量过剩人口涌向其他国家，根本就在于中国传统小农经济遭到外来资本主义的破坏，大量小生产者破产，又没有大工业来吸收这些破产者。这就表明，在马克思、恩格斯看来，西方列强对中国封建主义生产方式造成的破坏作用，虽然加速了旧有经济结构的解体，但对中国人民来说是一种灾难。关于这种灾难可以借用马克思评论不列颠统治印度的话语：“印度人失掉了他们的旧世界而没有获得一个新世界，这就使他们现在所遭受的灾难具有一种特殊的悲惨色彩”[2]。也就是说，这是一种没有建设的破坏，是没有“立”的“破”，充当的仅仅是历史的不自觉的工具。

从鸦片贸易到鸦片战争，马克思和恩格斯都强烈谴责西方列强对中国的侵略。早在鸦片战争之前，以英国为首的西方列强已经通过非法的鸦片贸易侵犯中国人权。鸦片贸易之于西方列强来说，只不过是攫取中国人财富的一

1　《马克思恩格斯全集》第 39 卷，人民出版社，1974，第 286 页。
2　《马克思恩格斯选集》第 1 卷，人民出版社，2012，第 850 页。

种手段；而之于中国来说，它带来的却是深重的灾难，上至朝廷君臣下至百姓的身心健康，从经济到政治再到社会的发展，都受到了严重的危害，甚于遭受一场旷日持久的战争。基于此，马克思把鸦片称为"毒品"，强烈谴责鸦片贸易摧残中国人命、败坏中国官吏道德、扰乱中国货币流通、影响中国国库收支等。然而，英国东印度公司却把这样一种"毒品"贸易变成其敛财的手段，不仅垄断了鸦片贸易的生产，还垄断了鸦片贸易的销售，马克思斥责其"干着毒害一个帝国的冒险营生"[1]。至于鸦片战争，马克思和恩格斯不仅揭露了英国发动第一次鸦片战争的借口及其结果，还详尽考察了引发第二次鸦片战争的真实起因以及英国议会对待第二次鸦片战争的态度，批判英国发动的对华战争是极端不义的战争。马克思明确指出："屠杀中国人的事情是帕麦斯顿勋爵亲手策划的。"[2] 马克思和恩格斯还把鸦片战争定性为"海盗式战争"，批判英国发动的对华战争是极端不义的战争。恩格斯如此评价英国："他们是这样一个民族，虽然非常厌恶我们的掠夺本性，但是自己却保留了大量的——并不比我们少一些——为我们16世纪和17世纪共同祖先所特有的那种古老的海盗式掠夺精神。"[3] 这里的"我们"是指美国，因为这段话来自恩格斯为《论坛报》写的一篇通讯，他是在以《论坛报》驻伦敦记者的身份撰文。马克思和恩格斯还进一步揭露了英国侵略者在中国犯下炮轰城市、抢劫店铺、强奸妇女、枪挑儿童、焚烧村庄等罪恶行径，马克思斥责这些罪行使中国人权横遭侵犯，恩格斯斥责这些罪行是西方列强兽性大发的行为。不仅如此，马克思和恩格斯还揭露了沙皇俄国利用西方列强与中国之间的矛盾坐收渔利的侵华行径。

由此可见，尽管马克思提出过"殖民主义双重使命"理论，但他不仅不

1　《马克思恩格斯选集》第1卷，人民出版社，2012，第807页。
2　《马克思恩格斯全集》第16卷，人民出版社，2007，第74页。
3　《马克思恩格斯全集》第16卷，人民出版社，2007，第102页。

支持西方列强侵略中国，还通过揭露英国发动对华战争的借口，批判英国对华战争的极端不义性，恩格斯持有相同的观点。因此，不能借口马克思说过英国在印度造成的革命充当了历史的不自觉的工具，说过英国要在印度完成双重的使命即"破坏的使命"和"重建的使命"，就断定西方入侵是亚细亚社会进步的必要条件，更不能由此衍生出"殖民有功论"或"侵略有功论"。如果东方不拒绝西方、西方不入侵东方，而是以和平的、友好的方式互通有无、相互促进、共同发展，人类的进步就不会"像可怕的异教神怪那样，只有用被杀害者的头颅做酒杯才能喝下甜美的酒浆"[1]。

（二）关于马克思恩格斯在不同时期对太平天国运动的评价问题

由于马克思在"论中国"的文本中多次提到太平天国，马克思对太平天国农民革命运动的看法也就引起了国内学界的较多关注。从公开发表的研究成果看，《再论马克思关于太平天国的评价问题》[2]《马克思、恩格斯对太平天国运动认识的不断深化》[3]《马克思对太平天国的评价何以前后不同》[4]《马克思论太平天国革命》[5]《马克思论太平天国革命运动——纪念马克思逝世一百周年》[6]《马克思恩格斯论太平天国》[7]《马克思并未称太平天国为"中国的社会主义"》[8]和《马克思赞美太平天国?》[9]等文章从不同角度探讨了马克思对太平天国运动的看法：一是认为马克思赞扬太平天国革命运动；二是认为马克思否定太平天国革命运动；三是认为马克思对太平天国的评价

1　《马克思恩格斯选集》第 1 卷，人民出版社，2012，第 862—863 页。
2　李颖：《再论马克思关于太平天国的评价问题》，《广西社会科学》2013 年第 9 期。
3　刘海洋：《马克思、恩格斯对太平天国运动认识的不断深化》，《人民论坛》2013 年第 18 期。
4　屈超耘：《马克思对太平天国的评价何以前后不同》，《北京日报》2013 年 2 月 25 日。
5　郑祖铤：《马克思论太平天国革命》，《湘潭大学学报》（哲学社会科学版）1999 年第 1 期。
6　唐明邦：《马克思论太平天国革命运动——纪念马克思逝世一百周年》，《武汉大学学报》（社会科学版）1983 年第 2 期。
7　郭存孝：《马克思恩格斯论太平天国》，《史学月刊》1964 年第 10 期。
8　高放：《马克思并未称太平天国为"中国的社会主义"》，《社会科学研究》2004 年第 2 期。
9　高放：《马克思赞美太平天国?》，《南风窗》2003 年第 12 期。

前后不同，甚至是自相矛盾。基于学界已有的各种讨论，我们有必要回到马克思"论中国"的文本，从马克思论述太平天国问题的话语中把握马克思对太平天国运动的评价。总的来说，马克思主要从三个方面谈了对太平天国运动的看法。

一是关于太平天国运动爆发的原因，马克思始终认为最直接的原因是西方列强的入侵。在金田起义爆发前几年，中国南方特别是广西地区的农民就已经开展了各种反对地主阶级的活动。洪秀全和冯云山创建的拜上帝会也是在与地主势力的斗争中迅速发展壮大的。基于此，1849年底即金田起义爆发前夕，回到欧洲的在华传教士德国人郭士立给欧洲人带去了关于中国正面临着一场大规模革命威胁的新闻。马克思和恩格斯从郭士立带回欧洲的新闻中分析指出，以手工劳动为基础的中国工业经不住机器的竞争，"世界上最古老最巩固的帝国八年来被英国资产者的印花布带到了一场必将对文明产生极其重要结果的社会变革的前夕"[1]。这是马克思和恩格斯合写的1850年1—2月的时评中的话语，明确指出中国被"英国资产者的印花布"带到了"社会变革的前夕"。虽然此时的太平天国革命运动尚未爆发，但马克思和恩格斯的这一分析无疑适用于太平天国农民革命运动。这是马克思和恩格斯"论中国"文本中能够与太平天国问题联系起来的最早文献。三年后，马克思在专门论述中国问题的首篇文献《中国革命和欧洲革命》中分析了太平天国农民革命运动爆发的原因，认为这场由延续了约十年之久的连绵不断的起义汇合成的革命，其爆发的社会原因及其表现形式有多种，但是"推动了这次大爆发的毫无疑问是英国的大炮，英国用大炮强迫中国输入名叫鸦片的麻醉剂"[2]。这是马克思在太平天国革命运动爆发两年后的分析，与之前的观点一样，同样认为英国的入侵是太平天国运动爆发的直接原因。9年之后的1862年，在太

1　《马克思恩格斯全集》第10卷，人民出版社，1998，第277页。
2　《马克思恩格斯选集》第1卷，人民出版社，2012，第779页。

平军遭到西方列强与清朝政府联合绞杀之际，马克思在《中国记事》中又谈到了太平天国运动的起因，他说："运动发生的直接原因显然是：欧洲人的干涉、鸦片战争、鸦片战争所引起的现存政权的动摇、白银的外流、外货输入对经济平衡的破坏，等等。"[1] 由此可见，从太平天国运动爆发前，到爆发后的初期，再到运动的最后时期，马克思从未改变关于运动发生的直接原因是西方列强的入侵这一论断。

二是关于太平天国运动的性质，马克思始终把它定性为改朝换代的宗教战争。写于 1853 年 5 月的《中国革命和欧洲革命》一文主要考察了太平天国运动的国际影响，而没有分析太平军发起的反清运动的性质。1854 年 2 月，马克思写了《英国和法国的军事计划。——希腊人暴动。——西班牙。——中国》一文，他在文中把太平军与清军之间的战争定性为宗教战争，且明确表达太平军是要建立一个新的王朝。他说："你们都知道，汉族造反者开始了反对佛教的真正的十字军讨伐，烧毁寺庙，杀死和尚。但是鞑靼人信奉佛教，而承认中国主权的西藏是大喇嘛的所在地，被信仰佛教的人看作是圣地。因此，如果天王能够把清王朝赶出中国，以后他将不得不同鞑靼人的佛教政权进行宗教战争。由于佛教信仰盛行于喜马拉雅山的两边，英国不能不支持新的中国王朝，所以毫无疑问，沙皇将站在鞑靼族方面，唆使他们反对英国，并千方百计地在尼泊尔挑起宗教暴乱。"[2] 马克思将太平天国运动称为讨伐佛教的运动是有迹可循的。首先，清朝官方信仰佛教是事实，这可以从清朝的皇帝被称为"老佛爷"和清朝大臣都佩戴佛珠看出来，不仅如此，凡是八旗军驻军的地方都被要求建立佛教寺院。其次，太平天国运动以拜上帝会的名义发起，拜上帝会虽然是中西宗教结合的产物，但它名义上尊崇的是西方的基督教。如此看来，太平军与清军之间的战争，确实有宗教战争之实。实际上，在马克思把太平天国运动定性为

1　《马克思恩格斯论中国》，人民出版社，2015，第 122 页。
2　《马克思恩格斯全集》第 13 卷，人民出版社，1998，第 117 页。

具有宗教色彩的战争时，也就否认了它内在的进步性。由此，即便太平军取得胜利，其结果就是一个"新的王朝"。所以，马克思从开始给太平天国运动定性起就认为，这是一场改朝换代式的农民革命。这与他在 1862 年《中国记事》一文中对太平天国运动的定性是完全一致的。他在《中国记事》中是这样说的："中国是被外族王朝统治着。为什么过了三百年不能来一个推翻这个王朝的运动呢？运动一开始就带有宗教色彩，但这是一切东方运动所共有的。""除了改朝换代以外，他们不知道自己负有什么使命。"[1] 我们从马克思这个八年后的对太平天国运动的评论中，看不到与八年前（1854 年）的定性有何区别，"宗教"和"改朝"始终是定性的核心词。

三是关于太平天国运动的影响，马克思始终谈的是"破坏"作用。这种"破坏"作用在国外和国内的表现是不一样的。对国外的"破坏"作用，马克思在《中国革命和欧洲革命》中是沿着这样的思路展开论述的：中国革命引发的社会动荡影响西方列强在中国的市场，进而引发欧洲经济危机，最后引发欧洲政治危机。英国通过鸦片战争在中国开拓新市场后，虽然在最初阶段并没有实现对华贸易的预期，但英国工业品对中国市场逐渐形成依赖却是不争的事实。时至 19 世纪 40 年代，英国已基本完成工业革命，机器生产普及化，工业部门不断膨胀，急需海外市场来消费其不断增加的工业品。鸦片战争后，中国成为英国工业品一个最新的潜在大市场。如果中国市场因为太平天国运动突然缩小的话，必然对英国乃至整个欧洲的经济发展都会产生不利的影响，即马克思所指出的，"如果有一个大市场突然缩小，那么危机的来临必然加速，而目前中国的起义对英国正是会起这种影响"[2]。也就是说，被马克思称为"中国革命"的太平天国运动很有可能引发英国工业危机，而英国一旦爆发工业危机，欧洲其他国家也会相继爆发危机，进而促发欧洲新的革命运动。简言之，"中国革命"

1　《马克思恩格斯论中国》，人民出版社，2015，第 122 页。
2　《马克思恩格斯选集》第 1 卷，人民出版社，2012，第 781 页。

可能引发"欧洲革命"。当然，这只是马克思的期待。至于中国革命最终能否把火星抛到欧洲工业体系这个地雷上，引爆欧洲的经济危机，进而引发欧洲大陆的政治革命，还受其他多种因素的影响，因而马克思也不能下一个绝对性的定论。继《中国革命和欧洲革命》之后，马克思在《欧洲的金融危机。——货币流通史片段》《俄国的对华贸易》《英中条约》《繁荣。——工人问题》《英国工商业的危机》等文章中都谈到了太平天国运动对西方对华贸易以及整个欧洲贸易所造成的影响。关于对国内造成的"破坏"作用，既然马克思认定这场革命是"起义"和"造反"，那么它对中国造成的破坏性影响是可想而知的。在《中国记事》之前的文章中马克思主要是站在欧洲的角度谈太平天国运动，所以并未谈这个运动对中国造成的影响。那么，《中国记事》中的评论足以代表马克思对太平天国运动之于中国影响的整个看法："他们的使命，好像仅仅是用丑恶万状、毫无建设性的破坏来与停滞腐朽对立。"[1] 这句话语气比较重，容易给人造成马克思苛责太平天国运动的印象。应该说，这也是一些学者和读者以《中国记事》一文为依据谈马克思对太平天国运动前后态度不一致的原因。

综上，很难说马克思对待太平天国运动的态度有什么明显的变化，如果说有什么不同的话，主要是评论视角的不同。在《中国革命和欧洲革命》中，马克思将太平天国运动置于世界历史中考察其外部影响，认为其有可能促发欧洲革命；在《中国记事》中，马克思则将太平天国运动置于中国社会发展中考察其内部影响，认为其只是改朝换代，未能给中国社会发展带来革命性的变革。

（三）关于列宁是否正确评价了孙中山及其纲领的问题

中国辛亥革命的爆发无疑引起了列宁的关注，而孙中山作为中国资产阶

1　《马克思恩格斯论中国》，人民出版社，2015，第122页。

级民主革命的领导人更是引发了列宁研究的兴趣。尽管如此，由于忙于应付俄国革命转入低潮时期党面临的各种问题，列宁评价孙中山的文章仅有三篇，其中最主要的一篇也是专门评价孙中山的文章就是1912年7月完成的《中国的民主主义和民粹主义》一文。引起人们注意的一个问题是，列宁把孙中山与民粹主义者联系起来，称孙中山为"中国民粹主义者"，称"孙中山的党"为"激进民粹主义共和党"，在提到孙中山正忙于制订大规模的铁路网计划时还特别备注"请俄国民粹派注意"。有研究者对列宁的这种评价提出了疑问，认为列宁"误读"了孙中山。现就这种观点的几个主要论点，提出一些不同的看法。

一是提出俄国民粹主义者有修正马克思学说的行为不代表把孙中山看成修正主义者。质疑的文章认为，在列宁眼中孙中山是类似于"修正主义"的人，并在探讨原因的时候指出列宁此时正在同修正主义作斗争，而孙中山《中国革命和社会意义》中的思想十分类似于修正主义。那么，事实是不是这样？如果不是，又如何理解？我们首先回到列宁这一时期同修正主义作斗争的标志性文献《马克思主义和修正主义》一文。该文是列宁在1908年4月为纪念马克思逝世25周年写的。列宁提出，马克思主义在它存在的第一个50年中一直同那些与它根本敌对的理论进行斗争并取得了胜利，而在第二个50年的开始马克思主义就同其内部的一个反马克思主义派别进行斗争，这个派别就是修正主义。何为修正主义？列宁指出，对马克思学说的修正就是修正主义。修正主义的鼻祖是爱德华·伯恩斯坦（Eduard Bernstein），前正统马克思主义者。为何会产生修正主义？列宁说："因为在任何资本主义国家里，在无产阶级身旁总是有广泛的小资产者阶层，即小业主阶层。资本主义过去是从小生产中产生的，现在也还在不断地从小生产中产生出来。资本主义必然要重新产生许多'中间阶层'。这些新的小生产者同样必然要被重新抛入无产阶级的队伍。十分自然，小资产阶级世界观也就会不断渗入广大工人政党的队伍。"[1] 俄国民粹主义者正是小资产阶级的代言人，但是他们一开始就是非马克思主义者，他们不追随马克思主义的社会主义，而是信奉"村社社会主义"。然而，随着资本主义在俄国的进一步发展和传统农村公社的日渐衰落，民粹主义者不得不由之前否认俄国资本主义发展的可能性转向承认俄国资本主义已经发展起来。为了应对新情况，民粹主义者在土地问题、纲领问题和策略问题上开始借用马克思的学说来发展他们的理论。正是基于此，列宁指出："甚至在俄国这样一个由于经济落后，由于被农奴制残余所蹂躏的农民占人口大多数而非马克思主义的社会主义自然会支持得最久的国家里，这个非马克思主义的社会主义也清清楚楚地在我们眼前转变成修正主义了。我们的社会人民党人无论在土地问题上（全部土地地方公有化的纲领），或者在纲领和策略的一般问题上，都不断地用对马克思学说的种种'修正'来代替他们的自成系统而同马克思主义根本敌对的旧体系的那些日益消亡、日趋没落的残余。"[2] 俄国民粹主义者用修正过的马克思学说代替他们过去的某些观点，说明马克思的学说在俄国日益被证明是正确的理论，其影响力也在不断扩大。

那么，列宁此处提出修正主义的问题，对日后评价孙中山有影响吗？通读列宁评价孙中山及其纲领的文章，没有看到一个"修正主义"的字眼，除了把孙中山与民粹主义相联系。列宁虽然在《中国的民主主义和民粹主义》中分析了孙中山社会主义思想中的空想成分，并与俄国的民粹主义相提并论，但是列宁对孙中山的肯定还是显而易见的。这种肯定甚至包含在批评性的话语中："试问，孙中山有没有用自己反动的经济理论来捍卫真正反动的土地纲领呢？""没有，——问题也就在这里。中国社会关系的辩证法就在于：中国的民主主义者真挚地同情欧洲的社会主义，把它改造成为反动的理论，并根

---

1 《列宁全集》第17卷，人民出版社，2017，第18—19页。
2 《列宁全集》第17卷，人民出版社，2017，第12—13页。

据这种'防止'资本主义的反动理论制定纯粹资本主义的、十足资本主义的
土地纲领！"[1] 列宁此处用"真挚地同情欧洲的社会主义"来表明孙中山对待
社会主义的态度，这就排除了孙中山故意修正马克思的社会主义学说来为自
己所用的嫌疑，所以他不是修正主义者。另外，列宁在抛出"试问"这个问
题的下一句话还指出自由派假马克思主义面对这个问题往往是不知所措的，
而自由派假马克思主义恰恰属于修正主义范畴。所以，在列宁思想中，孙中
山虽然是民粹主义者但并不是修正主义者。

　　二是把孙中山与俄国民粹主义者相提并论不代表二者必须在所主张的内
容上完全一样。孙中山是中国资产阶级民主革命的先驱，但这并不妨碍他对
社会主义的追求。他"一生都真诚地推崇社会主义，重视并大力宣传社会主
义，殷切地向往社会主义，执着地坚持'天下为公'理论和社会主义方
向"[2]。然而，孙中山的社会主义思想并非来源于科学社会主义，尽管孙中山
对马克思和恩格斯的社会主义学说有所了解，并曾敦促在欧洲的中国留学生
研究《资本论》和《共产党宣言》。就孙中山自己来说，他更倾心于美国人
亨利·乔治（Henry George）的单税社会主义，因为他认为乔治的学说更符合
中国的国情，他在《中国革命的社会意义》中提到的土地税改思想就是受乔
治学说的影响。实际上，孙中山的社会主义情感源于对中国劳动人民的同情，
当他看到欧美资本主义国家的贫富差距、看到工人此起彼伏的罢工，他感到
中国在资本主义尚未发展起来之前可以借助经济革命来避免资本主义之恶，
让全体人民都过上幸福生活。然而，对于实现社会主义需要什么样的条件，
怎样才能实现真正的社会主义，孙中山是没有深入研究的。所以，列宁说他
"在主观上是社会主义者"，这与俄国民粹主义是一致的。俄国民粹主义也是
从善良的主观愿望出发，希望俄国人民能够避遭资本主义之恶，在农村公社

1　《列宁全集》第21卷，人民出版社，2017，第430页。
2　尚明轩：《孙中山与社会主义述论——纪念孙中山先生诞辰150周年》，《河北学刊》2016年第5期。

土地公有制的基础上直接进入社会主义。

此外，列宁还指出孙中山的土地改革计划也具有民粹主义的因素。列宁认为，孙中山把地租交给国家的思想，实际上就是土地国有化的思想。当然，孙中山的土地国有化思想不是从马克思那里获得的而是从美国人乔治那里获得的。然而，土地国有化在资本主义条件下不仅是可能的，而且是最有利于促进资本主义发展的措施。说白了，孙中山拟采取"避免"资本主义的措施，反而会使资本主义得到最迅速的发展。这与俄国民粹主义的土地纲领是一致的。1905年革命爆发后，俄国杜马中的民粹主义者即劳动派，在如何解决俄国土地问题上，提出了土地国有化的口号。但是，他们对土地国有化的认识不是从经济理论的角度出发的，而仅仅是作为一种否定地主土地占有制的措施。换言之，俄国民粹主义者并没有意识到土地国有化会造成资本主义的发展，而是认为实行土地国有化能够使俄国直接走向社会主义。正如列宁指出的："历史的讽刺在于：民粹派为了'防止'农业中的'资本主义'，竟然实行一种土地纲领，它的彻底实现会使农业中的资本主义得到最迅速发展。"[1]

正是基于上述两个层面，列宁说了这样一段话："但是在这位中国民粹主义者那里，这种战斗的民主主义思想首先是同社会主义空想、同使中国避免走资本主义道路即防止资本主义的愿望结合在一起的，其次是同宣传和实行激进的土地改革的计划结合在一起的。后面这两种思想政治倾向正是构成具有独特含义的（即不同于民主主义的、超出民主主义的）民粹主义的因素。"[2] 俄国民粹主义的理论主张当然不止这两个方面，但这两个方面却是俄国民粹主义空想性和反动性的集中体现。如果硬要把孙中山的思想与俄国民粹派的理论一一对比，难免会陷入死板的教条主义泥潭。

---

1 《列宁全集》第21卷，人民出版社，2017，第431页。

2 《列宁全集》第21卷，人民出版社，2017，第428—429页。

三是马克思的"跨越论"与民粹主义的"村社社会主义论"虽形式相似但有本质区别。质疑列宁的文章还认为，马克思晚年关于俄国前途问题的思考很大程度上是赞同民粹主义的，这同孙中山关于避免资本主义危害的思想殊途同归。众所周知，马克思晚年在对俄国前途问题的思考中提出了被后人简称为"跨越论"的理论。实际上，恩格斯早在19世纪70年代同俄国民粹主义者彼得·尼基季奇·特卡乔夫的论战中就初步提出了"跨越"设想，马克思在19世纪80年代回复俄国民粹主义革命家维·伊·查苏利奇的信件中做了完整阐述，随后又写入了《共产党宣言》的俄文版序言："那么试问：俄国公社，这一固然已经大遭破坏的原始土地公共占有形式，是能够直接过渡到高级的共产主义的公共占有形式呢？或者相反，它还必须先经历西方的历史发展所经历的那个瓦解过程呢？""对于这个问题，目前唯一可能的答复是：假如俄国革命将成为西方无产阶级革命的信号而双方互相补充的话，那么现今的俄国土地公有制便能成为共产主义发展的起点。"[1] 实际上，马克思和恩格斯只是提出了一个附加各种条件的设想。结合马克思给查苏利奇的复信草稿，这个设想要成为现实至少需要具备这样几个条件：第一，俄国首先爆发革命，推翻沙皇的专制统治，排除各种破坏村社土地公有制的因素，将公社置于正常的发展条件下；第二，俄国革命引发西方社会主义革命，无产阶级在西方资本主义发达的国家首先实现社会主义，为俄国建立社会主义树立榜样；第三，西方社会主义国家帮助俄国吸收资本主义制度所创造的一切积极成果，诸如使用机器的社会化大生产，进而将俄国村社的原始土地公有制发展到高级的共产主义的公有制。

俄国民粹主义的"村社社会主义"从形式来说也是一种"跨越论"，也是谋求俄国不经过资本主义直接过渡到社会主义的路径。然而，此"跨越"

1　《马克思恩格斯选集》第1卷，人民出版社，2012，第379页。

非彼“跨越”，最大的区别就在于对待资本主义的态度问题上。马克思的“跨越论”遵循历史唯物主义，认为资本主义大生产所创造的物质基础是实现社会主义所必需的，没有生产力的高度发展，社会主义就无从实现。所以，即便在社会制度上跨越了资本主义，但在生产力上是不能跨越的，需要占有资本主义创造的一切积极成果来实现生产力的快速发展。俄国民粹派则从主观愿望出发，只看到资本主义的恶，全然不顾资本主义产生的必然性和历史进步性，不明白资本主义在发展生产力方面是任何前资本主义的生产方式都无法比拟的，也不明白社会主义社会的最终实现需要以生产力的高度发达为物质前提。所以，他们所要实现的村社社会主义，实际上是小生产者的社会主义，是一种违背历史发展潮流的社会，是一种无法使人全面发展的社会。如此看来，二者是有本质区别的。如果说马克思对俄国民粹主义有什么赞同，那至多是赞同他们的探索精神，赞同他们为祖国探寻一条不同于西欧的社会主义发展道路。既然如此，怎能说孙中山的民生主义思想与马克思的设想是殊途同归呢？

三　经典作家“论中国”中重要观点的现实启示

虽然马克思主义经典作家“论中国”主要反映了半殖民地半封建化的中国在发展过程中面临的问题，但是其中包含的关于中国三大发明预告资产阶级社会到来的观点、关于中国革命和欧洲革命两极相联的观点、关于西方列强发动的对华战争是极端不义的战争的观点、关于西方主流报刊充当列强对华政策辩护者的观点、关于中国人民反对外国人的斗争是人民战争的观点、关于中国小农经济已经过时的观点、关于闭关自守是保存旧中国首要条件的观点、关于中国农民需要无产阶级领导的观点、关于中国革命会比俄国具有更多特殊性的观点等，对当代中国的发展特别是民族复兴伟业的推进仍具有十分重要的启示意义。

（一）启示我们要有实现中华民族伟大复兴的信心

2012 年 11 月 29 日，习近平总书记在参观《复兴之路》展览时提出："实现中华民族伟大复兴，就是中华民族近代以来最伟大的梦想。"[1] 由此，实现中华民族伟大复兴成为新时代中国共产党人带领全党全军全国各族人民努力奋斗的目标。那么，何以说实现民族复兴是中华民族近代以来最伟大的梦想？我们又何以能够实现中华民族伟大复兴？马克思和恩格斯关于中国发明的论述给予我们诸多启示。

其一，马克思和恩格斯的论述是对中国人民创造伟力的充分肯定。中华文明是中国人民创造的，中国人民在 5000 年的历史长河中创造了灿烂的中华文明，不仅滋养了一代又一代的中华儿女，还为世界的发展做出了重要贡献。但与西方强制输出资本主义文明不同的是，中华文明对西方的影响是一个润物细无声的过程，以致鸦片战争时期的中国人只知道西方的船坚炮利，却不知道其技术源于中国人民的创造和发明。马克思和恩格斯有关中国发明的论述揭示，如果没有中国人发明的火药、火器、指南针等，西方很难在短时间内走向现代化。然而，迄今国内外仍有很多人不知中国在创造发明上曾领先于世界，更不知中国古代文明在西方现代文明生成中所起的奠基性作用。20世纪 80 年代，美国记者罗伯特·K. G. 坦普尔（Robert K. G. Temple）在《中国：发明与发现的国度——中国科学技术史精华》中指出："迄今为止尚未披露的最大历史秘密之一是，我们所生活的'近代世界'原来是中国和西方成分的极好结合。'近代世界'赖以建立的种种基本发明和发现，可能有一半

1　《习近平谈治国理政》第一卷，外文出版社，2018，第 36 页。

以上源于中国，然而却鲜为人知。"[1] 马克思和恩格斯是较早揭示中国古代文明之于西方现代文明生成意义的理论家，尽管他们并非专门研究中国问题，也没有系统考察过中国古代发明和创造。

其二，马克思和恩格斯的论述证实了中国曾领先于世界的发展事实。迄今仍有不少人以各种方式证明造纸术、印刷术、火药等发明起源于其他国家而非中国。有观点认为，西方人所讲的"三大发明"并非中国"四大发明"中的火药、指南针和印刷术，而是西方人自己发明的火药、指南针和印刷术。还有观点认为，印刷术起源于印度，韩国人发明了金属活字印刷，拜占庭人发明了火药，阿拉伯人发明了指南针，等等。在恩格斯已经逝世一百多年的今天，还有人试图通过散布这些言论来否定古代中国在世界上的地位及其对世界的贡献，实质上是在通过虚无中国的历史成就来宣扬西方优越论。马克思和恩格斯的相关论述早已证明中国古代一些重要发明不仅领先于欧洲，还在促进欧洲社会发展特别是向资本主义过渡方面起着关键性作用。在马克思恩格斯之后，英国著名学者李约瑟博士通过 7 大卷 27 册分卷的《中国科学技术史》这部鸿篇巨制，以最为充分的证据向世人证实中国的科学技术曾领先于世界。从 19 世纪中期的德国人马克思和恩格斯到 20 世纪中期的英国人李约瑟再到 20 世纪后期的美国人坦普尔，他们以各自的方式充分肯定了中国古代发明对世界的贡献，这对于我们了解人类历史进步和发展的真相，特别是古代中国在世界上的地位，具有非常重要的意义。

虽然马克思和恩格斯有关中国古代文明论述不多，但足以使人窥见古代中国在世界上的地位以及对人类社会发展和进步做出的巨大贡献。然而，小农经济社会的繁荣却又成为封建主义制度稳固的基础，从而制约了社会生产力的进一步发展，致使明清之际的中国逐渐落后于西方国家，并最终沦为西

1　〔美〕罗伯特·K.G. 坦普尔：《中国：发明与发现的国度——中国科学技术史精华》，陈养正、陈小慧、李耕耕等译，21 世纪出版社，1995，第 11 页。

方列强殖民侵略的对象。正是从这个时候起，实现中华民族伟大复兴成了中国人民的梦想。为实现民族独立和人民解放，近代中国人民在长达百余年的艰难岁月中上下求索、顽强斗争，最终在中国共产党的领导下推翻了"三座大山"，实现了真正的新生。不过，这对于实现中华民族伟大复兴来说，仅仅是第一步即"站了起来"。中华人民共和国成立后，中国共产党人带领人民群众先是通过三大改造完成社会主义革命，后又积极探讨社会主义建设方案，最终通过改革开放成功开辟中国特色社会主义道路。经过三十多年的改革开放，中国完成了实现中华民族伟大复兴的第二步即"富了起来"。这两步为实现中华民族伟大复兴奠定了最为坚实的制度基础和物质基础。党的十八大以来，以习近平同志为核心的党中央审时度势，将实现中华民族伟大复兴的任务提上议事日程，并确定为新时代的奋斗目标。习近平总书记强调指出："现在，我们比历史上任何时期都更接近实现中华民族伟大复兴的目标，比历史上任何时期都更有信心、有能力实现这个目标。"[1] 在奋力实现中华民族伟大复兴的新征程上，马克思和恩格斯对中国古代文明对世界文明所做贡献的肯定，不仅能够进一步坚定我们实现中华民族伟大复兴的决心，还能够进一步增强实现中华民族伟大复兴的信心。

（二）启示我们要在新时代为世界作出新的更大的贡献

在党的二十大报告上，习近平总书记强调指出："科学社会主义在二十一世纪的中国焕发出新的蓬勃生机，中国式现代化为人类实现现代化提供了新的选择，中国共产党和中国人民为解决人类面临的共同问题提供更多更好的中国智慧、中国方案、中国力量，为人类和平与发展崇高事业作出新的更大的贡献！"[2]

---

[1]　《习近平谈治国理政》第二卷，外文出版社，2018，第50页。
[2]　习近平：《高举中国特色社会主义伟大旗帜　为全面建设社会主义现代化国家而团结奋斗——在中国共产党第二十次全国代表大会上的报告》，人民出版社，2022，第16页。

这是坚持胸怀天下的中国共产党在领导中国人民积极主动地为人民谋幸福、为民族谋复兴、为世界谋大同，充分彰显了新时代中国特色社会主义的世界意义。马克思主义经典作家有关中国革命对亚洲、欧洲的影响的论述则有助于我们在新时代新征程的实践中为人类和平与发展作出新的更大的贡献。

其一，马克思关于中国革命和欧洲革命"两极相联"的观点揭示了落后国家也可以促进先进国家的发展。中国历史悠久，自古以来就在世界上发挥着举足轻重的作用。德国古典哲学家黑格尔曾强调，历史必须从中华帝国说起，因为中国是最古老的国家。所以，早在资产阶级将一个个孤立的民族史连接成为世界历史之前，中国这个远在东亚的大国就已在欧洲广为人知，尤其是在中国精美的丝绸经西域传到欧洲后，欧洲人对中国这个神秘的东方大国充满了各种遐想。后来，由于与西方在发展模式上的差异，中国在明清之际开始落后于西方国家，到清朝后期则沦为西方列强殖民侵略的对象。尽管如此，马克思还是从"两极相联"的视角考察了中国革命在促进欧洲社会发展和进步方面产生的积极作用。在当代，经济全球化的深入发展将不同民族、不同国家、不同文明纳入一个共同体中，使之相互间形成密切的联系，诚如习近平总书记所指出的，"越来越成为你中有我、我中有你的命运共同体"[1]。以马克思主义为指导、践行无产阶级历史使命的中国共产党人，在为中国人民谋幸福、为中华民族谋复兴的同时，主动承担起为人类作出新的更大贡献的使命，坚持为人类谋进步、为世界谋大同，体现了中国共产党坚持胸怀天下的崇高情怀。进入中国特色社会主义新时代以来，日益走近世界舞台中央的中国，更加积极主动地为全人类的发展作贡献，从提出文明交流互鉴的新型文明观，到发出构建人类命运共同体的倡议，再到开创中国式现代化的人类文明新形态，不断地贡献中国智慧、中国方案、中国力量。

---

1 《习近平谈治国理政》第一卷，外文出版社，2018，第272页。

其二，列宁关于中国革命具有世界意义的观点再次肯定了中国在促进世界发展中的作用。20世纪初，中国人民进一步觉醒，并在1911年发动了震惊中外的辛亥革命。列宁将中国革命置于世界历史视域下，提出中国革命不仅将给亚洲带来解放，还将破坏欧洲资产阶级的统治。这是一个在努力寻求自身解放的民族对世界做出的贡献。在百余年后的今天，中国虽然仍是人口大国却早已不再是昔日那个贫穷落后的弱国，中国对世界的贡献越来越大。一方面，中国式现代化新道路为世界上诸多发展中国家实现现代化提供了新方案和新选择。自中华人民共和国成立以来，中国在发展的过程中，从来没有像西方传统大国那样走殖民扩张的道路，而是始终走和平发展的道路。这就表明，实现现代化的道路是多样的，相比西方式现代化道路，中国式现代化道路对人类社会的发展更有意义。当前，中国特色社会主义已经进入新时代，这"意味着中国特色社会主义道路、理论、制度、文化不断发展，拓展了发展中国家走向现代化的途径，给世界上那些既希望加快发展又希望保持自身独立性的国家和民族提供了全新选择，为解决人类问题贡献了中国智慧和中国方案"[1]。另一方面，越来越走近世界舞台中央的中国在外交中致力于推动构建人类命运共同体。传统的国际关系是西方大国主导的一种弱肉强食、你输我赢型的国际关系。在这样的国际关系中，小国、弱国没有话语权，大国、强国相互间也是尔虞我诈，最终形成一种零和博弈，不利于人类社会的发展和进步。实际上，在经济全球化的作用下，国与国之间的联系越来越密切，越来越成为你中有我、我中有你的命运共同体。基于这一认知高度，新时代中国共产党人提出应该构建一种新型的国际关系。习近平总书记指出："面对国际形势的深刻变化和世界各国同舟共济的客观要求，各国应该共同推动建立以合作共赢为核心的新型国际关系，各国人民应该一起来维护世界和

---

[1] 《习近平谈治国理政》第三卷，外文出版社，2020，第8—9页。

平、促进共同发展。"[1] 从提出共建"一带一路"倡议到在全球抗疫中充分发挥大国担当的作用再到提出全球安全倡议等，中国以实际行动引领和推动新型国际关系的构建。

（三）启示我们要更好推动我国人权事业全面发展

2020 年 9 月，习近平主席在同德国欧盟领导人共同举行会晤时强调指出："世界上没有放之四海而皆准的人权发展道路，人权保障没有最好，只有更好。各国首先应该做好自己的事情。相信欧方能够解决好自身存在的人权问题。中方不接受人权'教师爷'，反对搞'双重标准'。中方愿同欧方本着相互尊重的原则加强交流，共同进步。"[2] 关于西方国家的"双标"行为，马克思主义经典作家在"论中国"中就已经做了充分的揭露和批判。

人权是资产阶级思想家在反对封建主义专制统治的斗争中首先提出来的，但是作为政治概念的人权不是只有资产阶级人权这一种形态。资产阶级人权的狭隘性，在资本的对外扩张中表现得淋漓尽致。资产阶级宣称人的生命权、自由权、财产权等权利是自然权利，不可侵犯，且应当受到政府的保护。然而，它们在征服落后民族和国家的过程中，却烧杀抢掠这些地区的人民，剥夺无辜民众的生命，毁坏他们的财物，使他们的人权横遭侵犯。而在被侵犯民族的人民奋起反抗时，充当资产阶级喉舌的西方报刊们却从道德层面横加指责。这充分暴露了西方在对外交往中的"双标"行为。马克思、恩格斯和列宁在"论中国"中揭露，从非法的鸦片贸易到第一次世界大战，中国人民饱受列强的欺凌和压榨，面对中国人民的奋起反抗，西方各国政府及其报刊却大肆渲染中国人的"暴行"（实为反侵略斗争），谴责中国人不道德，诋毁"黄种人仇视欧洲人"。这种"双重标准"体现出资产阶级人权极端的利己主义本质。

1　《习近平谈治国理政》第一卷，外文出版社，2018，第 273 页。
2　《习近平同德国欧盟领导人共同举行会晤》，《人民日报》2020 年 9 月 15 日。

　　然而，时至今日，西方资本主义国家在人权问题上依然没有超出利己主义的窠臼。其中，最为典型的莫过于西方某些国家在国内人权问题状况日益恶化的同时却指责中国人权。如，20世纪70年代以来，美国政府把自己装扮成人权的代表，充当世界人权法官，调查他国人权问题，出版年度《国别人权报告》，对他国的人权状况评头论足。与指责他国人权状况形成鲜明对比的是，美国政府却闭口不提自身日益恶化的人权问题。

　　中国人权事业起步晚，这是由历史造成的。在1840年至1949年的百余年间，中国人民在帝国主义、封建主义和官僚资本主义的压迫下，连最为基本的生存权和发展权都没有，更别提其他权利，所以毫无人权可言。直到1949年中华人民共和国的成立，中国的人权事业才开始起步，晚于西方国家300年。尽管如此，我们在70多年的时间里，实现了人权事业从零起步到全面发展的伟大转变。首先，中华人民共和国的成立，实现和捍卫了真正完全的民族解放和国家独立，为中国人民的生命、自由和人身安全提供了根本保障，为中国人民各项权利得到有效保障和不断发展创造了根本条件。[1] 其次，改革开放极大地解放和发展了社会生产力，为人民生存权、发展权和其他各项基本权利提供了切实的物质保障。在为中国人权不断提供物质保障的同时，中国共产党在改革开放的过程中不断扩展人权内涵，并将其载入党的章程，确立为党的执政主张。1997年，党的十五大明确指出，"保证人民依法享有广泛的权利和自由，尊重和保障人权"；2002年，"尊重和保障人权"作为社会主义政治文明建设的重要目标写入党的十六大报告；2007年，党的十七大报告进一步指出要"尊重和保障人权，依法保证全体社会成员平等参与、平等发展的权利"；同年，"尊重和保障人权"首次载入《中国共产党章程》。[2] 在中国特色社会主义新时代，以

---

　　[1]　中华人民共和国国务院新闻办公室：《为人民谋幸福：新中国人权事业发展70年》，人民出版社，2019，第4页。

　　[2]　中华人民共和国国务院新闻办公室：《为人民谋幸福：新中国人权事业发展70年》，人民出版社，2019，第6页。

习近平同志为核心的党中央，立足于新时代中国特色社会主义发展的新高度，推动中国人权事业全面发展。全面建成小康社会将切实尊重和保障人权确立为重要目标，全面深化改革为人民充分享有经济、政治、文化、社会和环境权利提供切实的物质保障，全面依法治国为人权提供全面的法治保障，全面从严治党则为人权事业的全面发展提供强有力的政治保障。

人权是历史的因而也是具体的，抛开具体的历史条件，抽象地谈论人权是毫无意义的。回顾中国人权事业的发展历程和所取得的成就，我们不难发现，走社会主义发展道路的中国在发展人权事业方面更具有优越性，我们在短短几十年中所取得的成就已经超过西方几百年所取得的成就。美西方国家无视自身存在的各种人权问题，却以人权为借口对中国的一些问题特别是涉港、涉疆问题指手画脚，干涉中国内政，充分暴露出资本主义人权的利己性。

（四）启示我们要坚持在对外开放中推进社会主义现代化

在党的二十届三中全会上，习近平总书记强调指出："开放是中国式现代化的鲜明标识。必须坚持对外开放基本国策，坚持以开放促改革，依托我国超大规模市场优势，在扩大国际合作中提升开放能力，建设高水平开放型经济新体制。"[1] 马克思和恩格斯对旧中国闭关自守和"开放"问题的考察，特别是关于闭关自守是保存旧中国首要条件的思想，有助于我们深入理解习近平总书记关于对外开放的重要论述，在对外开放中推进中国特色社会主义强国事业、民族复兴伟业。

其一，开放是进步的内在要求，推进中国特色社会主义现代化事业必须坚持对外开放。清朝前期因政治原因而闭关自守，却因闭关自守而逐渐落后于西方社会。落后就要挨打，近代中国人民饱尝被侵略和因之而来的被迫开

1　《中共中央关于进一步全面深化改革　推进中国式现代化的决定》，人民出版社，2024，第25页。

放之苦。马克思和恩格斯也指出，与文明世界隔绝曾是保存旧中国的首要条件。所以，中国要进步必须对外开放，以开放促发展。这不仅是历史的经验和教训，也是经济社会发展规律的内在要求。马克思主义认为，万事万物都是变化发展的，而变化发展是由普遍联系引起的，这种联系不仅包括事物内部成分间的联系还包括与其他事物间的联系。因此，对于一个社会的发展来说，人为地隔断与外界的联系，或者拒绝从外界获取有利于自身发展的因素，对其发展都是极其不利的。当代中国 40 多年改革开放的实践证明，中国经济发展的巨大成就是在开放的条件下取得的。然而，近些年来随着国内国际形势的变化，特别是在中国成为世界第二大经济体后，中国对外开放的总体水平与在世界经济中所扮演的新角色不相匹配。所以，中国经济在当前和未来要实现高质量发展必须在更高水平的开放条件下进行，这也是习近平总书记提出的"开放发展理念"之立足点。习近平总书记在党的十九大报告中强调指出："开放带来进步，封闭必然落后。中国开放的大门不会关闭，只会越开越大。"[1] 虽然当前国际贸易形势较为复杂，经济全球化也会产生一定的负面影响，但不能因此反对对外开放或者反对全面对外开放。任何事物都具有两面性，我们需要的是能够在尽可能地发挥对外开放积极作用的同时，有效应对其消极作用并将其控制在最小限度内。

其二，开放的目的是促发展，中国必须奉行互利共赢的开放战略。马克思和恩格斯时期中国的"开放"不是自我寻求发展的结果，而是战争的产物，是一个战败国的无奈之举，因此对于当时的中国而言仅仅是为了开放而开放。这种开放建立在不平等条约之上，从开始就意味着中国在与西方国家的经济贸易和文化交往中处于被动地位，无能也无法保护本国经济利益不受侵害。虽然马克思和恩格斯历史唯物主义地肯定"开放"在加速旧中国解体

1　习近平：《决胜全面建成小康社会　夺取新时代中国特色社会主义伟大胜利——在中国共产党第十九次全国代表大会上的报告》，人民出版社，2017，第 34 页。

方面具有积极作用，但它所起的仅仅是"破坏"作用，仅仅是打破和扰乱旧中国的一切，没有任何的重建。马克思曾在评价印度社会发展问题时说："在印度人自己还没有强大到能够完全摆脱英国的枷锁以前，印度人是不会收获到不列颠资产阶级在他们中间播下的新的社会因素所结的果实的。"[1] 任何一个主权完整和独立的国家实行对外开放的根本目的都是促进社会的发展，如果不以发展为目的，仅仅是为了开放而开放，任由外来的商品和思想文化输入，其后果是不堪设想的。同时，也要积极地"走出去"，充分利用世界资源和世界市场促进本国经济的进一步发展。当代中国的对外开放，不仅以促进自身发展为目的，还更进一步地谋求各国共同发展，完全超越了资本主义式对外开放。2018 年 11 月 5 日，国家主席习近平在首届中国国际进口博览会开幕式上的主旨演讲中强调指出："人类社会要持续进步，各国就应该坚持要开放不要封闭，要合作不要对抗，要共赢不要独占。在经济全球化深入发展的今天，弱肉强食、赢者通吃是一条越走越窄的死胡同，包容普惠、互利共赢才是越走越宽的人间正道。"[2] 在党的二十大报告中，习近平总书记进一步指出："中国坚持对外开放的基本国策，坚定奉行互利共赢的开放战略，不断以中国新发展为世界提供新机遇，推动建设开放型世界经济，更好惠及各国人民。"[3] 这是在全面建设社会主义现代化国家新征程对中国坚定奉行互利共赢开放战略的再一次宣示，为推动世界在开放中发展提供了中国方案。

其三，开放须审时度势，制定既顺应国际形势又合乎中国需求的具体政策。从马克思和恩格斯关于中国"开放"问题的论述中，我们可以看出，虽然开放是进步的内在要求，但是鸦片战争时期的开放模式是失败的，也是任何一个主权独立的国家所不能接受的。从开放主体的态度看，开放既可以是

1　《马克思恩格斯选集》第 1 卷，人民出版社，2012，第 861 页。
2　《习近平谈治国理政》第三卷，外文出版社，2020，第 202 页。
3　习近平：《高举中国特色社会主义伟大旗帜　为全面建设社会主义现代化国家而团结奋斗——在中国共产党第二十次全国代表大会上的报告》，人民出版社，2022，第 61 页。

主动的又可以是被动的；从开放的程度看，开放既可以是质的提升又可以是单纯量的扩张；从开放的效果看，开放既可以是积极的又可以是消极的。鸦片战争时期的中国在西方列强的武力胁迫下极不情愿地被裹挟到资本主义世界经济体系中，任由外来商品和资本充斥中国市场。这种被动式的甚至是奴隶式的开放，尽管在客观上似乎产生了一些积极作用，但总体上是弊大于利，严重损害民族国家的根本利益。虽然后来的洋务运动致力于"师夷长技"，但也仅仅停留于"技"之末而非"技"之本。中华人民共和国成立后，由于种种原因，中国在与世界的关系方面，基本上是"一边倒"，即倒向苏联一个国家，从而在封闭半封闭的环境中艰辛探索社会主义建设之路。直到改革开放之后，中国才进入全方位对外开放阶段。然而，随着对外开放的不断推进，一些矛盾和问题也日益凸显，譬如贸易摩擦频发、国际分工地位低、国际竞争力低、外贸依存度高、区域布局不合理，等等。直面这些矛盾和问题，习近平总书记强调中国开放的大门不会关闭，只会越开越大。但是，中国特色社会主义新时代的对外开放是高水平对外开放，以期通过发展更高层次的开放型经济，更好地顺应世界潮流，更有效地应对各种贸易谈判，更好地推动国内经济的高质量发展。党的二十大更是就如何推进高水平对外开放做出了明确部署，从而为新时代新征程的开放发展提供了行动指南。

（五）启示我们要重视并加快推进农业农村现代化

2020年10月，习近平总书记在党的十九届五中全会第二次全体会议上的讲话中强调指出："实现农业农村现代化是全面建设社会主义现代化国家的重大任务，是解决发展不平衡不充分问题的必然要求。"[1] 因此，回顾马克思主义经典作家关于中国小农经济和中国农民的论述，有助于我们在中国特色社

1　《习近平谈治国理政》第四卷，外文出版社，2022，第158页。

会主义新时代加快推进农业农村现代化。

其一，经典作家关于中国小农经济已经过时的观点启示我们要加快推进农业现代化。马克思和恩格斯对中国传统小农经济持否定和批判态度的首要原因是，这种占统治地位的宗法式的小生产早已成为中国社会发展和进步的制约因素。尽管当代中国的小农经济是中国特色社会主义小农经济，但其现有的经营方式还是满足不了社会主义现代化的要求。众所周知，实现社会主义现代化并到本世纪中叶全面建成社会主义现代化强国是我们当前的奋斗目标。要实现这一奋斗目标，就必须贯彻新发展理念，建设现代化经济体系。其中，农业与现代化经济体系相去甚远，成为制约中国经济发展的一大短板。党中央高度重视农业现代化在解决"三农"问题和推进社会主义现代化建设中的重要作用，从 2007 年 1 月 29 日颁布的《中共中央 国务院关于积极发展现代农业 扎实推进社会主义新农村建设的若干意见》到 2016 年 1 月 27 日颁布的《中共中央 国务院关于落实发展新理念加快农业现代化实现全面小康目标的若干意见》，一再强调要促进农业现代化并做出具体的部署。党的十九大报告再次指出："构建现代农业产业体系、生产体系、经营体系，完善农业支持保护制度，发展多种形式适度规模经营，培育新型农业经营主体，健全农业社会化服务体系，实现小农户和现代农业发展有机衔接。"[1] 其中，最为关键的就是将小农户引入现代农业发展轨道。因为，当代中国的农业在很大程度上依然是小农经济，其经营主体依然是以家庭为生产单位的小农户，而小农户经营的农业既没有规模效益又缺乏技术含量，对农业现代化形成极大的制约。在 2022 年 12 月 23 日的中央农村工作会议上，习近平总书记就如何推进农业农村现代化问题作重要指示，并且强调指出："强国必先强农，农强方能国强。没有农业强国就没有整个现代化强国；没有农业农村现代化，社会

1　习近平：《决胜全面建成小康社会　夺取新时代中国特色社会主义伟大胜利——在中国共产党第十九次全国代表大会上的报告》，人民出版社，2017，第 32 页。

主义现代化就是不全面的。"[1]

　　实际上，推进农业现代化也是社会主义的内在要求。马克思、恩格斯在对资产阶级社会进行批判的基础上构建起一个全新的社会即共产主义社会。共产主义社会是自由人联合体，在这样一个联合体中每个人都能自由而全面地发展。但共产主义社会的实现是一个渐进发展的过程，是生产力和生产关系由不发达到高度发达、由地域性发展到世界性普遍发展的过程。而中国特色社会主义小农经济虽然带有社会主义的若干特征，并且依照现阶段的基本国情，小农经济仍然在社会中发挥着重要作用，但从社会化大生产的角度看，我们不能满足于并长久地停留于小农经济。从生产方式上讲，所有的小农经济都存在经营规模小、分工不发达和劳动生产率低下的特点。这与实现共产主义社会所要求的社会化大生产是不相符合的。所以，随着中国社会生产力的不断提高，我们需要以先进的生产方式逐步改造中国特色社会主义小农经济，使其最终走上社会化大生产的发展道路。当然，这并非意味着要照搬美国农场式的抑或西方其他哪个国家的农业现代化模式，因为它们的农业现代化模式建立在生产资料私有制基础上，与我国的基本国情不相符。习近平总书记强调指出："我们要建设的农业强国、实现的农业现代化，既有国外一般现代化农业强国的共同特征，更有基于自己国情的中国特色。"[2] 所以，我们需要在当前的土地集体所有制和家庭承包责任制的基础上探索新型现代农业生产模式。如，湖北沙洋县农民在家庭之间实现土地调整连片耕作；苏北的农民推广"联耕联种"机制[3]；等等。

　　其二，经典作家对中国农民革命局限性的分析启示我们在农业农村现代化的过程中要不断提升农民的思想文化素质。前资本主义社会中的农民与小

1　习近平：《加快建设农业强国　推进农业农村现代化》，《求是》2023 年第 6 期。
2　习近平：《加快建设农业强国　推进农业农村现代化》，《求是》2023 年第 6 期。
3　参见杨华《论中国特色社会主义小农经济》，《农业经济问题》2016 年第 7 期。

生产相联系，因而被称为小农。小生产曾经在人类社会发展的历史长河中扮演极其重要的角色，撑起了人类几千年的文明。尽管如此，小生产在劳动生产率上远不能与社会化大生产相比拟。也正是基于这一点，马克思、恩格斯在《共产党宣言》中充分肯定资产阶级在创造生产力方面的巨大贡献，赞其在不到一百年的阶级统治中所创造的生产力已经超过了过去一切世代创造的全部生产力。社会存在决定社会意识，小农的思想不会超越中世纪的、宗法式的思想范畴。所以，太平天国农民运动虽声势浩大，却依然囿于改朝换代；第一次鸦片战争时期的农民虽向往和平家园，却不懂得积极主动参加反侵略斗争的重要性。但这并非意味着农民不能推动社会的发展，而是说农民需要有先进阶级的领导和先进思想的指导。中国新民主主义革命能够取得胜利，主要就在于有了无产阶级及其政党的领导，有了马克思主义理论的指导。这表明，尽管由于各种历史的和现实的原因，农民在思想认识上落后于工人阶级，不能独立地开展民主革命，但只要有先进阶级的领导就能够在落后国家的社会革命和建设中发挥出主力军作用。

在中国特色社会主义新时代，需要在繁荣发展乡村文化中提升农民的思想文化素质。邓小平曾强调指出："我国百分之八十的人口是农民。农民没有积极性，国家就发展不起来。"[1] 所以，中国的改革开放首先从农村农业开始，极大地调动了农民的生产积极性。但是，要充分发挥农民群众在中国特色社会主义现代化建设事业中的作用，还需要注重提升农民的思想文化素质。农民是否掌握科学的农业生产技术，是否理解国家有关农村、农业和农民问题的方针政策，是否懂得销售农产品的方式方法，等等，这些直接关系到农民和农村的发展以及农民生活水平的提高，尤其是在中国特色社会主义新时代，在农业现代化已经成为必然趋势的当下。当然，经过改革开放40多年的

1　《邓小平文选》第三卷，人民出版社，1993，第213页。

发展，中国农村早已发生翻天覆地的变化，农民面貌也是焕然一新。但是，相对于农民在物质生活上的提升，相对于城市居民的思想文化素质，农民在精神文化层面还有很大的提升空间。虽然与改革开放初期相比，农民人口占全国总人口的比重已经大大下降，但仍然是有着 5 亿人口的一个庞大群体，且农业农村的现代化也主要依靠这些农民。所以，繁荣发展乡村文化，提升农民思想文化素质已经成为新时代"三农"工作的一个重要方面。

党的十八大以来，党和国家高度重视繁荣发展乡村文化和提升农民思想文化素质工作。2013 年中共中央、国务院印发的《中共中央 国务院关于加快发展现代农业进一步增强农村发展活力的若干意见》强调，要"切实加强农村精神文明建设，深入开展群众性精神文明创建活动，全面提高农民思想道德素质和科学文化素质"[1]。2018 年中共中央、国务院印发的《乡村振兴战略规划（2018—2022 年）》对如何"繁荣发展乡村文化"做了具体的部署，包括加强农村思想道德建设、弘扬中华优秀传统文化、丰富乡村文化生活等。2024 年，党的十八大以来第 12 个指导"三农"工作的中央一号文件对"繁荣发展乡村文化"做出新部署，把繁荣发展乡村文化作为提升乡村治理水平的重要任务来抓，提出"推动农耕文明和现代文明要素有机结合，书写中华民族现代文明的乡村篇"[2] 这一新要求新任务。随着农业强国建设的加快和农业农村现代化的推进，新时代中国农民的思想文化素质必将有进一步的提升，农民思想文化素质的进一步提升又有助于促进社会主义现代化强国建设。

（六）启示我们要走好新时代党的群众路线

2024 年 7 月，习近平总书记在党的二十届三中全会上强调指出："走好

1　《十八大以来重要文献选编》（上），中央文献出版社，2014，第 107 页。
2　《中共中央 国务院关于学习运用"千村示范、万村整治"工程经验有力有效推进乡村全面振兴的意见》，《人民日报》2024 年 2 月 4 日。

新时代党的群众路线，把社会期盼、群众智慧、专家意见、基层经验充分吸收到改革设计中来。"[1] 群众路线之于党的重要作用，可以从恩格斯关于清朝政府和人民关系的评论中以及列宁对"孙中山的党"的弱点的分析中得到深刻的启示。

恩格斯注意到，第一次鸦片战争时期中国人民保持平静，让皇帝的军队去同侵略者作战。不论造成这一现象的原因是什么，它都暴露了一个问题，即清朝统治者看不到人民群众的力量，根本没有动员人民群众参加反侵略斗争。这说明，没有人民群众广泛参与的反侵略斗争不可能达成以弱胜强的效果。列宁则在充分肯定"孙中山的党"的进步性的同时指出这个党的弱点是不能充分地吸引中国广大人民群众参加革命，从而揭示了辛亥革命未能改变中国半殖民地半封建性质的原因。从恩格斯到列宁都揭示了依靠人民群众开展民族民主革命的重要性。

马克思主义认为，人民群众是历史的创造者，只有依靠人民群众才能创造历史伟业。以马克思主义为思想武器的中国共产党人，深刻认识到人民群众在社会革命和发展中的重要作用，始终坚持走群众路线。毛泽东在谈农民文化运动时指出："中国历来只是地主有文化，农民没有文化。可是地主的文化是由农民造成的，因为造成地主文化的东西，不是别的，正是从农民身上掠取的血汗。"[2] 也就是说，在旧社会，农民虽然没有文化，却为地主文化的生成创造了物质前提。1942 年 5 月，在延安文艺座谈会上，毛泽东进一步指出，人民生活是"一切文学艺术的取之不尽、用之不竭的唯一的源泉"[3]。这从文学艺术生成的角度进一步肯定了人民群众是历史的创造者。既然人民群众创造历史，中国的革命和建设就应该依靠人民群众。

1　《中共中央关于进一步全面深化改革　推进中国式现代化的决定》，人民出版社，2024，第44页。
2　《毛泽东选集》第一卷，人民出版社，1991，第39页。
3　《毛泽东选集》第三卷，人民出版社，1991，第860页。

为此，毛泽东强调指出："革命战争是群众的战争，只有动员群众才能进行战争，只有依靠群众才能进行战争。"[1] 他还进一步指出，在革命战争中，千百万真心实意地拥护革命的群众才是"真正的铜墙铁壁"，是"什么力量也打不破的"[2]。那么，怎样才能取得群众的信任、支持和拥护？毛泽东说："一切群众的实际生活问题，都是我们应当注意的问题。假如我们对这些问题注意了，解决了，满足了群众的需要，我们就真正成了群众生活的组织者，群众就会真正围绕在我们的周围，热烈地拥护我们。"[3] 基于如此深刻的群众史观，中国共产党坚持走群众路线，最终领导中国人民实现了中华民族的独立和人民的解放。

革命需要人民群众，建设和改革同样离不开人民群众。习近平总书记在谈及中国改革开放 40 年取得的历史性成就时指出："40 年来取得的成就不是天上掉下来的，更不是别人恩赐施舍的，而是全党全国各族人民用勤劳、智慧、勇气干出来的！"[4] 在中国特色社会主义新时代，民族复兴伟业依然要依靠人民群众创造。一方面，民族复兴梦归根到底是人民的梦。从鸦片战争到中华人民共和国成立，中华民族经历了"国家蒙辱、人民蒙难、文明蒙尘"的百年屈辱史。可以说，从鸦片战争开始，实现中华民族伟大复兴就成了中国人民和中华民族最伟大的梦想。只有实现民族复兴，才能为人民的美好生活奠定坚实的物质基础。另一方面，民族复兴伟业是人民共同的事业。回顾我们党的百余年奋斗史和取得的历史性成就，我们之所以能够取得一个又一个的胜利，从根本上说在于广大人民群众的支持。中华民族伟大复兴是一项十分艰巨的历史伟业，不是少数人能够完成的，需要人民群众勠力同心、共同奋斗。

1　《毛泽东选集》第一卷，人民出版社，1991，第 136 页。
2　《毛泽东选集》第一卷，人民出版社，1991，第 139 页。
3　《毛泽东选集》第一卷，人民出版社，1991，第 137 页。
4　习近平：《在庆祝改革开放 40 周年大会上的讲话》，人民出版社，2018，第 19 页。

在中国特色社会主义新时代，只有"深刻认识人民群众是历史发展和社会进步的主体力量，紧紧依靠人民创造历史伟业"[1]，才能实现"两个一百年"奋斗目标、实现中华民族伟大复兴。而要依靠人民，充分调动亿万人民的积极性、主动性和创造性，就必须坚持以人民为中心，将实现中华民族伟大复兴的奋斗目标同人民对美好生活的向往结合起来，不断为人民造福。为此，党的二十大将"坚持以人民为中心的发展思想"列为前进道路上必须牢牢把握的五个重大原则之一，提出"维护人民根本利益，增进民生福祉，不断实现发展为了人民、发展依靠人民、发展成果由人民共享，让现代化建设成果更多更公平惠及全体人民"[2]。

（七）启示我们要进一步增强改革的积极性和主动性

2018 年 12 月 18 日，习近平总书记在庆祝改革开放 40 周年大会上的讲话中指出："改革开放是我们党的一次伟大觉醒，正是这个伟大觉醒孕育了我们党从理论到实践的伟大创造。改革开放是中国人民和中华民族发展史上一次伟大革命，正是这个伟大革命推动了中国特色社会主义事业的伟大飞跃！"[3]对于社会主义的中国来说，改革的实质是中国特色社会主义制度的自我完善和发展，但它对我国社会生活的影响是广泛且深刻的，特别是极大地解放和发展了生产力，因而是一场革命性的变革。马克思主义经典作家虽然未提到也不可能提到社会主义改革问题，但他们在"论中国"中的相关论述，对于我们进一步增强改革的积极性和主动性具有十分重要的启示意义。

其一，经典作家对中国自觉的民主运动的期待启示我们只有积极变革与

1　中共中央宣传部编：《习近平新时代中国特色社会主义思想学习纲要》，学习出版社、人民出版社，2019，第 42 页。
2　习近平：《高举中国特色社会主义伟大旗帜　为全面建设社会主义现代化国家而团结奋斗——在中国共产党第二十次全国代表大会上的报告》，人民出版社，2022，第 27 页。
3　习近平：《在庆祝改革开放 40 周年大会上的讲话》，人民出版社，2018，第 4 页。

生产力发展要求不相符的生产关系才能促进社会的发展和进步。列宁之所以期待中国"旧式的造反"转变为"自觉的民主运动",是因为只有真正的革命才能从根本上变革一切陈旧的社会关系,才能解放和发展生产力,才能使中国从传统社会过渡到现代社会。中国共产党领导的新民主主义革命和社会主义革命的伟大胜利给中国带来的翻天覆地的变化早已验证了经典作家的观点。那么,已经完成社会主义革命并建立起社会主义基本制度的国家还需要革命吗?中国改革开放总设计师邓小平创造性地提出,改革也是一场革命,是一场解放生产力的革命。党的十八大以来,以习近平同志为核心的党中央,把改革开放视为党和人民事业大踏步赶上时代的重要法宝,在新的历史条件下进一步以改革开放推动中国特色社会主义的发展。党的十八届三中全会开启了新时代全面深化改革、系统整体设计推进改革新征程,开创了我国改革开放的全新局面。经过十年的全面深化改革,党的十八届三中全会确定的改革任务已总体完成,实现了到党成立一百周年时各方面制度更加成熟更加定型取得明显成效的目标。但是改革开放只有进行时,没有完成时。立足于全面建设社会主义现代化国家新征程的中心任务,习近平总书记强调指出:"全党必须自觉把改革摆在更加突出位置,紧紧围绕推进中国式现代化进一步全面深化改革。"[1] 为此,党的二十届三中全会研究了进一步全面深化改革、推进中国式现代化问题,明确了进一步全面深化改革的指导思想、总目标、原则,提出了进一步全面深化改革的重大举措,并基于党的领导在进一步全面深化改革、推进中国式现代化中的根本保证作用,对党的领导水平提出了更高的要求,从而为全党全国各族人民在新时代新征程上进一步全面深化改革提供了行动指南。

其二,经典作家对中国旧社会制度的否定和对新社会制度的期待启示我们

---

[1] 《中共中央关于进一步全面深化改革 推进中国式现代化的决定》,人民出版社,2024,第3页。

要通过改革不断地完善中国特色社会主义制度。马克思恩格斯时期的中国虽然在外来资本主义的入侵下逐渐半封建化，新的社会因素也逐渐生成，但总体上还是一个封建落后的国家，因此被称为 "旧中国"。马克思和恩格斯基于当时的历史条件，能够展望的是 "旧中国的死亡" 和 "共和国" 的诞生。他们期待中国小农经济结构及整个封建社会制度的瓦解，并代之以新的社会制度。列宁在中华民国遭遇困境时仍坚信世界上的任何力量也不能恢复亚洲的奴隶制度，并在十月革命胜利后基于世界形势的新变化，创造性地提出中国等落后国家有可能不经历资本主义发展阶段直接建立过渡到苏维埃制度的观点。经典作家对中国旧社会制度的否定和对新社会制度的期待，对于新时代中国特色社会主义制度的完善既是鞭策又是动力。任何一种新的社会制度在实践中的运行都要经历一个从不完善到逐步完善、从不成熟到逐渐成熟的过程，中国特色社会主义制度也不例外。中国特色社会主义制度由于坚持了社会主义的根本性质，而成为一种先进的制度。但这种先进不是一劳永逸的，而是在实践中不断推进的。所以，我们应当清醒地认识到 "中国特色社会主义制度是特色鲜明、富有效率的，但还不是尽善尽美、成熟定型的"，"中国特色社会主义事业不断发展，中国特色社会主义制度也需要不断完善"[1]。只有这样，才能始终保持中国特色社会主义制度的先进性和优越性，才能为新时代中国的发展和进步提供根本保证。党的十八大以来，以习近平同志为核心的党中央把制度建设摆在突出位置，通过全面深化改革不断完善中国特色社会主义制度。习近平总书记强调指出："我们要坚持以实践基础上的理论创新推动制度创新，坚持和完善现有制度，从实际出发，及时制定一些新的制度，构建系统完备、科学规范、运行有效的制度体系，使各方面制度更加成熟更加定型，为夺取中国特色社会主义新胜利提供更加有效的制度保障。"[2]

1　《习近平谈治国理政》第一卷，外文出版社，2018，第10页。
2　《习近平谈治国理政》第一卷，外文出版社，2018，第10页。

（八）启示我们要深入推进新时代党的建设新的伟大工程

2022 年 10 月，习近平总书记在党的二十大报告中强调指出："全面建设社会主义现代化国家、全面推进中华民族伟大复兴，关键在党。我们党作为世界上最大的马克思主义执政党，要始终赢得人民拥护、巩固长期执政地位，必须时刻保持解决大党独有难题的清醒和坚定。"[1] 只有深入推进新时代党的建设新的伟大工程，才能使我们党始终成为中国特色社会主义事业的坚强领导核心，经典作家"论中国"的相关论述则有助于我们深化对这一工作重要性的认识。

其一，马克思和恩格斯对清朝吏治腐败影响的分析启示我们要深刻认识反腐败斗争的重要性。马克思和恩格斯关于清朝腐败的论述揭示，吏治腐败不仅严重危害国家和人民的利益，还不断侵蚀现有的政治体系。虽然晚清时期的上层建筑已经成为不合时宜的存在，但积重难返的腐败无疑加速了它的瓦解进程。马克思认为，随着鸦片在中国的日益泛滥，皇帝及其墨守成规的大官们将日益丧失他们的统治权。以史为鉴，中华人民共和国成立以来，中国共产党十分注重纯洁党的干部队伍，坚持把反腐败斗争摆在极为重要的位置。从中华人民共和国成立初期的整风运动，到党的十七大将反腐倡廉写入党章，中国共产党在反腐败斗争的道路上不断前行。但是由于未形成制度性约束机制，虽坚持反腐败却始终未能从根本上遏制腐败。在这期间，随着改革开放的不断深入和社会主义市场经济的发展，党员干部队伍中的腐败逐渐呈现出复杂化的特点，诸如塌方式腐败、家族式腐败、系统性腐败、行业性腐败等。党的十八大以来，以习近平同志为核心的党中央基于新时代反腐形势的严峻性，要求更加科学有效地防治腐败，坚定不移把党风廉政建设和反

---

1 习近平：《高举中国特色社会主义伟大旗帜 为全面建设社会主义现代化国家而团结奋斗——在中国共产党第二十次全国代表大会上的报告》，人民出版社，2022，第 63 页。

腐败斗争引向深入，以实现"干部清正、政府清廉、政治清明"这一"三清"廉洁政治目标。在反腐败的举措上，习近平总书记强调要把权力关进制度的笼子，并提出了高压反腐、制度反腐和思想反腐相结合的反腐败战略。习近平总书记还多次强调指出，反腐倡廉必须常抓不懈，拒腐防变必须警钟长鸣。他在第十八届中央纪律检查委员会第二次全体会议上的讲话中说："党风廉政建设和反腐败斗争是一项长期的、复杂的、艰巨的任务。反腐倡廉必须常抓不懈，拒腐防变必须警钟长鸣，关键就在'常'、'长'二字，一个是要经常抓，一个是要长期抓。我们要坚定决心，有腐必反、有贪必肃，不断铲除腐败现象滋生蔓延的土壤，以实际成效取信于民。"[1] 进入新时代新征程，习近平总书记在党的二十大报告中再次强调，只要存在腐败问题产生的土壤和条件，反腐败斗争就一刻不能停，必须永远吹冲锋号。[2]

其二，马克思和恩格斯对清朝官吏腐败行为的揭露启示我们要从源头上预防腐败的发生。腐败之所以产生，除了制度方面的漏洞为其提供可能性外，更为主要的是履行公职人员的思想道德素质不够硬抑或工作能力不够强，要么以权谋私，要么庸政懒政怠政。马克思和恩格斯在论述清朝腐败问题的过程中就揭露了这两种现象。马克思说，皇帝下诏严禁鸦片贸易，结果引起了比他的诏书更有力的反抗。之所以出现这样的情况，原因就在于清朝部分官员的腐败。此外，第二次鸦片战争时期两广总督叶名琛在处理对外事务中所表现出来的昏聩无能和不作为则是一种变相的腐败。这就启示我们，必须严格选人和用人标准，从源头上预防腐败的发生。中国共产党历来重视选贤任能。早在党的六届六中全会上毛泽东就明确指出："中国共产党是在一个几万万人的大民族中领导伟大革命斗争的党，没有多数才德兼备的领导干部，是

1　《习近平谈治国理政》第一卷，外文出版社，2018，第386页。
2　习近平：《高举中国特色社会主义伟大旗帜　为全面建设社会主义现代化国家而团结奋斗——在中国共产党第二十次全国代表大会上的报告》，人民出版社，2022，第69页。

不能完成其历史任务的。"[1] 改革开放初期，邓小平也说："部长也好，司局长也好，选什么人，什么人进，这最重要。包括军队也是这个问题最重要。进和出，进摆在第一位。选人要选好，要选贤任能。"[2] 他还特别指出，贤就是德。习近平总书记则立足于中国特色社会主义新时代新要求进一步发展了选贤任能的用人思想，他说："好干部的标准，大的方面说，就是德才兼备。同时，好干部的标准又是具体的、历史的。不同历史时期，对干部德才的具体要求有所不同。"在中国特色社会主义新时代，好干部要"政治上靠得住、工作上有本事、作风上过得硬、人民群众信得过"[3]。这为新时代党的选人用人以及如何评价党员干部工作的开展提供了具体的指导。进入新时代后，我国社会的主要矛盾已经转化为人民日益增长的美好生活需要和不平衡不充分的发展之间的矛盾。人民向往清正廉明的政治生态环境，期待风清气正的工作环境。要满足人民这一需要，就必须坚持推进反腐败斗争以从根本上遏制腐败。其中，如何选人用人至关重要。所以，除了加强制度的约束外，还需要多管齐下，特别是要从源头上预防腐败的产生，严格用人标准，把习近平关于新时代好干部的标准落到实处。

其三，列宁对中国资产阶级政党寄予的厚望启示我们要把党建设得更加坚强有力。如前文所述，由于马克思恩格斯时期的中国无产阶级还很弱小，未能引起马克思和恩格斯的关注。时至辛亥革命时期，虽然此时的中国无产阶级尚未壮大到独立开展政治斗争的程度，但中国资产阶级革命派自身存在的难以克服的弱点，使得列宁十分期待中国无产阶级政党的建立。不负列宁厚望，中国共产党一经诞生，就把为中国人民谋幸福、为中华民族谋复兴确立为自己的初心使命，领导人民通过革命、建设和改革，大踏

1　《毛泽东选集》第二卷，人民出版社，1991，第526页。
2　《邓小平文选》第二卷，人民出版社，1994，第400页。
3　《习近平谈治国理政》第一卷，外文出版社，2018，第412页。

步赶上时代。如今，在中国特色社会主义新时代，中国共产党能否领导人民谱写好中国特色社会主义新篇章，事关民族复兴梦能否如期实现。这就对新时代党的领导力提出了更高的要求。习近平总书记强调指出："要把新时代坚持和发展中国特色社会主义这场伟大社会革命进行好，我们党必须勇于进行自我革命，把党建设得更加坚强有力。"[1] 进入新时代以来，以习近平同志为核心的党中央，以全面从严治党践行党的自我革命，开展了史无前例的反腐败斗争，推动反腐败斗争取得压倒性胜利并全面巩固，消除了党、国家、军队内部存在的严重隐患，确保党和人民赋予的权力始终用来为人民谋幸福，在自我革命中提升了党的领导力。新时代新征程，"全面建设社会主义现代化国家、全面推进中华民族伟大复兴，关键在党"[2]。只有时刻保持解决大党独有难题的清醒和坚定，把党建设得更加坚强有力，才能确保中国式现代化劈波斩浪、行稳致远。

第三节　科学把握经典作家"论中国" 的方法

在百余年后的今天重读马克思主义经典作家"论中国"，从他们的重要论述中获取新时代中国特色社会主义的理论支撑和关于人类社会发展问题的各种现实启示固然重要，但我们还需要从中归纳和总结经典作家研究中国问题的方法。套用恩格斯的话，马克思主义经典作家"论中国"提供的不是教义，而是进一步研究当代中国以及整个人类社会发展问题的出发点和供这种研究使用的方法。

1　《习近平谈治国理政》第三卷，外文出版社，2020，第515页。
2　习近平：《高举中国特色社会主义伟大旗帜　为全面建设社会主义现代化国家而团结奋斗——在中国共产党第二十次全国代表大会上的报告》，人民出版社，2022，第63页。

一　批判"旧中国"社会弊端的历史唯物主义视角

历史唯物主义是马克思和恩格斯共同创立的，其形成的标志性文献是他们二人合作完成的《德意志意识形态》。历史唯物主义一经创立，就为人们研究人类社会发展问题提供了科学的方法论。正是在历史唯物主义方法论的指导下，马克思和恩格斯探索到了人类历史发展的一般规律，阐述了资本主义社会必将为共产主义社会所取代的发展趋势，提出了无产阶级的历史使命。历史唯物主义作为一种方法论与过去各种唯心主义历史观不同，它不是从人的主观愿望出发去探讨社会发展问题，而是从现实的物质生产和交往关系中探讨各种社会现象的根源，从而将一切社会历史问题置于客观的现实基础之上。历史唯物主义认为，有生命的个人存在是全部人类历史的第一前提，而这些有生命的个人总是通过一定的物质生产方式来生产生活资料和物质生活本身，并在生产过程中与他人形成一定的关系，因此生产力决定生产关系、经济基础决定上层建筑、社会存在决定社会意识。这表明，物质生产方式是人类社会发展的基础，必须通过促进生产力的发展来变革上层建筑。"没有蒸汽机和珍妮走锭精纺机就不能消灭奴隶制；没有改良的农业就不能消灭农奴制；当人们还不能使自己的吃喝住穿在质和量方面得到充分保证的时候，人们就根本不能获得解放。"[1]　正是从历史唯物主义出发，马克思、恩格斯和列宁对"旧中国"持明确的批判态度。

一是批判小农经济已经过时。小农经济顾名思义是由小的农户来经营的经济，它的突出特点是生产规模小，通常以家庭为生产单位。小规模也就决定着它很难采用机器生产，因为小农户既没有钱来购买农业机器，也没有必

1　《马克思恩格斯选集》第 1 卷，人民出版社，2012，第 154 页。

要使用农业机器。农民们仅需犁、锸、铲、耙等简陋的劳动工具即可在他们的被地主阶级零碎切割的土地上日复一日年复一年地耕种,主要消耗的就是人力,辅之以畜力。小农经济作为自然经济形态的一种,是人类社会发展到一定阶段的产物,因而曾在人类历史上发挥过重要的作用。小农经济之于中国封建社会,主要表现为小农业和家庭工业相结合的农业体系,具有相当的稳固性,即便因战乱而遭到破坏,也会在很短的时间内恢复。如此,矗立于其上的中国封建君主专制制度,在两千多年的时间里虽历经动荡,却仅仅是改朝换代。然而,从人类社会发展的规律看,小农经济不可能长久地存在下去。马克思在《资本论》中明确指出小农经济必将走向灭亡:"它发展到一定的程度,就产生出消灭它自身的物质手段。从这时起,社会内部感到受它束缚的力量和激情就活动起来。这种生产方式必然要被消灭,而且已经在消灭。"[1] 在西欧国家,作为封建社会制度经济基础的小农经济即传统小农经济早在17世纪就在资本主义大生产的排挤下走向消亡,而在19世纪的中国却被人为地延续着。马克思和恩格斯基于历史唯物主义的视角,丝毫不怜惜19世纪的中国小农经济,批判这种经济充当了中国整个陈旧社会制度的基础,明确指出其已经成为一种"过时的农业体系"。

二是批判清朝政府不顾时势。古代中国以其繁荣和精美的瓷器、丝绸等商品曾一度享誉世界,成为欧洲人长期向往的盛世宝地。从13世纪末马可·波罗对中国的盛赞开始,"中国热"在欧洲一直持续到18世纪。随着新航路的开辟,满怀对中国和东方向往的西方人从16世纪开始,陆续来到中国。然而,与西方积极走向中国形成鲜明对比的是,中国不仅没有走向世界,却逐渐远离整个世界,最终发展到以"一口通商"来阻遏中西交往。迂腐的清朝统治者本以为只要闭关自守就能守得住夏夷之界。结果是,不仅未能将外国

1　《马克思恩格斯全集》第42卷,人民出版社,2016,第778页。

人拒于国门之外，反而使清朝时期的中国失去了了解西方和学习西方先进的积极的文明成果的机会。最终，落后的中国被英国侵略者的大炮强行叩开国门。所以，马克思批判道："一个人口几乎占人类三分之一的大帝国，不顾时势，安于现状，人为地隔绝于世并因此竭力以天朝尽善尽美的幻想自欺。"[1] 在马克思看来，这样一个不重视对外交往的、落后而不自知的封建帝国注定要在一场与现代国家的殊死决斗中被打垮。这是马克思基于历史唯物主义视角对清朝时期的中国作出的评论。根据历史唯物主义，交往是人类实践活动的重要组成部分，它能够促进生产力的发展。马克思和恩格斯曾强调指出，"当交往只限于毗邻地区的时候，每一种发明在每一个地域都必须单独进行"[2]。清朝政府推行的闭关自守政策限制了中国的对外交往尤其是与西方国家的交往，导致中国不能及时地利用西方先进的科学技术来提升生产力。生产力的发展水平又决定着社会交往的程度和广度，以及交往主体在交往关系中的地位。在当时的中国与西方的交往关系中，一边是停滞不前的封建主义国家，另一边是执行资本扩张使命的资本主义国家，二者之间的较量必然会形成"对联式的悲歌"。

三是批判农民运动局限于改朝换代。在阶级社会中，每一次新旧社会形态的更替，无不以革命的方式实现。地主阶级的革命推翻奴隶制度，资产阶级革命推翻封建制度，无产阶级革命推翻资本主义制度。革命的实质就是自下而上推翻反动阶级的政治统治，用新的社会制度取代旧的社会制度。所以，马克思说，革命是历史的火车头。此外，在革命时期，人民群众创造历史的伟力也能够得以充分发挥。也只有经过革命锻炼的人民群众，才能够担当起建设新社会的重任。然而，在鸦片战争之后的中国，虽然爆发了太平天国农民革命运动，但这场运动本质上仅仅是一次旧式农民起义。纵观中国两千多

1　《马克思恩格斯选集》第 1 卷，人民出版社，2012，第 804 页。
2　《马克思恩格斯选集》第 1 卷，人民出版社，2012，第 188 页。

年的封建社会发展史,以农民起义为代表的旧式造反不仅没有革新中国,反而起了缓解封建社会矛盾进而延缓旧社会制度灭亡的作用。所以,尽管马克思和恩格斯对中国革命的爆发满怀期待,但是对太平天国这场旷日持久的农民运动,马克思批评其给中国带来的影响除了破坏没有任何建设性作用。半个世纪后,对于辛亥革命这一完全意义上的民主革命,同为经典作家的列宁则给予了积极的肯定和高度的评价。由此可见,不管农民起义等旧式造反在促进封建社会制度解体方面发挥着怎样的作用,从历史唯物主义的角度来说,它起不到社会革命的作用。所以,尽管马克思和恩格斯在世界历史视域下展望太平天国运动有可能引发欧洲革命,还是客观地指出太平军除了改朝换代以外不知道自己负有什么使命;列宁也在辛亥革命尚未爆发前期待中国旧式造反转变成为自觉的民主运动。

二 谴责西方列强侵略中国的人道主义情怀

历史唯物主义是马克思和恩格斯创立的分析社会发展问题的根本方法,但这并非意味着马克思主义者会冷眼旁观人类社会发展过程中的一切丑恶与不堪。相反,马克思和恩格斯不仅在创立唯物主义之前是人道主义者,在创立历史唯物主义之后,在对特定的历史现象作唯物主义分析与评判的过程中,仍对一切有悖人道的人和事加以无情的批判,而对一切被剥削被压迫者充满着深切的价值关怀。如在分析资本主义原始积累问题时,马克思指出,"资本来到世间,从头到脚,每个毛孔都滴着血和肮脏的东西"[1];在分析货币转化为资本的问题时,马克思指出,"原来的货币占有者作为资本家,昂首前行;劳动力占有者作为他的工人,尾随于后。一个笑容满面,雄心勃勃;一个战

---

1 《马克思恩格斯全集》第 42 卷,人民出版社,2016,第 777 页。

战兢兢，畏缩不前，像在市场上出卖了自己的皮一样，只有一个前途——让人家来鞣"[1]。可见，马克思在对资本主义的历史考察中渗透着对资本的人道主义批判和对劳动者的人道主义关怀。当然，马克思的人道主义与资产阶级的人道主义虽有相通之处，更有不同之处，前者"与唯物史观紧密结合，是特殊的、现实的、科学的人道主义"[2]，后者则是抽象的狭隘的人道主义。西方列强对中国等落后国家推行的殖民政策，本是受资本扩张本性驱动的一种必然现象，且在扩张的过程中将孤立的民族史连接成为世界历史，但这不能掩盖其奴役他国人民的罪行。对这种罪行的揭露和批判，不仅是对资本主义社会制度阴暗面的进一步揭露，更是出于对被奴役民族人民的同情和关怀，体现了马克思主义经典作家的人道主义情怀。

一是在对于鸦片贸易的考察中，马克思和恩格斯除了分析这种非法的、暴利性的贸易对合法贸易的损害作用，还对其进行了人道主义批判。前文已述，鸦片最初是作为一种药引子少量输入中国的，但吸食鸦片的陋习在中国流行后，鸦片便成了一种毒品。吸食鸦片不仅容易成瘾，还对吸食者的精神和肉体造成极严重的伤害。这就表明，鸦片贸易不同于一般的商品贸易，它给购买者提供的不是某种有益的而是有害的使用价值。所以，早在1729年，清朝皇帝就开始颁布禁烟令，到1796年时，不仅禁止鸦片进口，还禁止臣民吸食鸦片。因此，鸦片贸易在中国是一种非法的贸易。然而，英国人为了填满自己的国库，在印度专门生产供中国人吸食的鸦片，东印度公司还曾一度垄断了对华鸦片贸易。对此，马克思揭露道："英国政府在印度的财政，实际上不仅要依靠对中国的鸦片贸易，而且还要依靠这种贸易的不合法性。"[3] 可见英国资本家为了攫取高额利润，全然不顾鸦片贸易极不道德的一面。马克

1　《马克思恩格斯全集》第42卷，人民出版社，2016，第166页。
2　安启念：《马克思与人道主义》，《教学与研究》2015年第7期。
3　《马克思恩格斯选集》第1卷，人民出版社，2012，第807—808页。

思甚至用"不想详述这种贸易的道德方面"来暗示鸦片贸易的不道德性。恩格斯则直接批判鸦片生产是一种对他国人民具有毁灭性后果的生产。1876年，他在《德意志帝国国会中的普鲁士烧酒》中分析烧酒对饮酒者的害处时指出："惟一导致更带毁灭性的直接后果（但不是对本国人民，而是对他国人民）的一种生产，就是英印为毒害中国而进行的鸦片生产。"[1]

　　二是在对西方列强侵华战争的考察中，马克思、恩格斯和列宁都基于对中国人民的人道主义关怀，谴责西方侵略者肆意侵犯中国人权。从1840—1842年的鸦片战争到1900年的八国联军侵华战争，西方列强在经典作家时期多次对中国发动"海盗式战争"。这些"海盗式战争"给中国人民的生命、财产、安全等人的基本权利造成了极其严重的伤害。以广州人民的遭遇为例，在两次鸦片战争中英国都有炮轰广州并在广州城内滥杀无辜、抢掠和烧毁店铺的恶行。马克思援引的英国自由派报纸《每日新闻》说："真是骇人听闻，为了替一位英国官员的被激怒了的骄横气焰复仇，为了惩罚一个亚洲总督的愚蠢，我们竟滥用自己的武力去干罪恶的勾当，到安分守己的和平住户去杀人放火，使他们家破人亡，而我们自己本来就是闯入他们海岸的不速之客。"[2] 为此，马克思把第二次鸦片战争中英国军人在广州犯下的罪行称为"广州大屠杀"。这种"屠杀"是对中国人民人权的肆意践踏，与资产阶级在它的欧洲故乡所宣扬的人权完全背道而驰，是一种犯罪行为。可见，纵使马克思和恩格斯对清王朝人为地使中国与外界隔绝并沉浸于"天朝帝国万世长存的迷信"感到震惊，也丝毫不影响他们对西方列强侵华行径做人道主义批判。列宁则在1900年的《对华战争》一文中强烈谴责沙皇政府在侵华战争中水淹和枪杀手无寸铁的中国人以及残杀妇孺等暴行。

1　《马克思恩格斯全集》第25卷，人民出版社，2001，第50页。
2　《马克思恩格斯全集》第16卷，人民出版社，2007，第23页。

三　支持中国民族民主革命斗争的正义立场

西方列强对近代中国的入侵，从历史发展的角度看，是工业文明对农业文明的征服，似乎势所必然。恩格斯曾明确表示，大工业把世界各国人民互相联系起来，把所有地方性的小市场联合成为一个世界市场，是一种进步的行为，它"到处为文明和进步做好了准备，使各文明国家里发生的一切必然影响到其余各国"[1]。然而，符合社会生产力发展方向的行为并非都是正义的，正如资本主义虽然具有巨大的历史进步性，但马克思主义者却从来没有因为承认其具有进步作用而拒绝对其进行批判。因为，从价值层面看，即从最有利于促进人的发展和进步的层面看，资本主义有很多阴暗面，掠夺和奴役他国便是其中之一。基于马克思主义正义立场，马克思为英中冲突事件中的中方行为做辩护，恩格斯为中国人民的"野蛮"反抗手段正名，列宁则抗议西方列强干涉中国民主革命。

一是为英中冲突事件中的中方行为作辩护。第二次鸦片战争期间先后发生了两个事件，一个是"亚罗号事件"，另一个是"白河事件"。"亚罗号事件"是英国人为发动第二次鸦片战争以进一步打开中国市场而制造的借口。然而，帕麦斯顿政府及其报刊在英国国内大肆宣传的则是中国人侮辱英国国旗，中国人违背条约的义务，中国人羞辱旅居中国的外国人，等等。马克思根据相关资料，重新考察了"亚罗号事件"的来龙去脉，认为中国方面没有任何过错，所谓的侮辱和伤害行为只不过是英国对中国的非难。针对捏造出来的这些事件，马克思指出："英国人控告中国人一桩，中国人至少可以控告英国人九十九桩。"[2] 继 1856 年的"亚罗号事件"之后，英、法公使又制造

1　《马克思恩格斯选集》第 1 卷，人民出版社，2012，第 299 页。
2　《马克思恩格斯选集》第 1 卷，人民出版社，2012，第 793 页。

了"白河事件"。1859 年 6 月，英、法公使前往北京换约，无视清廷关于从北塘口登陆由陆路进京的安排，蛮横闯入白河口并强行登陆，遭到驻守在此的中国官兵的猛烈反击，损失惨重。英国政府派报刊却不分青红皂白地把责任归咎于中国方面，并怒吼应该实行大规模的报复。马克思则认为，错误不在中方，清军的反击行为是反侵略的正义之举。他说："就算是中国人必须接纳英国的和平公使入京，他们抵抗英国人的武装远征队也是完全有理的。中国人这样做，并不是违背条约，而是挫败入侵。"[1] 由此可见，在英中冲突问题上，马克思始终站在正义的立场上，通过揭露真相为中国作辩护，尽管他对清朝政府无任何好感。

二是为中国民众的"野蛮"反抗手段作辩护。在经典作家的印象中，中国人是很温顺的，马克思和列宁在提到中国人时都使用过"温顺"一词。然而，再温顺之人，在西方列强的蹂躏之下也会愤而反抗。经典作家认为，中国人的反抗是正义的，不论这种反抗采用何种手段。在关注第二次鸦片战争的过程中，恩格斯为中国民众的反抗外国人的斗争作辩护。第一次鸦片战争的教训，加之第一次鸦片战争之后纷至沓来的外国人在中国的各种胡作非为，促使中国民众自发地形成"来者不善"的认知。所以，第二次鸦片战争爆发后，中国民众不再"平静地看着"清朝政府军与侵略军作战，而是自发地用各种手段反抗外国人，从而掀起了普遍反抗所有外国人的斗争局面。但是，普通民众没有枪炮等武器，也不知道何为作战规则，只能以他们所能想到和所能做到的方式去反抗外国人，诸如投毒、夺船、绑架、偷袭、夜间杀人等。这些反抗手段，被西方报刊斥责为卑劣的、野蛮的、凶残的方法。然而，在恩格斯看来，反抗手段并不影响反抗本身的正义性。他将中国人的这种反抗斗争定性为"保卫社稷和家园"的战争、维护中华民族生存的人民战争。列

1　《马克思恩格斯选集》第 1 卷，人民出版社，2012，第 828 页。

宁时期，西方国家宣称 1900 年的八国联军侵华战争是由中国人仇视欧洲文明引起的。列宁则指出，中国人反对外国人的运动是完全由西方列强的掠夺政策引起。这显然是在西方的一片斥责声中为义和团运动的正义性所作的最好的辩护。

三是为中国革命遭到西方列强的干涉而深表同情。不论对于哪个民族来说，追求自由和民主的斗争都是正义的。然而，标榜自由和民主的西方资产阶级却对殖民地半殖民地国家人民争取自由的运动横加干涉。辛亥革命就遭到了西方列强的干涉。1912 年 1 月 1 日，革命者在南京成立了临时政府，中华民国宣告诞生，孙中山也被推选为临时总统。为了获得西方各国政府的承认，南京临时政府在成立之初就以孙中山的名义发布了一个对列强示好的文告。然而，西方列强却以各种理由不承认中华民国，并且拒绝借款给南京政府。而袁世凯篡夺革命果实后，西方列强不仅同意借款，还相继宣布承认中华民国。西方列强支持袁世凯政府的目的很明显，一是扼杀中国革命，二是进一步加强在中国的侵略势力。对于以孙中山为首的中国革命派和中华民国的遭遇，列宁将同情寓于对西方列强的斥责之中。早在 1912 年初，列宁就斥责沙皇"力图用阴谋、金钱和最野蛮的暴力，把土耳其、波斯和中国的一切争取自由的运动镇压下去"[1]。在西方列强以极为苛刻的条件借款给袁世凯的政府后，列宁斥责欧洲资产阶级为了利益而扼杀中国人民的自由，并且指出："对欧洲无产阶级怀着反动的恐惧心理的欧洲资产阶级，就这样同中国各个反动阶级和反动阶层结成了联盟。"[2] 这是列宁基于正义立场对西方列强干涉中国革命这种不义行为的揭露与批判。与西方列强的做法形成鲜明对比的是，列宁在俄国社会民主工党第六次全国代表会议决议中明确表达了对中国革命的同情和支持："代表会议祝贺中国的革命共和派，表明俄国无产阶级怀着极

---

1 《列宁全集》第 21 卷，人民出版社，2017，第 185 页。
2 《列宁全集》第 23 卷，人民出版社，2017，第 129 页。

大的热忱和深切的同情注视着中国革命人民获得的成就，并斥责俄国自由派支持沙皇政府掠夺政策的行为。"[1]

四　考察中国社会发展问题的世界历史视域

世界历史形成后，"过去那种地方的和民族的自给自足和闭关自守状态，被各民族的各方面的互相往来和各方面的互相依赖所代替了"[2]。如此，在中国被卷入世界市场成为世界历史的一部分后，中国在社会发展方面的问题就不仅仅是中国的事情，还有可能影响到其他国家甚至是整个世界。对于马克思主义经典作家来说，将中国置于世界历史中考察中国问题及其影响，才是他们研究中国问题的重点。他们在世界历史视域下对近代中国经济和政治问题的考察，也首次揭示了东方国家反作用于西方国家的方式，从而丰富了东西方相互作用的理论。

一是考察中国政治事件的世界影响。从经典作家"论中国"看，他们主要关注了中国的太平天国运动、两次鸦片战争、中日甲午战争、义和团运动、辛亥革命等政治事件。马克思曾指出："政治事件对商业停滞的蔓延起过显著影响的唯一国家就是中国。"[3] 关于太平天国运动，马克思深入考察其对欧洲革命可能产生的影响，撰写了专门论述中国问题的第一篇文献《中国革命和欧洲革命》，首次提出了中国革命和欧洲革命"两极相联"的思想。当然，在此之前，马克思和恩格斯在《共产党宣言》中就已提到过中国对西方的作用，但这里是把中国市场连同其他加速欧洲革命因素发展的条件放在一起谈，且仅仅一带而过。而在《中国革命和欧洲革命》中，马克思首先分析了英国

1　《列宁全集》第 21 卷，人民出版社，2017，第 163 页。

2　《马克思恩格斯选集》第 1 卷，人民出版社，2012，第 404 页。

3　《马克思恩格斯全集》第 14 卷，人民出版社，2013，第 47 页。

的入侵是怎样引发中国革命的，接着便详细分析了中国革命将会对英国以及整个欧洲可能产生的影响。他指出："这将是一个奇观：当西方列强用英、法、美等国的军舰把'秩序'送到上海、南京和运河口的时候，中国却把动乱送往西方世界。"[1] 尽管最终未能像马克思所期待的那样引发欧洲革命，但马克思却通过这一考察首次揭示了东方国家作用于西方国家的特殊方式。由此，马克思还进一步考察了对华采取军事行动对英国民主政治造成的冲击。基于第二次鸦片战争，马克思在 1857 年 2 月至 3 月间连续写了《议会关于对华军事行动的辩论》《帕麦斯顿内阁的失败》《英国即将来临的选举》3 篇文章，披露时任英国首相帕麦斯顿的对华战争方案在英国议会遭到的反对，以及帕麦斯顿是如何通过非常手段使得他的方案得到通过的。针对帕麦斯顿违背英国宪法惯例来操纵议会的行为，马克思指出："他利用议会的权利对付国王，利用国王的君权对付议会，利用二者的特权对付人民，居然肆无忌惮地在同样的活动范围内重演这种危险的事。他的一次对华战争还在受着议会的谴责，他就置议会于不顾又进行另一次对华战争。"[2] 这就充分暴露出资本主义民主的狭隘性和虚伪性。列宁则高度肯定以辛亥革命为起点的中国人民革命的世界历史意义。辛亥革命是自 1840 年鸦片战争以来，中国人民发起的第一个具有民主主义性质的革命。虽然辛亥革命未能将中国从半殖民地半封建社会中解放出来，但它结束了两千多年的封建帝制，它在中国人民心中埋下了民主共和的种子，它同亚洲其他国家的民族解放运动一起宣告了亚洲的觉醒。所以，列宁认为，中国人民的革命将给亚洲带来解放并将破坏欧洲资产阶级的统治。

　　二是考察中国经济发展问题的世界影响。近代中国是被卷入世界市场的，在世界市场中处于被资本主义国家经济掠夺的地位。尽管如此，中国通商口

1　《马克思恩格斯选集》第 1 卷，人民出版社，2012，第 783—784 页。
2　《马克思恩格斯全集》第 19 卷，人民出版社，2006，第 48 页。

岸的开放和传统小农经济的凋敝也深刻影响着西方国家的发展。从通商口岸的开放看，第一次鸦片战争之后中国被迫实行五口通商，第二次鸦片战争后中国被迫增开 11 个通商口岸，整个近代中国开放的通商口岸数达到 104 个。西方列强通过各种手段达成了完全开放中国的目的。然而，作为西方列强可夺取的最后一个海外市场，中国市场的开放也就意味着西方列强没有新的市场再可夺取。如此，为了保护本国工业的列强们，相互间的竞争就会加剧，进而引发资本主义世界的战争危机。第一次世界大战就是这种竞争的结果。早在 1845 年，恩格斯就指出："自从中国的港口开放以后，夺取新市场的可能性已经没有了，而只能加紧压榨现有的市场，加之将来工业的扩展要比现在缓慢得多，所以英国现在比以前更不能容忍竞争者了。"[1] 另外，随着中国通商口岸的开放和增多，大量的资本主义工业品涌入中国市场，商品经济在中国发展起来，各种洋货也逐渐为中国人接受。中国传统小农经济在外来资本主义的侵蚀下日渐凋敝，中国民族资本主义也因受到排挤而发展缓慢，结果是产生大量破产的小生产者和无业游民。这些无以糊口的贫民要么起来闹事，要么向其他国家移民。关于中国会向其他国家移民，是恩格斯在 19 世纪八九十年代经常提到的问题。如，他在 1886 年 3 月 18 日给德国社会民主党人倍倍尔的信中指出："如果中国今后将开放，那么不仅生产过剩的最后一个安全阀门将会失灵，而且中国将开始大批向外移民，仅仅这一点就会在整个美洲、澳洲和印度的生产条件方面引起革命，甚至也许还会波及欧洲——如果这里的情况能一直延续到那个时候的话……"[2] 据不完全统计，1864—1873 年间由澳门贩运出国的契约华工多达 14.77 万人，而澳门的"苦力贸易"点（"猪仔馆"）也增加到 300 余个。[3]

1　《马克思恩格斯全集》第 2 卷，人民出版社，1957，第 623 页。
2　《马克思恩格斯文集》第 10 卷，人民出版社，2009，第 550—551 页。
3　朱国宏：《近代中国大规模的国际迁移：1840—1949》，《人口研究》1997 年第 1 期。

五　展望中国社会发展前景的人类解放宗旨

人类解放是马克思主义学说的实践宗旨，也是马克思主义经典作家毕生追求的事业。尽管在经典作家的有限的生命中未能实现人类解放，但毋庸置疑的是他们在推动人类社会发展的实践中每前进一步，便使现实中的社会离人类解放更近一步。当然，人类解放不独属于某个阶级、某个民族抑或某个国家，而是属于全人类的事业。只有世界上所有国家所有民族的居民都从各种束缚下解放出来，每一个人都能够自由而全面地发展，人类解放才能够实现。所以，在经典作家思想中，不论是已经将经济解放提上日程的西方国家还是连政治解放都尚未实现的东方国家，都只不过是通往人类解放道路上的一个具有过渡性质的发展阶段，区别仅仅在于前者相比较于后者在社会形态上处于较高的发展阶段。因此，经典作家不仅期待欧洲爆发革命，还期待那些尚在封建抑或半封建社会中挣扎的民族和国家也能够爆发革命，期待世界各国都能在实现人类解放的道路上更进一步。从这个层面来看，经典作家对中国未来发展前景的展望无疑是对人类解放宗旨的追求和运用。

从人类解放所需要的物质前提来看，近代中国只有在社会性质上发生质的变化，才能为生产这种物质前提创造条件。从经典作家时期中国所处的政治地位来看，尽管中国没有像印度那样完全沦为西方的殖民地，但还是丧失了完全独立自主发展的权利。而西方列强看重的是中国市场，想要的是把中国变成其攫取财富的来源地，而不是为了推动中国的发展。西方列强在殖民扩张过程中对落后国家旧有的经济结构和社会制度造成的破坏作用，只不过是充当了历史的不自觉的工具。对于近代中国来说，西方列强的入侵虽然在客观上促进了旧中国经济政治体系的崩溃，但没有建设的破坏带来的是一种灾难。列宁曾针对俄国的社会经济发展问题指出："在自然经济制度下靠双手劳动谋生的宗法式农民，是注定要消亡的，但是，'赋税压榨'和鞭挞的折磨，时间长得可怕的、慢慢饿死的痛苦，并不是'必然的'，并不是社会经济演进的'内在'规律所注定的。"[1] 这段话同样可以用在近代中国问题上，中国传统的小农经济及整个封建专制体系注定要消亡，但来自西方列强的炮轰和刺刀的折磨并不是必然的。面对西方列强已经闯入、小农经济已经遭到外来资本主义破坏的局面，中国人民首先需要的是革命，变革整个经济基础及其上层建筑。只有这样，才能使中国人民从西方列强的奴役下解放出来的同时获得政治自由，从而实现政治解放。政治解放是人类解放的第一步，只有将人从各种人身依附关系的束缚下解放出来，才能够推动社会生产的快速发展，才能够为实现经济解放进而实现人类解放创造必要的物质前提。在经典作家思想中，"旧中国"的灭亡和"共和国"的诞生既是社会发展规律的内在必然性，也是在中国实现政治解放的要求，更何况中国革命的爆发和成功还可以严重打击西方资产阶级的政治统治，从而促进西方无产阶级开展社会主义革命。所以，他们在对中国未来社会发展的展望中，既有"旧中国"灭亡必然性和"共和国"将取而代之的内容，也有旧式造反转变为自觉的民主革命运动的内容。

从人类解放所需要的社会力量来看，近代中国的资产阶级存在脱离群众的弱点，中国革命只有在无产阶级及其政党的领导下才能取得真正的胜利。人类解放不是一个自然的过程，虽然需要具备一定的物质前提，却不会因为具备了这些物质前提自然而然地进入共产主义社会。人类解放首先意味着一切阶级压迫和剥削的消亡，这一消亡需要以剥夺剥夺者为前提。从人类有文字记载的发展史来看，奴隶主阶级、地主阶级、资产阶级无不是剥削阶级，小资产阶级虽不以剥削为主，但它不代表先进生产力的发展方向，而且小资产阶级的革命立

1　《列宁全集》第6卷，人民出版社，2013，第319页。

场不坚定。所以，马克思和恩格斯在《共产党宣言》中指出："在当前同资产阶级对立的一切阶级中，只有无产阶级是真正革命的阶级。其余的阶级都随着大工业的发展而日趋没落和灭亡，无产阶级却是大工业本身的产物。"[1] 也就是说，在资本主义时代，只有无产阶级才能担当起剥夺剥夺者、消灭一切剥削阶级的重任。就近代中国而言，虽然在社会性质上始终只是半殖民地半封建社会，但时至1911年辛亥革命时，中国民族资本主义也有了一定的规模，且出现了上海这样一些工业较为发达的先进城市。由于置身于半殖民地半封建的发展环境中，中国资产阶级大多与地主阶级有着千丝万缕的联系，而同农民阶级比较疏远。如此，孙中山的南京政府在得不到西方各国政府的承认和贷款的情况下，只能陷入孤立无援的境地，最终败给了袁世凯的北京政府。列宁在评价"孙中山的党"的时候，就明确指出这个政党的弱点是"它还不能充分地吸引中国广大人民群众参加革命"[2]。由于当时的中国无产阶级还很弱小，列宁进一步指出只要"孙中山的党"能够克服这个弱点就能逐渐成为亚洲进步和人类进步的伟大因素。然而，孙中山的党毕竟不是无产阶级政党，不是以马克思主义为指导的党，不是以人类解放为实践宗旨的党。所以，列宁十分期待中国无产阶级早日成长和发展起来，并相信中国无产阶级一定能够建立起自己的政党。由此可见，列宁对中国无产阶级及其政党的展望，不仅是对中国进步的期待，还是对人类解放的追求，只有在中国共产党的领导下，中国人民才能实现美好生活，才能逐步走向人类解放。

1　《马克思恩格斯选集》第1卷，人民出版社，2012，第410—411页。
2　《列宁全集》第23卷，人民出版社，2017，第129页。

参考文献

一 经典文献

《马克思恩格斯全集》第 3 卷，人民出版社，2002。

《马克思恩格斯全集》第 10、12、13、31 卷，人民出版社，1998。

《马克思恩格斯全集》第 14 卷，人民出版社，2013。

《马克思恩格斯全集》第 16 卷，人民出版社，2007。

《马克思恩格斯全集》第 19 卷，人民出版社，2006。

《马克思恩格斯全集》第 25 卷，人民出版社，2001。

《马克思恩格斯全集》第 26 卷，人民出版社，2014。

《马克思恩格斯全集》第 28 卷，人民出版社，2018。

《马克思恩格斯全集》第 29 卷，人民出版社，2020。

《马克思恩格斯全集》第 37 卷，人民出版社，2019。

《马克思恩格斯全集》第 42 卷，人民出版社，2016。

《马克思恩格斯全集》第 44 卷，人民出版社，2001。

《马克思恩格斯全集》第 45、46 卷，人民出版社，2003。

《马克思恩格斯全集》第 2 卷，人民出版社，1957。

《马克思恩格斯全集》第 6 卷，人民出版社，1961。

《马克思恩格斯全集》第 12 卷，人民出版社，1962。

《马克思恩格斯全集》第 14 卷，人民出版社，1964。

《马克思恩格斯全集》第 15 卷，人民出版社，1963。

《马克思恩格斯全集》第 30 卷，人民出版社，1975。

《马克思恩格斯全集》第 38 卷，人民出版社，1972。

《马克思恩格斯全集》第 39 卷，人民出版社，1974。

《马克思恩格斯选集》第 1—4 卷，人民出版社，2012。

《马克思恩格斯文集》第 1—10 卷，人民出版社，2009。

《列宁全集》第 1、2、4 卷，人民出版社，2013。

《列宁全集》第 11、17、21、22、23、27、28、37、39、43 卷，人民出版社，2017。

《毛泽东选集》第一、二、三、四卷，人民出版社，1991。

《邓小平文选》第一、二卷，人民出版社，1994。

《邓小平文选》第三卷，人民出版社，1993。

《胡锦涛文选》第一、二、三卷，人民出版社，2016。

《习近平谈治国理政》第一卷，外文出版社，2018。

《习近平谈治国理政》第二卷，外文出版社，2017。

《习近平谈治国理政》第三卷，外文出版社，2020。

《习近平谈治国理政》第四卷，外文出版社，2022。

二　中文著作

蔡昉等：《中国式现代化》，中信出版集团，2022。

陈其人：《殖民地的经济分析史和当代殖民主义》，上海人民出版社，2019。

陈旭麓：《近代中国社会的新陈代谢》，中国人民大学出版社，2012。

高岱、郑家馨：《殖民主义史（总论卷）》，北京大学出版社，2003。

高俊聪：《鸦片战争后传教士中文报刊与中英关系的传媒镜像》，安徽大学出版社，2022。

顾海良主编：《马克思在中国》，湖南人民出版社，2018。

顾海良主编：《马克思主义经典作家关于政治经济学一般原理的基本观点研究》，人民出版社，2017。

何萍主编：《列宁思想在二十一世纪：阐释与价值》，人民出版社，2015。

胡绳：《从鸦片战争到五四运动》，人民出版社，2010。

季正矩：《跨越腐败的陷阱：国外反腐败的经验与教训》，中国经济出版社，1999。

季正矩：《列宁传》，人民日报出版社，2009。

季正聚、孙来斌主编：《马克思主义经典作家关于经济文化落后国家社会发展道路的基本观点研究》，人民出版社，2017。

姜辉总主编，辛向阳主编，林建华副主编：《马克思主义发展史·第二卷》，中国社会科学出版社，2021。

李崇富主编：《马克思主义经典作家关于阶级和阶级斗争、无产阶级革命和无产阶级专政的基本观点研究》，人民出版社，2017。

李剑农：《中国近百年政治史》，华东师范大学出版社，2016。

李侃、李时岳、李德征、杨策、龚书铎：《中国近代史（1840—1919）》（第四版），中华书局，1994。

李慎明主编：《马克思主义经典作家关于战争与和平问题的基本观点研究》，人民出版社，2017。

李忠杰：《列宁主义论纲》，广西人民出版社，2021。

李忠杰：《马克思恩格斯怎样看中国》，北京出版集团、北京人民出版社，2019。

梁树发主编：《马克思主义经典作家关于辩证唯物论和历史唯物论一般原

理的基本观点研究》，人民出版社，2017。

刘同舫：《马克思人类解放理论的演进逻辑》，人民出版社，2011。

刘同舫：《马克思人类解放思想史》，人民出版社，2019。

刘义杰：《中国古代海上丝绸之路》，海天出版社，2019。

茅海建：《天朝的崩溃：鸦片战争再研究》（修订版），生活·读书·新知三联书店，2014。

潘吉星：《中国古代四大发明——源流、外传及世界影响》，中国科学技术大学出版社，2002。

钱存训：《李约瑟中国科学技术史　第五卷　化学及相关技术　第一分册纸和印刷》，科学出版社、上海古籍出版社，2018。

钱亦石编著：《近代中国经济史》，知识产权出版社，2015 年。

秦宣：《中国特色社会主义重大问题研究》，中国人民大学出版社，2019。

上海社会科学院历史研究所编：《鸦片战争末期英军在长江下游的侵略罪行》，上海人民出版社，1958。

宋朝龙：《世界大变局下中西现代化道路比较》，中央编译出版社，2022。

睢萌萌译：《中英鸦片贸易英文资料选译》，新华出版社，2013。

孙来斌：《马克思的"跨越论"与落后国家经济发展道路》，社会科学文献出版社，2021。

王易、单文鹏：《读懂中国的理论基点：〈马克思恩格斯论中国〉新读》，红旗出版社，2020。

王中汝：《经济、社会与国家：历史唯物主义视域内的社会变迁》，人民出版社，2011。

王中汝：《马克思恩格斯民主思想研究》，社会科学文献出版社，2021。

萧一山：《清代通史》，商务印书馆，2019。

辛向阳：《马克思主义方法论研究》，中国社会科学出版社，2021。

辛向阳:《中国式现代化》,江西教育出版社,2022。

忻剑飞:《世界的中国观——近二千年来世界对中国的认识史纲》,学林出版社,2013。

徐芹:《列宁早期俄国资本主义发展思想及对错误思潮的批判》,人民出版社,2018。

严中平主编:《中国近代经济史1840—1894》(上下册),经济管理出版社,2007。

严中平等编:《中国近代经济史统计资料选辑》,科学出版社,1955。

杨金海、李惠斌主编:《马克思主义经典作家关于资本主义、社会主义、共产主义社会一般理论的基本观点研究》,人民出版社,2017。

杨雪冬主编:《马克思主义经典作家关于全球化和时代问题的基本观点研究》,人民出版社,2017。

俞良早、徐芹:《经典作家东方落后国家社会发展的重要著作和基本理论》,人民出版社,2015。

俞良早:《经典作家东方学说的当代发展》,人民出版社,2013。

俞良早:《马克思主义东方学》,人民出版社,2011。

张光明、罗传芳:《马克思传》,人民日报出版社,2010。

张海鹏主编,张海鹏著:《中国近代通史·第一卷 近代中国历史进程概说》(修订版),江苏人民出版社,2024。

张海鹏主编,姜涛、卞修跃著:《中国近代通史·第二卷 近代中国的开端(1840—1864)》(修订版),江苏人民出版社,2024。

张海鹏主编,马勇著:《中国近代通史·第四卷 从戊戌维新到义和团(1895—1900)》(修订版),江苏人民出版社,2024。

张海鹏主编,虞和平、谢放著:《中国近代通史·第三卷 早期现代化的尝试(1865—1895)》(修订版),江苏人民出版社,2024。

张宏杰：《顽疾：中国历史上的腐败与反腐败》，人民出版社，2016。

张一兵：《回到马克思（第二卷）——社会场境论中的市民社会与劳动异化批判》，江苏人民出版社，2024。

张一兵：《回到马克思：经济学语境中的哲学话语》，江苏人民出版社，2020。

张云飞：《恩格斯传：将军和第二提琴手》，中国人民大学出版社，2023。

张云飞主编，袁雷副主编：《马克思主义发展史·第三卷》，中国人民大学出版社，2018。

赵家祥、丰子义：《马克思东方社会理论的历史考察和当代意义》，高等教育出版社，2002。

郑曦原编：《帝国的回忆：〈纽约时报〉晚清观察记：1854—1911》，当代中国出版社，2018。

〔澳〕黄宇和：《叶名琛与第二次鸦片战争》，南方出版传媒、广东人民出版社，2020。

〔德〕贡德·弗兰克：《白银资本：重视经济全球化中的东方》，刘北成译，中国科学技术出版社，2022。

〔德〕郭士立：《帝国夕阳：道光时代的清帝国》，赵秀兰译，吉林出版集团股份有限公司，2017。

〔德〕黑格尔：《历史哲学》，王造时译，上海书店出版社，2001。

〔德〕黑格尔：《哲学史讲演录》（第一卷），贺麟、王太庆等译，商务印书馆，2021。

〔俄〕列夫·托尔斯泰著，王志耕选编：《托尔斯泰读书随笔》，王志耕、李莉、杜文娟译，商务印书馆，2020。

〔法〕古伯察：《中华帝国纪行——在大清国最富传奇色彩的历险》，张子清等译，南京出版社，2006。

〔法〕孟德斯鸠：《孟德斯鸠论中国》，许明龙编译，商务印书馆，2016。

〔法〕米歇尔·波德：《资本主义的历史：从 1500 年至 2010 年》，郑方磊、任轶译，上海辞书出版社，2011。

〔美〕查尔斯·贝兹：《政治理论与国际关系》，丛占修译，上海译文出版社，2012。

〔美〕韩瑞：《图像的来世：关于“病夫”刻板印象的中西传译》，栾志超译，生活·读书·新知三联书店，2020。

〔美〕詹姆斯·波拉切克：《清朝内争与鸦片战争》，李雯译，中国人民大学出版社，2020。

〔苏〕娜·康·克鲁普斯卡娅：《列宁回忆录》，哲夫译，人民出版社，1960。

〔英〕戴维·麦克莱伦：《恩格斯传》，臧峰宇译，中国人民大学出版社，2017。

〔英〕戴维·麦克莱伦：《马克思传》，王珍译，中国人民大学出版社，2013。

〔英〕呤唎：《太平天国革命亲历记》（上），王维周译，中华书局，1961。

〔英〕亚当·斯密：《国富论》，郭大力、王亚南译，商务印书馆，2019。

〔英〕约·罗伯茨编著：《十九世纪西方人眼中的中国》，蒋重跃、刘林海译，时事出版社，1999。

三 中文报刊

艾四林、徐若菲：《深入理解中国式现代化的价值观》，《思想理论教育导刊》2023 年第 6 期。

安启念：《马克思与人道主义》，《教学与研究》2015 年第 7 期。

曹志君、袁蓉：《马克思为何对太平天国评价前后迥异》，《世纪》2001 年第 6 期。

陈本俊：《试谈马克思、恩格斯、列宁论反腐败》，《学术研究》2000 年第 9 期。

陈红娟：《马克思恩格斯怎样预见中国》，《解放日报》2018 年 6 月 19 日第 10 版。

陈金龙：《中国式现代化与改革开放的互动关系》，《中国高校社会科学》2024 年第 5 期。

陈金鹏：《19 世纪俄国视域下的中国形象——从格奥尔吉耶夫斯基与伊万·托尔斯泰伯爵的论争谈起》，《国外社会科学》2010 年第 4 期。

陈金鹏：《超越"中国停滞论"——格奥尔吉耶夫斯基的中国历史观阐释》，《理论学刊》2010 年第 7 期。

陈培永、喻春曦：《重思马克思恩格斯对近代中国开端的唯物史观洞察》，《浙江工商大学学报》2022 年第 6 期。

陈先达：《马克思主义基本原理、文本及其解读》，《光明日报》2015 年 8 月 12 日第 13 版。

崔志海：《新中国成立以来的国内义和团运动史研究》，《史学月刊》2014 年第 9 期。

崔志海：《鸦片战争失败原因再反思》，《清华大学学报》（哲学社会科学版）2024 年第 2 期。

邓惟佳：《试析 19 世纪英国报纸发行量上升的原因》，《国际新闻界》2007 年第 3 期。

董丛林：《反洋教思潮与义和团运动》，《河北师范大学学报》（哲学社会科学版）2012 年第 1 期。

方骏：《中国近代的禁烟运动》，《陕西师范大学学报》（哲学社会科学版）2002 年第 3 期。

付洪、侯耀宗：《〈马克思恩格斯论中国〉对理解中国式现代化的启示》，《学校党建与思想教育》2023 年第 19 期。

付娟：《论鸦片贸易合法化对中国近代禁烟的影响》，《四川师范大学学报》（社会科学版）2006 年第 6 期。

高放：《马克思并未称太平天国为"中国的社会主义"》，《社会科学研究》2004 年第 2 期。

高放：《马克思赞美太平天国?》，《南风窗》2003 年第 12 期。

高原：《另眼看"鸦片贸易"》，《吉首大学学报》（社会科学版）2014 年第 S2 期。

葛红：《中国四大发明的西传及其影响》，《历史教学问题》1994 年第 5 期。

郭卫东：《鸦片战争前后中国与西方贸易的更新换代问题》，《近代史研究》2023 年第 5 期。

韩立新：《预见性及其来源——马克思、恩格斯关于中国问题的评论对新闻教育的启示》，《新闻与传播研究》2018 年第 S1 期。

韩蒙：《马克思恩格斯关于中国问题的论述视角及其启示》，《马克思主义理论学科研究》2023 年第 9 期。

韩庆祥、宋明贤：《马克思的人权思想》，《江淮论坛》1996 年第 3 期。

何建津：《〈马克思恩格斯论中国〉的历史图景及其意义与启示》，《中共福建省委党校（福建行政学院）学报》2024 年第 3 期。

何惧：《马克思恩格斯关于中国问题论述的再审视》，《理论观察》2017 年第 4 期。

何强、唐忠宝：《关于马克思恩格斯的中国观与中国发展的几点认识》，

《中共中央党校学报》2010 年第 2 期。

黄琨：《孙中山社会主义思想探析》，《中国特色社会主义研究》2013 年第 5 期。

黄秋生、陈元：《马克思恩格斯的中国预言及其当代启示》，《南华大学学报》（社会科学版）2017 年第 4 期。

吉冬梅：《马克思恩格斯对近代中国的论述》，《经济研究导刊》2009 年第 9 期。

季正聚、马璐：《拓展和深化中国式现代化的路径遵循》，《理论探索》2024 年第 1 期。

蒋国海：《论孙中山的社会主义观》，《社会主义研究》2001 年第 4 期。

蒋跃波：《马克思恩格斯对近代中国的关注与启示》，《青海社会科学》2014 年第 2 期。

金源云、李国强：《鸦片战争赔款实付银两数额再研究》，《河北大学学报》（哲学社会科学版）2017 年第 1 期。

李爱华：《马克思恩格斯论近代中国的当代启示》，《山东社会科学》2017 年第 9 期。

李佃来：《马克思政治哲学中的人道主义意蕴》，《求索》2020 年第 2 期。

李文海、刘仰东：《太平天国的服饰装束》，《中国历史博物馆馆刊》1997 年第 2 期。

李英铨：《重新解读义和团运动》，《江汉论坛》2004 年第 9 期。

李玉贞：《列宁为何要严厉批评孙中山——俄罗斯档案中的国民党与共产国际（之一）》，《世纪》2012 年第 1 期。

李育民：《义和团运动对不平等条约体系的影响》，《湖南师范大学社会科学学报》2001 年第 6 期。

林建华：《马克思恩格斯认知中国的新时代价值》，《学习时报》2020 年

5月6日第5版。

刘贵福：《循名责实：对列宁〈中国的民主主义和民粹主义〉的一点看法》，《马克思主义研究》2005年第2期。

刘海洋：《马克思、恩格斯对太平天国运动认识的不断深化》，《人民论坛》2013年第18期。

刘鸿亮、刘怡萍：《鸦片战争前后中国江海"炮台"技术研究》，《自然辩证法通讯》2017年第3期。

刘鸿亮：《两次鸦片战争时期中西火炮射程研究》，《科学技术哲学研究》2014年第1期。

刘舜强：《林则徐信札中的禁烟运动》，《中国档案》2024年第4期。

刘同舫：《"中国模式"与马克思人类解放理论的现实性运用》，《中国特色社会主义研究》2009年第5期。

刘同舫：《马克思论证"人类解放何以可能"的维度》，《华南师范大学学报》（社会科学版）2015年第2期。

鲁路：《马恩论中国》，《北京日报》2009年4月15日。

路克利：《理论领域马克思主义中国化的最初尝试——试析马克思恩格斯对中国的研究》，《马克思主义研究》2013年第8期。

梅荣政：《马克思主义经典作家对资产阶级民主的批判分析及当代意义》，《社会主义研究》2002年第6期。

孟睿：《恩格斯的文明观及其当代价值论析》，《社会主义研究》2020年第4期。

孟宪平：《马克思恩格斯文明观的理论逻辑与现实转换论析》，《马克思主义研究》2020年第1期。

聂锦芳：《马克思文本研究的一般图景与思路》，《党政干部学刊》2009年第2期。

欧阳军喜：《从五四运动到鸦片战争：中国共产党对中共党史前史书写的演变》，《教学与研究》2024年第9期。

欧阳康、赵琦：《马克思恩格斯论中国：立场、观点、方法——纪念中华人民共和国成立70周年》，《贵州社会科学》2019年第4期。

潘玮琳：《19世纪的表述中国之争：以密迪乐对古伯察〈中华帝国纪行〉的批评为个案》，《史林》2010年第4期。

亓光：《中国古代制度文明的政治解释》，《云南行政学院学报》2017年第5期。

邱运华：《在批评的背后——列宁和普列汉诺夫论托尔斯泰比较研究》，《俄罗斯文艺》1999年第3期。

曲青山：《人民群众：共产党的根基、血脉和力量源泉》，《马克思主义与现实》2019年第2期。

曲青山：《学习列宁的思想风范　坚持发展马克思主义——在纪念列宁诞辰150周年理论研讨会上的讲话》，《马克思主义与现实》2020年第5期。

曲青山：《中国共产党百年历史经验研究（下）》，《中共党史研究》2023年第2期。

沙健孙：《用唯物史观考察殖民主义问题的重要著作——学习马克思1853年关于印度问题的论文札记》，《思想理论教育导刊》2010年第5期。

尚明轩：《孙中山与社会主义述论——纪念孙中山先生诞辰150周年》，《河北学刊》2016年第5期。

司书岩：《马克思恩格斯论近代中国的历史走向问题》，《科学社会主义》2020年第6期。

司书岩：《马克思恩格斯论中国历史变革的世界意义及其启示》，《科学社会主义》2023年第6期。

孙来斌：《改革开放以来马克思主义经典著作文本研究》，《思想理论教育》2009 年第 7 期。

邬飞:《普列汉诺夫和列宁对托尔斯泰的评论》,《辽宁大学学报》(哲学社会科学版) 1995 年第 2 期。

唐明邦:《马克思论太平天国革命运动——纪念马克思逝世一百周年》,《武汉大学学报》(社会科学版) 1983 年第 2 期。

唐振南:《马克思、恩格斯对中国的观察与预见》,《湘潮》2019 年第 6 期。

陶绪:《中国古代夷夏观念的形成和发展》,《中州学刊》1993 年第 5 期。

田江锋、侯子峰:《浅议历史虚无主义颂扬帝国主义侵略中国"有功"》,《学理论》2014 年第 25 期。

王东红:《从导读性宏观介绍到跨学科微观分析——马克思恩格斯"论中国"研究史论》,《观察与思考》2016 年第 10 期。

王东红:《海外"马克思恩格斯论中国"研究评介》,《当代世界社会主义问题》2016 年第 2 期。

王东红:《马克思的"中国缘"》,《当代广西》2018 年第 19 期。

王东红:《马克思在学术与生活中结缘"中国"》,《北京日报》2018 年 7 月 30 日第 16 版。

王东红:《中国理论界对"马克思恩格斯论中国"的传播》,《赣南师范大学学报》2017 年第 4 期。

王海蛟:《20 世纪初孙中山与列宁的关系》,《中国国家博物馆馆刊》2020 年第 8 期。

王庆:《中国古代"四大发明"说法的形成及其他》,《自然辩证法研究》2017 年第 8 期。

王思鸿:《马克思人学理论视阈下腐败现象的生成逻辑与反腐路径》,《内蒙古社会科学》(汉文版) 2017 年第 5 期。

王燕军：《重新认识马克思恩格斯对近代中国的论述》，《河北学刊》1989 年第 3 期。

王易：《把握世界和中国的发展大势——〈马克思恩格斯论中国〉导读》，《红旗文稿》2020 年第 3 期。

王志功：《中国古代的四大发明及其世界影响》，《中央社会主义学院学报》1997 年第 2 期。

韦建桦：《马克思和恩格斯怎样看待中国——答青年朋友问》，《马克思主义与现实》2015 年第 1 期。

吴惠之：《从马克思恩格斯的社会主义设想看中国》，《社会科学》1981 年第 6 期。

吴义雄：《鸦片战争前的鸦片贸易再研究》，《近代史研究》2002 年第 2 期。

吴争春：《殖民岂能有功》，《湘潮》2019 年第 4 期。

夏春涛：《略论太平天国的服饰》，《文史杂志》1988 年第 6 期。

许苏民：《马克思恩格斯的中国观》，《理论学习月刊》1995 年第 1 期。

闫政、金瑶梅：《马克思恩格斯的中国观及新时代价值》，《中共云南省委党校学报》2020 年第 2 期。

颜色：《绅士的慈悲还是利益的追逐？——中英鸦片贸易终结过程的研究》，《清史研究》2012 年第 3 期。

杨金海：《马克思恩格斯的中国观及其当代意义——兼论新版〈马克思恩格斯论中国〉版本由来》，《马克思主义理论学科研究》2016 年第 2 期。

杨金海：《马克思恩格斯对中国的总看法》，《北京日报》2016 年 10 月 31 日第 17 版。

杨玉青：《"殖民有功论"再批判》，《传承》2011 年第 21 期。

杨向奎：《读"马克思、恩格斯论中国"，兼论中国封建社会的历史分期问题》，《文史哲》1953 年第 2 期。

余海涛：《历史与反思：马克思恩格斯的中国观》，《三峡大学学报》（人文社会科学版）2016 年第 2 期。

员智凯、张楠：《马克思恩格斯的中国情怀》，《西北工业大学学报》（社会科学版）2019 年第 2 期。

张国威：《孙中山社会主义思想研究》，《当代世界与社会主义》2004 年第 3 期。

张炜玮：《早期中国共产党人对义和团运动的评价》，《历史教学》2000 年第 11 期。

张亚光：《近代对华鸦片贸易的再审视：以西方文献为视角》，《河南大学学报》（社会科学版）2018 年第 1 期。

张允熠、张娟：《马克思恩格斯论中国的政治》，《东南大学学报》（哲学社会科学版）2005 年第 3 期。

赵家祥：《历史唯物主义基本形成的标志性著作——纪念〈德意志意识形态〉诞生 170 周年》，《深圳大学学报》（人文社会科学版）2016 年第 1 期。

周育民：《鸦片战争以后的五口开埠问题》，《清史研究》2014 年第 3 期。

朱炳元：《论马恩对中华民族前途和命运的关注——2012 年版〈马克思恩格斯选集〉关于中国问题的论述》，《马克思主义研究》2013 年第 5 期。

朱国宏：《近代中国大规模的国际迁移：1840—1949》，《人口研究》1997 年第 1 期。

〔英〕M. 索尔：《苏联对亚细亚生产方式的讨论》，洪历建译，《国外社会科学》1981 年第 3 期。

〔苏〕康·尼·洛穆诺夫：《列宁与托尔斯泰》，曹世文译，《文化译丛》

1981 年第 2 期。

　　夏春涛:《太平天国服饰制度探微》,中国社会科学院近代史研究所青年学术论坛 2000 年卷。

　　朱基钗:《反腐败斗争压倒性胜利是如何取得的——全面从严治党启新局之"反腐篇"》,《中国青年报》2019 年 1 月 7 日。

　　葛岩:《海上丝路的千年沉浮录》,《中国贸易报》2018 年 1 月 25 日。

四　外文期刊

Daniel A. Bell,"From Marx to Confucius: Changing Discourses on China's Political Future", *Dissent*, Volume 54, Number 2, Spring 2007.

Haimson, Leopold H., "Lenin's Revolutionary Career Revisited Some Observations on Recent Discussions", *Explorations in Russian and Eurasian History*, Volume 5, Number 1, Winter 2004.

Hamid Hosseini,"From Communist Manifesto to Empire: How Marxists Have Viewed Global Capitalism in History", *Review of Radical Political Economics*, Volume 38, Number 1, Winter 2006.

Marshall Berman, "Marx in China: Modern Art, Modern Conflicts, Modern Workers", *Dissent*, Volume 53, Number 2, Spring 2006.

Om Bakshi, "Marx's Concept of Man: Alienation, Exploitation and Socialism", *International Studies*, Volume 48, Number 2, April 2011.

后　记

　　本书初稿作为我主持的国家社科基金项目的结项成果完成于 2021 年春，但我对相关问题的研究始于 2012 年春。当时，作为俞良早教授的课题组成员，我接手了研究经典作家论中国、印度、土耳其、伊朗等落后国家社会发展的重要著作和理论这一研究任务，就完成课题任务而言，只能算初步了解经典作家"论中国"。然而，正是这一初步了解开启了我走向经典作家"论中国"堂奥的研究历程。在当时，国内外学界有关这方面的研究成果比较鲜见，经典作家基于中国问题提出的重要思想和观点远未被充分关注，而且可供深入研究的资料也是既少又陈旧。2015 年底，中央编译局在 1997 年版《马克思恩格斯论中国》的基础上推出了新版选编本，使我如获珍宝。2016 年我便以"马克思主义经典作家论中国文本的重要思想及当代价值研究"为题申报了国家社科基金项目，承蒙学界的认可，该课题成功获批。在项目推进过程中，韦建桦教授、李忠杰教授、杨金海教授、王易教授、陈培永教授等有关马克思恩格斯论述中国问题的最新研究成果，为我进一步打开研究思路提供了极为有益的帮助。即便如此，从学术研究角度将马克思、恩格斯和列宁有关中国问题的论述作为一个整体并进行系统化的梳理和阐释，依然是一项十分艰难的工作。加之平日教学工作任务重，直到 2021 年春才完成国家社科基金项目的结项工作。尽管结项等级为优秀，但我并没有立即出版，而是想沉淀一段时间回头再完善。今年付梓出版之际正好赶上《国家哲学社会科学成果文库》申报，学院领导本着对青年教师成长的关怀，鼓励我尝试申报。本书最终能以入选成果文库的形式得以出版，要感谢的人太多。

感谢《国家哲学社会科学成果文库》匿名评审专家和会评专家们！当我看到反馈回来的评审意见后，感动的泪花瞬间湿润眼眶。相比较于我自己的不满意不自信，专家们却十分肯定我的研究工作，在给予较高评价的同时也提出了一些极具建设性的完善意见。这是对我既往努力的肯定，更是对我继续前行的激励。

感谢全国哲学社会科学工作办公室的领导和同志们！从最初申报国家社科基金项目到现今入选《国家哲学社会科学成果文库》，工作办的工作为我深入推进马克思主义经典作家"论中国"研究提供了获得支撑的机会。

感谢《当代世界与社会主义》、《社会主义研究》、《思想理论教育导刊》、《思想教育研究》、《湖北大学学报》（哲学社会科学版）、《湖湘论坛》、《理论月刊》、《井冈山大学学报》（社会科学版）、《中国社会科学报》等期刊和报纸的主编和相关责任编辑，他们给了我将书中部分内容以公开发表的论文形式提前面世的机会，感谢他们的肯定和支持！

感谢中国社会科学出版社赵剑英社长和刘艳副编审！他们在我申报《国家哲学社会科学成果文库》和出版过程中提供了专业的支持、帮助和指导，刘老师还为本书的出版做了出色的编辑工作。

此外，我的导师们、我的领导和诸多同事们、我的研究生们以及我的家人，他们都在我的学术成长之路上给予很多的支持和帮助；本书在写作过程中也参考了诸多学者的相关论著，在此一并致以衷心的感谢！

在对书稿的最后完善过程中还发现了一些新的研究点，但已来不及融入本书中，希望自己在今后能够以此为基点产出高质量的研究成果。

徐 芹

2024 年冬于金陵